Maarten 't Hart
Bach und ich

SERIE PIPER

Zu diesem Buch

»Bach und ich« – wie anders könnte der Titel eines Buches von Maarten 't Hart, dem großen niederländischen Schriftsteller, über seinen Lieblingskomponisten lauten? Bekennt er doch in seinem Roman »Das Wüten der ganzen Welt«, daß seine »tiefste, größte und dauerhafteste Liebe« Johann Sebastian Bach gilt, daß es die »bewegendste musikalische Erfahrung« seines Lebens war, als er zum erstenmal den zweiten Satz aus dem Doppelkonzert hörte und beschloß, selbst Bach spielen zu lernen. Seitdem sind mehr als fünfunddreißig Jahre vergangen, in denen er die über zweihundert Kantaten Bachs studiert und sich zu einem intimen Kenner und Verehrer Bachs entwickelt hat. Dabei hat er sich einen erfrischend unverstellten Blick auf den genialen Musiker Bach bewahrt. Eine Hommage wie ein nicht enden wollendes, großartiges Feuerwerk.

Maarten 't Hart, geboren 1944 in Maassluis als Sohn eines Totengräbers. Studium der Biologie in Leiden und dort Dozent für Tierethologie. Nach seinen Jugenderinnerungen »Ein Schwarm Regenbrachvögel« erschien 1997 auf deutsch sein Roman »Das Wüten der ganzen Welt« und wurde zu einem überragenden Erfolg mit vielen Auszeichnungen. Es folgten die Bestseller »Die Netzflickerin«, »Die schwarzen Vögel«, »Bach und ich«, »Gott fährt Fahrrad«, »Das Pferd, das den Bussard jagte« und zuletzt »Die Sonnenuhr oder Das geheime Leben meiner Freundin Roos«. Maarten 't Hart lebt heute in Warmond bei Leiden.

Maarten 't Hart
Bach und ich

Aus dem Niederländischen von
Maria Csollány

Mit CD, zusammengestellt von
Maarten 't Hart

Piper München Zürich

Von Maarten 't Hart liegen in der Serie Piper vor:
Das Wüten der ganzen Welt (2592)
Die Netzflickerin (2800)
Die schwarzen Vögel (3023)
Ein Schwarm Regenbrachvögel (3273)
Bach und ich (mit CD; 3296)
Gott fährt Fahrrad (3404)
Das Pferd, das den Bussard jagte (3827)

Ungekürzte Taschenbuchausgabe
Piper Verlag GmbH, München
1. Auflage Juli 2002
5. Auflage Mai 2004
© 2000 Maarten 't Hart
© der deutschsprachigen Ausgabe:
2000 Arche Verlag AG, Zürich-Hamburg
Umschlag/Bildredaktion: Büro Hamburg
Isabel Bünermann, Julia Martinez, Charlotte Wippermann
Umschlagabbildung: Johann Ernst Rentsch d. Ä.
(»Bildnis Johann Sebastian Bach«, Angermuseum, Erfurt)
Foto Umschlagrückseite: Klaas Koppe
Satz: Greiner & Reichel, Köln
Druck und Bindung: Clausen & Bosse, Leck
Printed in Germany   ISBN 3-492-23296-5

www.piper.de

Inhalt

Der große Unbekannte   7

I
Bach – der Organist und Komponist, der Vater und Lehrer

»Beide rollten auf dem Boden herum«
Der Vorfall in Arnstadt   21
»Schlummert ein, ihr matten Augen« Bach und der Tod   40
Ein »grober Mann«, mit dem »schwer zu leben war«?
Oder: Wer war Bach?   53
»Hochgeschäzte Patronen …« Bach als Briefschreiber   64
»Schleicht, spielende Wellen …« Bach und seine
Kantatentexte   77
Erst »Buß' und Reu'«, dann »Weh' und Ach«?
Bach und die Theologie   93

II
Der Bach der Kantaten und des *Wohltemperierten Klaviers*. Der
Bach der Suiten und Sonaten. Der Bach der Violinkonzerte
und *Matthäus-Passion*

»Als käme die Musik geradewegs vom Himmel herab«
Die Kantaten   109
»Wie großartig, wie ergreifend, wie dramatisch …«
Kleines Kompendium der Kantaten   126
»Kommt, ihr Töchter, helft mir klagen«
Oder: »Wie ich das erste Mal die *Matthäus-Passion* hörte«   150

»... und ich eile zur Grote Kerk in Maassluis«
Die Orgelwerke 161
»Mein tägliches musikalisches Brot« Das *Wohltemperierte
Klavier* 170
Bach selber spielen oder:
»Ganze Nachmittage in höchster Glückseligkeit ...« 186
»Und jetzt das *Allegro ma non tanto*...« Die Kammermusik 199
»Die bewegendste musikalische Erfahrung meines Lebens«
Die Konzerte 209
Empfohlen und kommentiert: Literatur über Bach 216

Anhang
Benutzte Literatur 234
Personenregister 246
Werkregister 253
Begleit-CD: Johann Sebastian Bach. Eine Auswahl
Zusammengestellt von Maarten 't Hart 259

Der große Unbekannte

Im Reich der Musik gibt es zwei Komponisten, die – mit dem 1. Buch Samuel 10, 23 zu sprechen – »um eines Hauptes größer sind denn alles Volk«. Turmhoch überragen Johann Sebastian Bach und Wolfgang Amadeus Mozart ihre komponierenden Zeitgenossen. Auch nach ihnen sind, ohne Beethoven, Schubert, Wagner und Verdi herabsetzen zu wollen, nie wieder Komponisten hervorgetreten, die ihrer Genialität das Wasser reichen konnten. Während jedoch seit Mozarts frühester Kindheit allgemein erkannt wurde, daß man es mit einem unvergleichlichen, überlegenen Talent zu tun hatte, und auch Mozart selbst sich seiner einmaligen Größe durchaus bewußt war, nahm man zu Bachs Lebzeiten dessen kolossales Talent kaum zur Kenntnis. Fraglich ist außerdem, ob es Bach selbst jemals zu Bewußtsein gekommen ist, daß er zu den größten Genies der Menschheit zählte. Oder wie Klaus Häfner sagt: »Daß je seine Werke zum musikalischen Evangelium der Nachwelt werden und von dieser Takt für Takt studiert werden würden, hat er gewiß niemals geahnt.« Dadurch »zieht sich«, wie Friedrich Blume bemerkt, »durch Bachs ganzes Leben und Schaffen als schöner Charakterzug die Anerkennung anderer Musiker und die Hochachtung vor ihnen«. Wie vorteilhaft hebt sich diese Eigenschaft ab gegenüber Mozarts tiefer Verachtung für die Mehrzahl seiner Kollegen!

Dennoch wäre es günstiger für uns gewesen, wenn sowohl Bach selbst als auch seine Zeitgenossen geahnt hätten, daß sein Werk »zum musikalischen Evangelium der Nachwelt« werden sollte. Dann hätte man sicherlich, wie bei Mozart, von Kindheit an möglichst viele Informationen über ihn gesammelt. Man wäre sorgsamer mit seinen Kompositionen umgegangen, so daß aller Wahrscheinlichkeit nach weniger Werke verlorengegangen wären. Denn während wir über Mozart sozusagen von der Wiege an überraschend gut informiert sind und von seinem Werk nur ein geringer Teil verschollen ist, sind unsere Kenntnisse über Bach überaus spärlich. Emil Platen sagt in seinem Buch über die *Matthäus-Passion*: »Unser gesichertes Wissen über Bachs Lebensweg und seine Persönlichkeit, über die Zahl seiner Werke und deren Entstehung, über seine ästhetischen Ansichten und kompositorischen Absichten ist äußerst gering.« Wenn wir dem Nekrolog glauben dürfen, den Carl Philipp Emanuel Bach 1754 zusammen mit Johann Friedrich Agricola und Lorenz Christoph Mizler verfaßt hat, so sind mindestens zwei vollständige Jahrgänge der Kirchenkantaten und drei Passionen verlorengegangen. Man stelle sich vergleichsweise vor, eine der drei Da Ponte-Opern von Mozart wäre abhanden gekommen! Ein geradezu erschütternder Gedanke. Und doch müssen wir uns im Fall Bachs damit abfinden, daß drei von fünf Passionen und möglicherweise mehr als hundert der insgesamt dreihundert Kirchenkantaten unwiederbringlich verloren sind. Ferner sind überraschend viele weltliche Kantaten spurlos verschollen, und alle Bach-Kenner gehen davon aus, daß von der Instrumentalmusik, die Bach während seines Aufenthalts in Köthen komponiert hat, nur ein Bruchteil erhalten geblieben ist.

Dies bedeutet, daß wir niemals wissen werden, wie groß Bach in Wirklichkeit war. Es ist keinesfalls undenkbar, daß es unter jenen Instrumentalstücken, Passionen und Kantaten Werke gab, die dem Konzert für zwei Violinen, der *Matthäus-Passion*, der h-moll-Messe und der Kantate »Du Hirte Israel, höre« (BWV 104) gleichkamen oder sie vielleicht sogar übertrafen. Angenommen,

Le Nozze di Figaro wäre verlorengegangen, vielleicht wäre Mozart heute in unseren Augen um einen Bruchteil weniger genial. Wir können deshalb nicht ausschließen, daß aus Bachs Œuvre Werke verschollen sind, die für unser Bach-Bild ebenso unverzichtbar wären wie *Le Nozze di Figaro* für unser Mozart-Bild.

All dies bedeutet, daß niemand sich je rühmen kann, ein wirklicher Bach-Kenner zu sein. Wir wissen zuwenig. Wir kennen nicht seine gesamte Musik. Auch über sein Leben sind wir, so viele umfangreiche Biographien auch erschienen sind, sehr schlecht unterrichtet. Über Bachs Kindheit sind wir, wie Friedrich Blume bemerkt, »auf Vermutungen angewiesen«. Bis zu den Jahren in Arnstadt tappen wir im dunkeln.

Wir wissen, daß Johann Sebastian Bach am 21. März 1685 in Eisenach geboren wurde, daß er mit neun Jahren zuerst die Mutter, dann den Vater verlor und bei seinem älteren Bruder in Ohrdruf aufwuchs. Aus den Ohrdrufer Jahren ist uns, außer daß er im Gymnasium zu den besten Schülern gehörte, nur die anrührende Geschichte überliefert, daß er nachts heimlich Musikstücke abschrieb, die sein Bruder in einem verschlossenen Schrank aufbewahrte.

Von Ohrdruf aus ging er – zu Fuß? – nach Lüneburg. Auch über seinen dortigen Aufenthalt ist wenig bekannt. »Leider vermittelt auch aus Lüneburg keine Quelle etwas über Bachs musikalische Bildung.« (Blume) Daß er von dort aus mehrere Fußwanderungen unternommen hat, um berühmte Organisten spielen zu hören, gehört ins Reich der Spekulationen. Wir wissen auch nicht genau, wann Bach Lüneburg verlassen hat. Am 4. März 1703 wurde er am Hof des Herzogs Johann Ernst in Weimar aufgenommen, aber was genau er dort getan hat und welche Instrumente er spielte, ist nicht bekannt. Er blieb einige Monate dort und erhielt anschließend eine Bestallung als Organist in Arnstadt.

Es scheint, als wüßten wir seit Arnstadt mehr über ihn, doch was uns aus dieser Zeit bekannt ist, stammt fast ausschließlich aus erhalten gebliebenen Protokollen über kleine und große »Streitigkeiten« mit Kirchenräten und anderen Würdenträgern, wie sie sich auch in späteren Jahren zutrugen. Dadurch entstand ein völlig verzeichnetes Bild von Bachs Leben, so als sei er auch in seiner Zeit in Leipzig ständig in Konflikte verwickelt gewesen, ja, als hätte er diese Konflikte geradezu gesucht. Tatsächlich läßt sich jedoch die Anzahl der Streitfälle, in die er während der 65 Jahre seines Lebens geriet, an den Fingern beider Hände abzählen. Aber da wir lediglich über diese Fälle ausführlich Bescheid wissen, sieht es so aus, als sei Bach ein lästiger Mensch gewesen. In Arnstadt wurde er gerügt, weil er während des Gottesdienstes einen Weinkeller besucht hatte, weil er den Gymnasiasten Johann Heinrich Geyersbach einen »Zippelfagottisten« genannt, weil er eine »frembde Jungfer« zur Orgel hatte singen lassen und weil er seinen Urlaub überschritten hatte – insgesamt vier Vorfälle. Das ist alles, was aus den Arnstadter Jahren bekannt ist. Außerdem noch der Vorwurf, er habe »viele wunderliche *variationes* gemachet« und »viele frembde Thone mit eingemischet, daß die Gemeinde drüber *confundiret* worden«. Wären aus diesen Jahren vier andere Begebenheiten überliefert, unser Bild des jugendlichen Bach hätte völlig anders ausgesehen.

Von seinem kurzen Aufenthalt in Mühlhausen ist uns ebenfalls fast nichts bekannt. Wir erfahren, daß er, als er dort angestellt war, in Dornheim nahe Arnstadt Maria Barbara heiratete, doch wie sie aussah, was für eine Frau sie war – wir wissen nichts von ihr. Man vergleiche das mit unseren Kenntnissen über Constanze Weber! Der große Bach-Biograph Philipp Spitta vermutet, daß Bach in Mühlhausen in einen Kirchenstreit zwischen

Lutheranern und Pietisten geriet, doch gibt es dafür keinerlei Beweise.

Nach der kurzen Amtszeit in Mühlhausen hat er fast neun Jahre in Weimar verbracht, nach Leipzig seine längste Anstellung. Und was wissen wir über diese Weimarer Jahre? So gut wie nichts! In Weimar wurden seine ältesten Kinder geboren. In Weimar war er offensichtlich sehr glücklich (warum sollte er sonst so lange dort geblieben sein?), und doch war er 1717 plötzlich so versessen darauf, bei Fürst Leopold von Anhalt-Köthen in Dienst zu treten, daß er in jenem Winter eine dreiwöchige Gefängnisstrafe in Kauf nahm, um Weimar verlassen zu können. Wie er die Haftstrafe überstanden hat, wissen wir nicht. Daß er im Gefängnis am *Orgel-Büchlein* oder am ersten Teil des *Wohltemperierten Klaviers* gearbeitet haben soll, gehört zu den Legenden. Georg von Dadelsen hat inzwischen überzeugend nachgewiesen, daß das *Orgel-Büchlein* schon früher, zwischen 1713 und 1716, in Weimar komponiert wurde. Wir wissen auch nicht, warum er Weimar verlassen wollte. Ein möglicher oder zumindest doch nicht unwahrscheinlicher Grund dafür könnte sein, daß man ihm bei einer Bestallung den wenig begabten Sohn seines Vorgesetzten vorzog, doch auch dafür gibt es keine Beweise.

Die Jahre in Anhalt-Köthen gehörten zu den glücklichsten in Bachs Leben – wie er selbst 1730 in einem Brief an einen Jugendfreund aus Leipzig schrieb –, doch war er nur verhältnismäßig kurz, von Ende 1717 bis Anfang 1723, dort angestellt. Außerdem strebte er bereits 1720 nach dem Posten des Organisten an der Jacobikirche in Hamburg. Also wollte er damals schon fort. In dem obenerwähnten Brief nennt er als Grund für seinen Wunsch fortzugehen, daß Fürst Leopold eine *amusa* geheiratet habe, doch diese *amusa* starb am 24. April 1723 und war schon tot, als Bach die Stelle in Leipzig antrat. Dieser Grund für

Bachs Wegzug von Köthen war längst hinfällig, als Bach sich dazu entschied. Dennoch hat er seinen Entschluß nicht rückgängig gemacht.

In Köthen ist Maria Barbara gestorben. Wie sein Sohn Carl Philipp Emanuel berichtet, erfuhr Bach erst, daß seine Frau gestorben und schon begraben war, als er von einer Reise zurückkehrte, die er in Begleitung seines Fürsten unternommen hatte. »Die erste Nachricht, daß sie krank gewesen und gestorben wäre, erhielt er beym Eintritte in sein Hauß.« Gut ein Jahr später heiratete Bach Anna Magdalena Wilcke, eine Sopranistin, die ebenfalls bei Fürst Leopold angestellt war und die er schon längere Zeit gekannt haben muß. Auch über Anna Magdalena wissen wir fast nichts. Es ist nicht einmal genau bekannt, wie ihr Nachname geschrieben wurde: Wülcken, Wülcke, Wilcke oder Wilcken. Sie liebte Nelken und Singvögel – das ist ungefähr alles. Wie sie aussah – wir wissen es nicht.

In Leipzig wiederholte sich, was sich auch in Arnstadt zugetragen hatte. Vieles, was wir über Bachs dortigen Aufenthalt wissen, beruht auf Quellen, die erhalten geblieben sind, weil sie über Konflikte berichten. Eine Auseinandersetzung 1728 über die Auswahl der Lieder, die in der Nikolaikirche gesungen werden sollten, eine andere 1730 über Bachs entschiedene Weigerung, den Schülern der Thomasschule Lateinunterricht zu erteilen, eine weitere 1736 darüber, wer den Chorpräfekten zu ernennen habe, der Kantor oder der Rektor. Der letzte Streit zog sich über zwei Jahre hin. Alle diese Konflikte werden in den Biographien ausführlich behandelt, einfach weil sie gut dokumentiert sind. Alles, was Bach sonst noch tat, bleibt im dunkeln. Er muß in den ersten Leipziger Jahren ein gewaltiges Arbeitspensum geschafft haben. Kein Komponist, nicht einmal Mozart, hat in so kurzer Zeit so viel unvergängliche Musik komponiert wie Bach in den Jahren 1723 bis 1729. Doch was erfahren wir? Wir erfahren von drei Streitfällen. Das ist herzlich wenig und erweckt doch den Anschein, als hätte Bach sich während der gesamten Leipziger Jahre mit seinen Vorgesetzten gestritten. Ich wiederhole: Wir wissen überraschend wenig von seinem Leben. Nur gelegentlich erhaschen wir einen Blick darauf und meist dank dem, was Carl Philipp Emanuel über seinen Vater erzählt: »Bey Anhörung einer starck besetzten u. vielstimmigen Fuge, wuste er bald, nach den ersten Eintritten der *Thematum*, vorherzusagen, was für *contra*puncktische Künste möglich anzubringen wären u. was der Componist auch von Rechtswegen anbringen müste, u. bey solcher Gelegenheit, wenn ich bey ihm stand, u. er seine Vermuthungen gegen mich geäußert hatte, freute er sich u. stieß mich an, als seine Erwartungen eintrafen.« Dieses Bild von Bach, der seinen Sohn freudig anstößt, wenn seine Erwartungen eintrafen, gibt unendlich viel mehr darüber wieder, welch ein Mann er gewesen sein muß, als alle Berichte über jene elenden Auseinandersetzungen.

Einen anderen Einblick gewährt uns die unvergeßliche Geschichte des Rektors Johann Matthias Gesner, auf lateinisch geschrieben und in einer Fußnote versteckt in der Ausgabe der *Institutiones oratoriae des Marcus Fabius Quintillianus*. »Dies alles würdest Du, Fabius, völlig unerheblich nennen, wenn Du, aus der Unterwelt heraufbeschworen, Bach sehen könntest – um nur ihn anzuführen, denn er war vor nicht allzu langer Zeit mein Kollege an der Leipziger Thomasschule; wie er mit beiden Händen und allen Fingern etwa unser Klavier spielt, das allein schon viele Kitharai in sich faßt, oder jenes Grund-Instrument, dessen zahllose Pfeifen von Bälgen angeblasen werden, wie er hier mit beiden Händen, dort mit schnellen Füßen über die Tasten eilt und allein gleichsam Heere von ganz verschiedenen aber doch

zueinander passenden Tönen hervorbringt; wenn Du ihn
sähest, sag ich, wie er bei einer Leistung, die mehrere Eurer Ki-
tharisten und zahllose Flötenspieler nicht erreichten, nicht etwa
nur eine Melodie singt wie der Kitharöde und seinen eigenen
Part hält, sondern auf alle zugleich achtet und von 30 oder gar
40 Musizierenden diesen durch ein Kopfnicken, den nächsten
durch Aufstampfen mit dem Fuß, den dritten mit drohendem
Finger zu Rhythmus und Takt anhält, dem einen in hoher, dem
andern in tiefer, dem dritten in mittlerer Lage seinen Ton angibt;
wie er ganz allein mitten im lautesten Spiel der Musiker, obwohl
er selbst den schwierigsten Part hat, doch sofort merkt, wenn
irgendwo etwas nicht stimmt; wie er alle zusammenhält und
überall abhilft und wenn es irgendwo schwankt, die Sicherheit
wiederherstellt; wie er den Takt in allen Gliedern fühlt, die Har-
monien alle mit scharfem Ohre prüft, allein alle Stimmen mit
der eigenen begrenzten Kehle hervorbringt ...«
Als ob man einen kurzen Blick in die Thomaskirche werfen
dürfte! Warum sind solche Äußerungen über Bach so selten,
während so viele vom Tun und Treiben Mozarts berichten?
Warum besitzen wir von Bach nur eine Handvoll persönliche
Briefe, während von Mozart Dutzende überliefert sind? Als hätten sich Himmel und Erde zu Bachs Lebzeiten verschworen,
möglichst wenig Persönliches von ihm zu bewahren.
Wir besitzen ein Gemälde, von dem wir sicher wissen, daß es
Bach darstellt, das Porträt von Elias Gottlieb Haußmann von
1746. Zwar wird behauptet, dieser Haußmann habe 1748 Bach
nochmals gemalt, doch jenes Porträt ist eine so genaue Kopie
des Bildes aus dem Jahr 1746 (es sind lediglich einige Knöpfe
mehr darauf zu sehen), daß Haußmann – leider kein Porträtma-
ler ersten Ranges – wahrscheinlich nur eine Kopie seines ersten
Gemäldes anfertigte. Später wurden noch weitere Kopien er-

stellt, und aus einem Brief Zelters an Goethe geht hervor, daß ein Leipziger Leinwandhändler beim Anblick der Kopie spontan sagen konnte: »Das ist Bach.« Haußmann hat also in jedem Fall ein wirklichkeitsgetreues Bild abgeliefert. In der Thomasschule, in der das Gemälde aufgehängt wurde, diente es als Ziel für die Wurfgeschosse der Schüler. Es wurde mehrfach restauriert, und deshalb ist fraglich, ob der Mann, den wir heute auf dem Bild sehen, noch eine gewisse Ähnlichkeit mit Bach zeigt. So tappen wir bei der Frage, wie Bach wirklich aussah, ebenfalls im dunkeln.

Wenn man dazu noch überlegt, wie überraschend wenig von Bachs Musik zu seinen Lebzeiten veröffentlicht wurde, dürfen wir zutiefst dankbar sein, daß trotzdem soviel erhalten geblieben ist. Ein gewaltiges Œuvre, doch wie wenig ist es bekannt! Wie ich oft feststelle, haben selbst feurige Bewunderer von Bach kaum eine Ahnung von den wirklichen Höhepunkten in diesem wunderbaren Œuvre: die Sopran-Arien aus den Kantaten BWV 115, 149 und 151; die Alt-Arien aus den Kantaten BWV 34 und 117; die Eingangschöre aus den Kantaten BWV 96, 180, 109, 104 und 105; die Tenor-Arien aus den Kantaten BWV 85, 87 und 97; die Duette aus den Kantaten BWV 3 und 101. Sein schönstes Orchesterwerk mit jener wunderbaren kleinen Melodie im Mittelteil, die Sinfonia aus der Kantate »Am Abend aber desselbigen Sabbats« (BWV 42) – wann wird sie jemals im Konzertsaal aufgeführt? »Warum diese Sinfonia niemals in den Rang eines Meisterwerkes für den Konzertsaal erhoben wurde, bleibt ein Rätsel«, sagt William Gillies Whittaker zu Recht in seinem Buch über Bachs Kantaten.

Viele sehen in Bach den Großmeister des Kontrapunkts, der er gewiß auch war, aber er war vor allem ein Melodien-Erfinder sondergleichen. Wilhelm Furtwängler bemerkt, daß es in der

Musik zwei herausragende Melodien-Erfinder gegeben hat: Bach und Verdi. Meiner Ansicht nach können zu diesen beiden noch die Namen von Mozart und Schubert hinzugefügt werden. Auch Mozart hat hinreißende Melodien erfunden, zum Beispiel die Arie »Ruhe sanft, mein holdes Leben« aus dem Singspiel *Zaide* (KV 344) oder die unvergängliche Melodie, die plötzlich im letzten Satz des Klavierkonzerts KV 503 auftaucht, während Schubert in dem Lied »Der Fluß« schon Verdi vorwegnimmt.

Doch wie groß Mozart, Schubert und Verdi als Melodien-Erfinder auch gewesen sind, sie alle werden von Bach übertroffen. Verdis Einfälle, manchmal überwältigend schön, sind meistens kurz. Bei Mozart sind sie verhältnismäßig selten, seine Kraft äußerte sich in vielen anderen Dingen. Wie kein anderer wußte er seine Melodien zu variieren und mit Gegenmelodien zu kombinieren, wie beispielsweise aus dem Anfang der Symphonie A-Dur (KV 201) hervorgeht. Als Melodien-Erfinder tritt vielleicht nur Schubert in Bachs Fußstapfen, doch nicht einmal er hat Melodien erschaffen wie die der Baß-Arie »Die Welt ist euch ein Himmelreich« aus der Kantate BWV 104, die man sein Leben lang vor sich hinpfeifen kann, ohne daß sie jemals langweilt oder etwas von ihrem Glanz und Zauber verliert. Das rührt auch daher, weil Bach seine Melodien stets so überwältigend schön harmonisiert. Die Baß-Arie ist ein anschauliches Beispiel dafür.

Daß Bach der größte Melodien-Erfinder im Reich der Töne war – dem werden nicht viele zustimmen. Der Grund liegt darin, daß die weit über zweihundert Kantaten kaum bekannt sind. Auch mit diesem Buch werde ich wohl nichts daran ändern können. Ich kann nur über Johann Sebastian Bach schreiben, der mich als Kind mit der Bearbeitung des Chorals »Wohl mir, daß ich Jesum habe« aus der Kantate BWV 147 in seine Obhut genommen hat und den ich über alles liebe mit ganzem Herzen, ganzer Seele, ganzem Verstand und all meiner Kraft.

I

Bach –
der Organist und Komponist,
der Vater und Lehrer

»Das Bild der großen Meister unserer musikalischen
Vergangenheit ist in steter Wandlung begriffen ...«
Friedrich Blume

»Beide rollten auf dem Boden herum«
Der Vorfall in Arnstadt

Johann Sebastian Bach, der Jüngste der Geschwisterschar, war ein Nachkömmling. Seine Mutter, geboren am 24. Februar 1644, war bereits 41 Jahre alt, als er am 21. März 1685 in Eisenach geboren wurde. Neun Jahre später starb sie. Sein Vater, Johann Ambrosius Bach, heiratete in zweiter Ehe eine Frau, die selbst zweimal verwitwet war. Sie brachte ein mit Sebastian gleichaltriges Töchterchen in die Ehe. Kurz darauf – Sebastian war noch immer neun Jahre alt – starb auch Ambrosius. Die nun schon zum drittenmal verwitwete Frau war offenbar außerstande, für Johann Sebastian zu sorgen.

Zusammen mit seinem um drei Jahre älteren Bruder kam er zu dem ältesten Bruder, Johann Christoph, nach Ohrdruf, wo er die Lateinschule besuchte. Erhalten gebliebene Schriftstücke bezeugen, daß er zu den besten Schülern gehörte. Wie Bachs Sohn Carl Philipp Emanuel erzählt – die Geschichte erscheint zum erstenmal in dem von ihm, Johann Friedrich Agricola und Lorenz Christoph Mizler verfaßten Nekrolog für Mizlers *Musikalische Bibliothek* (1754) –, soll der kleine Johann Sebastian nachts heimlich Partituren aus einem verschlossenen Schrank entwendet haben, um sie bei Mondlicht abzuschreiben. Einige Biographen sehen darin die Ursache des Augenleidens, dessentwegen Bach an seinem Lebensende zweimal operiert wurde. Doch schadet es den Augen nicht, wenn man bei Kerzen- oder auch Mondlicht Partituren abschreibt. Friedrich Blume bemerkt in seinem Aufsatz *Der junge Bach* zu dieser rührenden Anekdote: »Einerlei, ob wahr oder nicht: so viel geht daraus hervor, daß von einer planmäßigen oder rasch fortschreitenden Ausbildung Sebastians bei seinem Bruder nicht die Rede gewesen sein kann.«

Als Bach fünfzehn Jahre alt war, ging er, da er offensichtlich nicht länger bei seinem Bruder wohnen bleiben konnte, zusammen mit dem um drei Jahre älteren Schulkameraden Georg Erdmann nach Lüneburg, demselben Georg Erdmann, dem er später aus Leipzig einen der wenigen erhaltenen Briefe schreiben sollte. Dort besuchte Bach die Michaelisschule. Über die Zeit in Lüneburg gibt es viele Vermutungen, doch nur sehr wenig ist dokumentiert. »Wir wissen nicht einmal genau, wann er Lüneburg verlassen hat«, hält Friedrich Blume fest. Jedenfalls hat er im Alter von achtzehn Jahren mehr als vier Monate in Weimar verbracht. »... was er dort in den vier Monaten seines Aufenthalts getrieben hat, ist unbekannt«, sagt Blume.

Vom 9. August 1703 bis zum 29. Juni 1707 war Bach als Organist in Arnstadt angestellt. Da Bach vermutlich immer recht kurz angebunden war, kam es regelmäßig zu Auseinandersetzungen. So auch in Arnstadt. Blume bemerkt wohl zu Recht: »... das Maß an Geduld, über das Bach verfügte, ist in seinem ganzen Leben nie sehr groß gewesen.« Einem solchen Konflikt verdanken wir die erste Geschichte über Bach, in der er für uns sprechend und handelnd auftritt.

Merkwürdigerweise wird es Bachs Biographen kaum richtig bewußt, daß wir bei diesem Vorfall in Arnstadt Bach plötzlich aus der Dämmerung eines dichten biographischen Nebels über seinen ersten zwanzig Lebensjahren für einen kurzen Augenblick in hellem Licht hervortreten sehen. In der berühmten Biographie von Philipp Spitta fehlt die Geschichte. Sie ist nämlich erst seit 1904 bekannt und zwar dank Diakon Weißgerber. Dieser hielt 1904 zum 73. Geburtstag des regierenden Fürsten zu Arnstadt eine Festrede über *Johann Sebastian Bach in Arnstadt*, worin er die ganze Geschichte preisgab. Seitdem findet man sie in allen Biographien. Überraschend ist, wie sie immer wieder ein wenig anders erzählt wird und wie manche Details variieren.

Charles Sanford Terry gibt die Geschichte folgendermaßen wieder: »Bach kam in Begleitung seiner Kusine Barbara Catharina vom Schloß zurück. Er ging über den Ledermarkt zum Marktplatz, weiter entlang der Galerie vermutlich Richtung Kohlgasse, als ein Schüler des Gymnasiums, ein Fagottist namens Geyersbach, in Begleitung von fünf anderen Burschen mit drohend erhobenem Spazierstock auf ihn zutrat und eine Entschuldigung für eine angebliche Äußerung über seine Fähigkeiten als Fagottist verlangte. Bach wies die Behauptung zurück, worauf Geyersbach ihn mit ›Hundsfott‹ anschrie und mit dem Stock auf ihn losging. Bach parierte mit seinem Degen, so daß der reizbare Fagottist kurzerhand in Gefahr schwebte, bis seine Begleiter eingriffen. Die Rauferei beschäftigte die Gemeinde: Am 5. August 1705 wurde Bach vor das Konsistorium im Schloßbezirk geladen und gestand, Geyersbach einen ›Zippelfagottisten‹ genannt zu haben.«

Der merkwürdige Ausdruck »Zippelfagottist« ist das erste Wort, das aus dem Munde Bachs verbürgt ist. Er war damals – wie gesagt – zwanzig Jahre alt, eine Äußerung von ihm vor dieser Zeit ist nicht überliefert. Einige Biographen geben zwar die Geschichte wieder, lassen aber gerade dieses prächtige erste Wort weg. So zum Beispiel Eva Mary und Sidney Grew 1947 in ihrem Bach-Buch. Nachdem sie die Episode mehr oder weniger ähnlich erzählt haben wie Terry, aus dessen Biographie sie sie wohl auch abgeschrieben haben, fügen sie hinzu: »Wer immer auch das Mädchen Barbara war, sie bewunderte zweifellos ihren Begleiter wegen seines Mutes und seiner ritterlichen Qualitäten.

Und wahrscheinlich bedauerte der Fechter selbst keineswegs die Gelegenheit, sich in so bemerkenswerter und herausragender Weise darzustellen.« Das ist pure Spekulation, der nicht der geringste Beweis zugrunde liegt. Merkwürdigerweise leiten sie ihre Geschichte mit dem Satz ein: »Im Juli oder frühen August des Jahres 1705 machte Sebastian eine besonders unangenehme Erfahrung.« Doch gerade über das Datum besteht kein Zweifel. Es ist belegt, daß der Vorfall sich am 4. August 1705 ereignet hat.

Es geschah »nach einem Besuch in Schloß Neudeck«, berichtet Malcolm Boyd in seinem Buch über Bach. Boyd nennt auch die Namen von zwei der fünf Studenten, die Johann Heinrich Geyersbach begleiteten: Hoffmann und Schüttwürfel. Er gibt außerdem das Wort »Zippelfagottist« wieder (bei ihm »Zippel Fagottist« geschrieben). Von allen Biographen ist er der einzige, der sich eingehender mit der Frage beschäftigt, welches Mädchen denn Bach begleitet hat. »Entweder handelte es sich«, schreibt Boyd, »um eine Tochter Johann Michael Bachs aus Gehren, geboren 1679, also eine ältere Schwester von Bachs späterer Frau Maria Barbara.« Allerdings wohnte zu jener Zeit noch eine andere Nichte Bachs in Arnstadt, eine Tochter von Johann Christoph Bach, die ebenfalls Barbara Catharina hieß. So erfahren wir in dem von Karl Müller und Fritz Wiegand herausgegebenen *Arnstädter Bachbuch*, diese sei das fragliche Mädchen gewesen. Doch laut Boyd ist das wiederum nicht möglich, denn diese Barbara Catharina starb 1709, nachdem sie mehr als vier Jahre bettlägerig gewesen war.

Karl Geiringer dagegen erzählt die Geschichte in seinem Buch *Johann Sebastian Bach. The Culmination of an Era* folgendermaßen: »Geyersbach, seit drei Jahren Schüler von Sebastian, arrangierte ein Treffen mit Bach in dunkler Nacht und griff ihn mit einem Stock an, wobei er ihn einen ›dreckigen Hund‹ nannte, da

sich der Organist über ihn als ›Ziegen-Fagottisten‹ lustig gemacht hatte. Sebastian zog seinen Degen, ein Kampf begann,
und es wäre wohl Blut geflossen, wenn nicht Augenzeugen in-
terveniert hätten, nachdem Geyersbachs Kamisol bereits allerlei Löcher abbekommen hatte.« In dieser Version kommt Barbara Catharina gar nicht vor, die Begleiter Geyersbachs sind zu
»Augenzeugen« geworden, und wir hören plötzlich, daß Bach
bereits »allerlei Löcher« in Geyersbachs Kamisol gestochen
habe.

In einem Büchlein von Tim Dowley, *Bach. His Life and Times*
(1981), lesen wir sogar, daß die wechselseitige Animosität zwischen Bach und Geyersbach dermaßen zunahm, »daß die beiden auf der Straße mit den Fäusten aufeinander losgingen. Von
einem bestimmten Moment an zog Sebastian den Degen und
hieb die Kleider seines Feindes in Fetzen.« Das klingt nun schon
sehr viel schlimmer als ein paar Löcher in einem Kamisol!

In einem kürzlich erschienenen Bändchen von Christopher
Headington, *Johann Sebastian Bach. An Essential Guide to his Life and
Works*, lautet die Geschichte so: »Ein Student namens Johann
Geyersbach, ein schlechter Fagottist, der in der Neukirche spiel-
te und älter war als Bach, wurde von dem jungen Organisten hef-
tig kritisiert, er klänge wie eine Ziege. Natürlich war Geyersbach
beleidigt, und am 4. August 1705, auf dem Heimweg von einer
Taufe und vermutlich leicht angetrunken, rächte er sich. Er traf
Bach und Maria Barbaras ältere Schwester auf der Straße und
verlangte eine Entschuldigung. Bach weigerte sich, woraufhin
Geyersbach ihn mit seinem Stock schlug, ihn einen ›Hundsfott‹,
einen Schurken, nannte. Bach zog daraufhin ein Messer, Umste-
hende allerdings brachten die beiden auseinander. Bach legte
Beschwerde bei den Kirchenobersten ein, er könne sich nicht
sicher bewegen, wenn Geyersbach nicht bestraft und inhaftiert

würde, aber man sagte ihm, daß er dafür teilweise selbst verantwortlich sei. Beide jungen Männer wurden daraufhin verwarnt.«

In dieser Version ist Geyersbach »vermutlich leicht angetrunken«, und Bach zieht nicht den Degen, sondern ein Messer. Das Wort »vermutlich« bedeutet auch hier wie meistens im Sprachgebrauch der Biographen, daß es dafür keine Beweise gibt. Merkwürdigerweise ist der Degen zu einem Messer geworden, und sehr sonderbar ist auch, daß er behauptet, Geyersbach »schlug ihn mit seinem Stock«, denn in allen anderen Varianten hat Geyersbach zwar einen »Brügel« bei sich, schlägt aber nie damit zu.

Sehr viel korrekter verhält sich der Bach-Biograph Alec Robertson, der die Geschichte in einem Nebensatz abtut: »Der Student Geyersbach, dessen Person oder Fagott Bach so schwerwiegend beleidigte, daß sich daraus eine Auseinandersetzung auf offener Straße ergab, war bereits 21 Jahre alt, als Bach nach Arnstadt kam.« Hier stimmt wiederum Geyersbachs Alter nicht.

Ich selbst habe die Geschichte zum erstenmal in einem Prisma-Taschenbuch gelesen, in der niederländischen Übersetzung einer in der Schweiz erschienenen Biographie von Antoine-E. Cherbuliez, einem Geschenk von Onkel und Tante, als ich 1962 meine Abschlußprüfung an der HBS-b bestanden hatte. Cherbuliez schreibt: »Einen Primaner (der drei Jahre älter als sein Lehrer Bach war!) mußte er wegen unbefriedigenden Fagottspiels tadeln; dieser fühlte sich beleidigt und stellte später seinen Lehrer einmal in der Straße, unter Drohungen mit einem Stock Genugtuung verlangend; er wurde aber von Bach mit heftigem Degengefuchtel vertrieben!« Keine zerrissenen Kleider oder Löcher in einem Kamisol in dieser Variante. Und auch keine Nichte oder Zippelfagottisten.

In dem vorzüglichen Bach-Buch von Hans Brandts Buys findet sich wohl die schlichteste Schilderung des Vorfalls, die mir unterlaufen ist. »Die erhaltenen Schriften berichten von einem Handgemenge mit dem Gymnasiasten Geyersbach, den Bach einen ›Zippelfagottisten‹ genannt haben soll.« Dies ist alles, immerhin steht darin das erste Wort, das aus dem Munde Johann Sebastian Bachs überliefert ist.

In der deutschsprachigen Bach-Literatur ist die Geschichte selbstverständlich in allen Biographien enthalten, die nach 1904 erschienen sind. Zum Beispiel heißt es bei Albert Schweitzer: »Vor seiner Lübecker Reise hatte es einen wüsten Auftritt zwischen ihm und dem Schüler Geyersbach gegeben. Dieser war auf der Straße mit einem Stock auf ihn losgegangen, weil er von ihm durch Schimpfworte beleidigt worden war. Bach hatte den Degen gezogen. Zum Glück hatten sich andere Schüler dazwischen geworfen und sie getrennt. Die Sache war vor das Konsistorium gekommen, wo festgestellt wurde, daß Bach das betreffende Schimpfwort wirklich gebraucht hatte.« Sollte Schweitzer nicht bekannt gewesen sein, was Bach gesagt hatte? Oder sollte er es aus Prüderie verschwiegen haben? Doch welcher Biograph läßt einen solch prächtigen, charakteristischen Ausdruck unerwähnt?

Bernhard Paumgartner dagegen zitiert den Ausdruck in seiner monumentalen Bach-Biographie, von der bislang nur der erste Teil *Bis zur Berufung nach Leipzig* erschienen ist. Paumgartner gibt Einzelheiten wieder, die sich bei keinem anderen der bisher zitierten Biographen finden. Er weiß zu berichten, daß der Vorfall »beim ›Langen Stein‹ vor dem Rathaus« stattfand. Er sagt ferner, Geyersbach sei vor allem deshalb so beleidigt gewesen, weil Bach ihm »die schmerzhafte Apostrophe wahrscheinlich ›in corona musicorum‹« zugefügt habe. Außerdem teilt Paumgartner uns mit, daß Bach »in Begleitung einer Cousine – war es Onkel Johann Christophs Tochter, Barbara Catharina aus der Kohlgasse, oder gar Maria Barbara? – vom Schloß herab über den Ledermarkt kam«, als Geyersbach ihn »mit fünf Kerlen stockbewehrt« anrempelte. Laut Paumgartner setzte Bach »dem Angreifer mit seinem Degen so energisch zu, daß die Kumpane alle Mühe hatten, ihn vor weiterer Bedrängnis zu schützen«. Nach dieser Version hat Bach sofort den Degen gezogen, und es war offensichtlich nicht einfach, die Kämpfenden zu trennen. Von einem Schaden am Kamisol oder an der Jacke Geyersbachs ist gleichfalls nicht die Rede. Bemerkenswert ist außerdem, daß Paumgartner seiner Darstellung den Satz hinzufügt: »Natürlich flog die Affaire wie ein Lauffeuer durch die kleine Stadt und fand ihr Nachspiel vor dem Konsistorium.« Aus dem Wort »natürlich« dürfen wir ähnlich wie aus dem Wort »vermutlich« bei Headington folgern, daß der Biograph hier das Reich der Mutmaßungen betritt.

In dem reichillustrierten Buch von Werner Felix kommt es »am Abend des 4. August 1705 beim Marktplatz sogar zu einer tätlichen Auseinandersetzung, die der Schüler Geyersbach anzettelte, und in der Bach wohl keineswegs nur mit Besonnenheit reagiert zu haben scheint«. Was genau geschah, brauchen wir offensichtlich nicht zu erfahren, dennoch folgert Felix für uns: Bach habe nicht »besonnen« reagiert. Ehrlich gesagt, sehe ich nicht recht ein, wie Bach in einem solchen Fall hätte »besonnen« reagieren sollen. Rasch weglaufen? Sich entschuldigen?

Die kurioseste Version der Geschichte findet sich in der 1969 erschienenen Rowohlt-Monographie von Luc-André Marcel. Das Büchlein ist so atemberaubend schlecht, daß es schon drei Jahre darauf im Verlag Contact in der niederländischen Übersetzung von Theodor Duquesnoy erschienen ist. Marcel erzählt uns, daß Bach, als er den Chor in Arnstadt leitete und »ein Schüler keine Lust hatte zu arbeiten«, anfing »zu schelten«. Er »wurde zornig, verlor schnell alle Haltung und machte sich lächerlich durch seine komische Wut. So behandelte er seine Schüler auch in Arnstadt. Zwei Jahre hindurch gab es dauernd Zusammenstöße, Zornausbrüche, Beleidigungen und heftige Proteste, die eines Abends mit einer Schlägerei endeten. Anlaß war eine Probe, bei der ein Schüler namens Geyersbach, drei Jahre älter als Bach, Albernheiten mit seinem Fagott trieb. Der junge Meister stampfte gleich mit den Füßen und schalt ihn einen ›Zippelfagottisten‹, was eine allgemeine Heiterkeit bewirkte. Voller Wut beschloß Geyersbach, den Organisten zu verprügeln; in einer dunklen Nacht überfiel er ihn, schlug mit dem Stock auf ihn ein und schimpfte ihn einen ›Hund‹. Unser Virtuose, der seinen Degen bei sich hatte, zog vom Leder, besann sich schnell auf das Wenige, was er vom Fechten wußte, und fing an, das Hemd des Angreifers kreuz und quer zu zerfetzen. Schlag fiel auf Schlag, und es hätte weiß Gott einen Mord geben können, ohne das Eingreifen der Nachbarn, die durch den Lärm aufgeschreckt worden waren.«

Dies ist schlichtweg unerhört. Nur der Name Geyersbach, der Ausdruck »Zippelfagottist« und die Tatsache, daß Geyersbach drei Jahre älter war als Bach, entsprechen der Wahrheit. Den Rest hat sich Marcel von A bis Z aus den Fingern gesogen, einschließlich der plötzlich auftauchenden ominösen Nachbarn. Nachbarn von wem, Monsieur Marcel? So empörend dies alles sein mag: Wie ich erfahre, ist das Buch immerhin 1993 im Rowohlt Verlag durch die kluge Bach-Monographie von Martin Geck ersetzt worden.

In dem kulturhistorischen Porträt Johann Sebastian Bachs von Guido van Hoof lautet die Geschichte wie folgt: »An einem

Sommerabend kehrte Sebastian mit seiner Base Catharina vom Schloß Neideck zurück und wurde auf dem Marktplatz von dem 23jährigen Lyzeumsschüler J. Heinrich Geyersbach überfallen. Dieser hatte auf einer Tauffeier offensichtlich zu viel gebechert und griff nun den Organisten und Chordirigenten mit seinem Spazierstock an, weil dieser ihn vormals einen ›Ziegenfagottisten‹ genannt hatte. Sebastian zog seinen Degen (des Hofmusikers?), und beide rollten auf dem Boden herum, bis die Umstehenden die Kämpfenden trennten. Nachdem man die Parteien und die Zeugen bis zu dreimal auf der Neidecksburg verhört hatte, wurde das Verfahren nach Erteilung von Verweisen eingestellt. Bemerkenswert: Sebastian war damals schon Pfeifenraucher, wie aus dem Protokoll hervorgeht.«

In dieser Variante gibt es ein Detail, das bislang noch nicht vorkam: »Beide rollten auf dem Boden herum.« Mitsamt »Spazierstock« und »gezücktem Degen«? Das Rollen dürfte ihnen schwergefallen sein. Und wie kommt van Hoof darauf, daß Geyersbach dem Komponisten mit seinem Spazierstock zu Leibe rückte?

Von Peter Washington wird die Geschichte folgendermaßen erzählt: »In einer dunklen Nacht begegnete Bach Geyersbach auf dem Heimweg vom Schloß, wo er gespielt hatte. Anscheinend konnten die beiden einander nicht ausstehen. Geyersbach, ein Raufbold, der drei Jahre älter war als Bach, lauerte ihm mit fünf Kameraden auf. Bach war möglicherweise besonders aufgeregt durch die Anwesenheit seiner Kusine Barbara Catharina, die ihn begleitete. Übermütig geworden durch das Bier und die Anwesenheit seiner Kameraden, nahm Geyersbach die Gelegenheit wahr, den Chordirigenten zur Rede zu stellen wegen dessen geringschätzigem Urteil über Geyersbachs Charakter und musikalischen Fähigkeiten. Bach hatte ihn einen ›Ziegenfagottisten‹ ge-

nannt. Die Beleidigungen flogen hin und her, Geyersbach nannte Bach einen ›schmutzigen Hund‹, ging mit dem Stock auf ihn
los, und Bach zog den Degen. Die beiden wurden voneinander
getrennt, doch Bach erhob Anklage beim Kirchenrat, wo sich
das Verfahren wochenlang hinschleppte.«

Woher weiß Washington, daß es eine »dunkle Nacht« war? Hat
er die Mondphasen im August 1705 studiert? War damals Neu-
mond? Und woher weiß Washington, daß »die beiden einander
nicht ausstehen konnten«? Und wieso weiß er so genau, daß
Geyersbach bei der Taufe, von der er weiter nichts berichtet, Bier
getrunken hatte? Könnte es nicht auch Wein gewesen sein? Oder
Schnaps? Und woher stammt die Aussage »die Beleidigungen
flogen hin und her«? Warum nimmt er an, Bach sei durch die Anwesenheit von Barbara Catharina besonders aufgeregt gewesen?

Walter Kolneder weiß in seinem Bach-Buch von Details zu berichten, die sich bei keinem anderen Autor finden. Bach hatte
»die Tabackspfeife im Munde«, als er mit »seiner Base Barbara
Catharina, die in Arnstadt verheiratet war, vorbeikam und offenbar von Geyersbach angestänkert wurde. Dieser ging ›mit einem Brügel‹ auf ihn los, worauf Bach den Degen zog. Es kam
zum Handgemenge mit den Schülern, Geyersbach behauptete
nachher, ›vnd währen in seinem Camisol noch die Löcher von
den Stichen zu ersehen‹. Schließlich hat die Base beruhigend auf
ihren Vetter eingewirkt.«

Die Löcher in Geyersbachs Kamisol sind wieder da. Die Base
erweist sich plötzlich als verheiratet. Bach raucht Pfeife, als
Geyersbach ihn anredet. Und das verheiratete Bäslein tritt als
Friedensstifterin auf!

Die Pfeife finden wir auch bei Friedemann Otterbach. Doch dieser beginnt seine Geschichte mit der folgenden Feststellung, die
bei keinem anderen Autor auftaucht: »Wie der Vorfall sich wirk-

lich zutrug, ist im einzelnen nicht mehr genau feststellbar.« Otterbach hält sich bei der Wiedergabe der Begebenheit penibel an jene Schriften, die in dem 1969 herausgegebenen Band 2 der *Bach-Dokumente* über den Vorfall berichten. Deshalb ist Otterbach im Augenblick der zuverlässigste Biograph, was diese Geschichte angeht. Bevor ich auf die Dokumente zu sprechen komme, will ich noch die beiden Versionen der Geschichte vorstellen, die Karl Eidam in seiner 1999 erschienenen Biographie *Das wahre Leben des Johann Sebastian Bach* und Wolfgang Sandberger in seinem ebenfalls 1999 veröffentlichten Buch *Bach 2000* geben.

Sandberger beginnt seine Version mit der Mitteilung: »Der gerade erst 20jährige Bach hat mit den Schülern tatsächlich Schwierigkeiten gehabt.« Er fährt fort: »Schon am 5. August 1705 – also noch vor seiner Lübeckreise – hatte er selbst Klage gegen eine undisziplinierte Gruppe von Schülern erhoben, die ihn auf dem Marktplatz angegriffen hätten. Ein Schüler namens Geyersbach sei dabei sogar ›mit einem Brügel uf ihn loß gangen‹. Bach konnte sich in dieser Situation nur mit gezogenem Degen Respekt verschaffen. Geyersbach, drei Jahre älter als sein Vorgesetzter Bach, konterte in der Sitzung, Bach habe ›Ihn einen Zippel *Fagotti*sten geheißen‹.« Sandberger zieht aus der Geschichte die Schlußfolgerung, daß »die Affäre […] als Bachs hilfloser Versuch zu werten ist, sich bei den Schülern Autorität zu verschaffen«. Mir scheint: Diese Folgerung geht einen Schritt zu weit. Daß Bach seinen Gegner durch einfaches Ziehen des Degens zur Ordnung gerufen haben soll, entspricht nicht der Aussage der überlieferten Dokumente. Sonderbar ist auch, daß Sandberger von einer »Gruppe von Schülern« spricht. Gewiß, Geyersbach war nicht allein, aber es gibt keinerlei Beweise für die Annahme, daß die Schüler ihm sekundierten.

Die »Gruppe« finden wir auch bei Eidam. Dieser hat aus dem

Vorfall eine lange Geschichte gemacht, nennt Geyersbach anfangs »einen der mutwilligen Störenfriede« unter den Gymnasiasten, denen Bach das Singen beibringen mußte, und sagt, daß Bach diesen Störenfried als »Zippelfagottisten« bezeichnete. Dann fährt er fort: »Das kommt uns heute eher als ein Scherz- denn als ein Schimpfwort vor, aber wo ein Streit gesucht wird, kann der Anlaß nicht nichtig genug sein. Seine Sänger gruben das Kriegsbeil aus, es kam zu einer regelrechten Verschwörung von sechs Primanern namens Geyersbach, Schüttwürfel, Trassdorf, Hoffmann, Manebach und Stützhaus. Die sechs – alle in seinem Alter und darüber – lauerten ihm mit Knüppeln bewaffnet im Dunkeln auf, um ihn mit Brachialgewalt zu zwingen, sich bei Geyersbach für den ›Zippelfagottisten‹ förmlich zu entschuldigen, in Wahrheit natürlich, um einen Vorwand zu haben, ihn zusammenzuschlagen. (Wäre es ihnen um weniger gegangen, hätten sie ihm nicht nachts auflauern müssen.)«

Nach dieser bemerkenswerten, völlig neuen Betrachtungsweise, dazu ausstaffiert mit den Namen aller sechs betroffenen Studenten, wettert Eidam gegen die früheren Biographen, denen »das Lebensbedrohende dieser Situation durchweg gar nicht aufgegangen« sei. Laut Eidam waren die sechs »Rowdies«, wie er sie zu nennen beliebt, darauf aus, Bach, »der da – wahrscheinlich mit seinem Geigenkasten unterm Arm nach einem Konzert beim Reichsgrafen – daherkam«, zusammenzuschlagen. Eidam erzählt anschließend, daß der junge Händel Ähnliches erlebt habe, wobei ihn jedoch ein Knopf an seinem Rock rettete, und fährt dann fort: »Gegen die Knüppel von Geyersbach und Konsorten schützte kein Rockknopf. Bach hatte keine Chance. Oder doch! Zur Hoftracht gehörte ein Galanteriedegen. Den zog er und ging auf seine Angreifer los. Die hatten mit seiner Angst gerechnet, nicht mit seiner Entschlossenheit – sie rissen aus.«

Eidam gibt sich im weiteren entrüstet, daß das Konsistorium Geyersbach nicht streng verurteilte, sondern sich vornehmlich damit aufhielt, daß Bach den Studenten Geyersbach mit einem Schimpfwort bedacht hatte. Laut Eidam waren die sechs Studenten »Söhne angesehener Eltern«. Er suggeriert also, daß es sich um Klassenjustiz gehandelt habe.

In Eidams Geschichte fehlt sowohl die Pfeife als auch die Base. Dagegen kann er die sechs Studenten namentlich benennen. Woher hat er die Namen? In den *Bach-Dokumenten* werden außer Geyersbach nur zwei Namen genannt, dieselben, die auch Malcolm Boyd erwähnt. Woher nimmt Eidam die anderen drei? Und wie kommt er darauf, daß alle sechs mit Knüppeln bewaffnet waren? Nirgends etwas darüber in den *Bach-Dokumenten*. Man findet darin lediglich, daß Geyersbach selbst einen »Brügel« mit sich führte. Das ist auch etwas völlig anderes als der Spazierstock von Guido van Hoof. Woher weiß Eidam so sicher, daß sie beabsichtigten, Bach zusammenzuschlagen? »Wäre es ihnen um weniger gegangen«, folgert er, »hätten sie ihm nicht nachts auflauern müssen.« Doch den *Bach-Dokumenten* zufolge – und Eidam muß diese eingesehen haben – befand sich Geyersbach auf dem Langensteine, weil er bei einer Taufe gewesen war. Auflauern nach einer Tauffeier?

Die *Bach-Dokumente* über die *Streitigkeiten mit Geyersbach* füllen in Band II vier Seiten. Danach ergibt sich folgendes: Der Vorfall fand am 4. August 1705 statt. Bach ist offensichtlich gleich am nächsten Tag zum Konsistorium gelaufen, um sich zu beklagen, denn die erste Akte datiert vom 5. August 1705. Bach selbst erklärt darin, daß er »etwas späte in der Nacht vom Schloße aus« nach Hause gegangen sei. Als er auf den Markt kam, »hetten 6. Schüler ufm Langensteine geseßen«. Einer von ihnen, Geyersbach, sei ihm nachgelaufen und sei »mit einem Brügel uf ihm

34

ihm loß gangen, mit diesen *Formali*en; Worumb er ihn geschimpfet hette«. Bach habe geantwortet, er hätte ihn nicht beschimpft,
worauf Geyersbach gesagt habe, dann habe er sein Fagott beschimpft und »wer seine Sachen schimpfte, der schimpfte auch
ihn, und hette es geredet wie ein Hunds etc. etc. und zugleich uf
ihn loß geschlagen«. (Man beachte: Das Wort »Hundsfott« steht
nicht da, nur »Hunds etc.«.) Bach habe seinen Degen ziehen
wollen, doch Geyersbach sei ihm in den Arm gefallen und habe
sich »mit ihm herumb gezerret, da denn die übrigen Schüler, so
bey ihm vorher geseßen, alß Schüttwürfel, Hoffmann, die übrigen würden diese benennen, darzu geloffen; und endlich mit ab-
gewehret, daß er nacher Hause gehen können«. Bach bittet daraufhin das Konsistorium, Geyersbach zu bestrafen, damit er
fortan unbehelligt über die Straße gehen könne.
Offensichtlich hielt das Konsistorium die Angelegenheit für
ernsthaft genug, um auch Geyersbach Gelegenheit zu geben,
seine Version der Geschichte vorzutragen. Am 14. August 1705
erklärte dieser, er habe nach einer Tauffeier »*Bach* mit der TabacksPfeiffe im munde über die straße« kommen sehen und ihn
dann mit der Frage angefahren, warum er ihn einen »Zippel Fa-
gottisten« genannt habe. Laut Geyersbach habe Bach sofort den
Degen gezogen. Geyersbach habe sich wehren müssen. Bach, an
jenem 14. ebenfalls anwesend, sagte, daß Geyersbach »zu erst
geschimpfet vnd geschlagen« habe, wodurch er sich genötigt
sah, zum Degen zu greifen. Worauf Geyersbach wiederum sagte, er könne sich nicht erinnern, Bach »geschimpfet zu haben«.
Das Konsistorium hörte danach den Studenten Hoffmann an.
Dieser erklärte, er wisse nicht, wie »die Beyden aneinander ge-
rathen« seien, doch er habe gesehen, wie Geyersbach in Bachs
Degen gegriffen habe, und daß Bach ihn noch in »den Gefäß«
gehabt habe und daß bei der Rauferei Geyersbach hingefallen

und daß er deshalb zwischen die beiden gegangen sei, weil »bey solchem fallen leicht ein Unglück entstehen« kann. Hoffmann hatte sich zwischen die beiden gestellt, sie voneinander getrennt und gesagt, sie sollten nach Hause gehen. Woraufhin Geyersbach den Degen, den er mit beiden Händen festgehalten hatte, losgelassen habe. Anschließend wurde auch Schüttwürfel verhört. Dieser erklärte, daß er »gar nicht dabey sondern zu Hauße geweßen« sei.

Am 19. August wurde die Angelegenheit nochmals vor dem Konsistorium untersucht. Bach sagte bei dieser Gelegenheit, er könne seine Version der Geschichte beweisen, wenn das Zeugnis seiner Base »alß einer Weibesperson *sufficient* erkannt würde«. Das Konsistorium teilte ihm mit, er habe Geyersbach keinen »Zippelfagottisten« nennen dürfen, da sich »auß dergleichen *Scommatibus* … nachmahls dergleichen Verdrießlichkeiten« ergäben.

Und tatsächlich fand am 21. August 1705 noch die Anhörung Barbara Catharinas statt. Sie erklärte, Bach habe seinen Degen gezogen, aber nichts damit gemacht. (Sie deckt ihren Cousin also nicht ganz, denn dieser hatte erklärt, er habe seinen Degen noch nicht gezogen!) Geyersbach und ihr Cousin hätten »ein wenig mit einander gestrauchelt«. Die anderen Studenten seien »umb ihn herum getreten«, worauf Barbara ihren Cousin an der Hand genommen habe »und ihn mit fort zu gehen erinnert«. Sie erklärte außerdem, Bach habe »keine tabackspfeiffe im munde gehabt, soviel ihr wißend«.

An dieser Stelle durfte Geyersbach Widerspruch einlegen. Er erklärte, daß Bach ihn tüchtig mit dem Degen gestochen habe »vnd währen in seinem Camisol noch die Löcher von den Stichen zu ersehen«. Daher also stammen die Löcher in Geyersbachs Kamisol, die einige Biographen erwähnen und die sich bei anderen Biographen zu Löchern in der Jacke oder sogar in zerrissene Kleider verwandelt haben. Rund zwei Wochen nach dem Vorfall bringt Geyersbach diese Löcher aufs Tapet! Merkwürdig, daß er sie nicht schon beim ersten Verhör erwähnte. Und warum hat er sein beschädigtes Kamisol dem Konsistorium nicht gezeigt?

Der einzige Bach-Biograph, der, übrigens ziemlich knapp, möglichst exakt zusammenzufassen versucht, was in den *Bach-Dokumenten* enthalten ist, scheint – ich sagte es schon – Otterbach zu sein. Kolneder und Boyd haben die *Dokumente* gleichfalls zu Rate gezogen, van Hoof sicherlich auch, doch hielt es letzterer leider für nötig, seine Version mit der Mitteilung auszuschmükken, die Kämpfenden seien auf dem Boden herumgerollt. Wer jedoch – von dem nicht ernstzunehmenden Stümper Marcel abgesehen – am weitesten vom Inhalt der *Bach-Dokumente* abweicht, ist der jüngste Bach-Biograph Klaus Eidam. Sollte er über weitergehende Informationen verfügen, als in den *Bach-Dokumenten* enthalten sind? Oder sollte hier eine überreiche Phantasie über die Wahrheitsliebe gesiegt haben?

Eidam führt in seinem Quellenverzeichnis das Buch von Konrad Küster, *Der junge Bach*, an. Da ich es für möglich hielt, daß Eidams Ausführungen aus diesem Buch stammen, habe ich es zu Rate gezogen. Küster schildert den Vorfall selbst nicht, behandelt jedoch in seiner ausgezeichneten Darstellung die Ratssitzungen. Die Namen der sechs »Schüler« nennt er nicht. Er schreibt: »Am 5. August 1705 erhob Bach selbst Klage gegen eine Gruppe von sechs Schülern, die ihn auf dem Marktplatz angefallen hätten; der Schüler Johann Heinrich Geyersbach sei dabei ›mit seinem Brügel uf ihn loß gangen‹. In der Auseinandersetzung habe Bach sogar den Degen ziehen zu müssen geglaubt; er verlangte nun eine Bestrafung Geyersbachs. Die Angelegenheit wurde bis hin zum 21. August in vier Sitzungen in aller Ausführlichkeit verhandelt. Die Schüler ließen Bachs Klagen dabei nicht unwidersprochen im Raume stehen. Geyersbach war fast drei Jahre älter als Bach; besonders geärgert hatte ihn offenkundig, daß Bach ›Ihn einen Zippel *Fagotti*sten geheißen‹. Man sollte sich freilich überlegen, was das Beleidigende daran war, vermutlich läßt sich ›Zippel-‹ von ›Zippeler‹ herleiten, einer eingedeutschten Fortentwicklung des lateinischen Wortes ›discipulus‹ (Schüler). Dann hätte Bach nur den sozialen Unterschied betont, der zwischen ihnen beiden bestand: auf der einen Seite er als zwanzigjähriger, fertiger Organist, auf der anderen Seite Geyersbach als dreiundzwanzigjähriger Schüler.«

Wie merkwürdig, daß Küster hier plötzlich eine völlig andere Interpretation des Wortes »Zippelfagottist« anzuführen weiß. Bedauerlicherweise kann ich nicht beurteilen, inwiefern diese Interpretation richtig ist, erstaunlich ist sie auf jeden Fall, wenn man bedenkt, daß fast jeder andere Bach-Biograph, der den Ausdruck überhaupt erwähnt, davon ausgeht, er müsse so etwas wie »Ziegenfagottist« bedeuten.

Soviel ist sicher: Wenn man sich vor Augen hält, wie eine solche Geschichte in den verschiedenen Biographien nacherzählt, transformiert und ausgeschmückt wird, kommt ziemlich drastisch nagender Zweifel auf an der Zuverlässigkeit dieses Genres. Andererseits können wir wiederum froh darüber sein, daß Bach und Geyersbach einander an jenem Abend des 4. August 1705 beim Langensteine begegneten. Wäre das nicht der Fall gewesen, würden wir Bach nicht nach den ersten zwanzig, in graue Nebelschwaden gehüllten Lebensjahren plötzlich handelnd und sprechend vor uns sehen können. Traurig stimmt jedoch, daß es bei dem überwältigenden Angebot an Biographen nur wenige zu geben scheint, die die Geschichte im großen und ganzen so wiedergeben, wie sie in den *Bach-Dokumenten* festgehalten ist. Vielleicht noch betrübter stellt man fest, daß man – möchte man wissen, was wirklich geschehen ist – besser die ursprünglichen Dokumente zu Rate zieht als irgendeinen Biographen, auch wenn sie in ihrer damals üblichen Diktion noch so schwer verständlich sind. Und das gilt nicht nur für den Vorfall in Arnstadt, sondern für alle erhalten gebliebenen Informationen über das Leben von Johann Sebastian Bach.

»Schlummert ein, ihr matten Augen«
Bach und der Tod

»Der Tod übte stets eine außerordentliche Faszination
auf ihn aus, und viele seiner schönsten Kompositionen
wurden durch Gedanken über den Tod angeregt.«
Hubert C. Parry

Der Philosoph Wilhelm Dilthey schrieb 1933: »Sebastian
Bach war aus einem starken, eigenwilligen Geschlecht.«
Kam Bach wirklich aus einem physiologisch starken Geschlecht?
Führt man sich vor Augen, in welchem Alter seine Eltern, Brüder und Schwestern und andere nahe Verwandte gestorben sind,
so scheint die Bezeichnung »starkes Geschlecht« fehl am Platz
zu sein. Im 17. und 18. Jahrhundert war das durchschnittliche
Lebensalter zwar weitaus niedriger als heutzutage, was hauptsächlich der hohen Kindersterblichkeit sowie der Tatsache zuzuschreiben war, daß viele Frauen noch jung im Kindbett starben. Wer aber als Mann die frühe Jugend und die Jünglingsjahre
gut überstanden hatte, wurde zumeist sehr alt, wenn er nicht –
was selten vorkam – einer Infektionskrankheit erlag. Ein hohes
Alter war keine Ausnahme. Johann Adam Reinken hörte Bach
in Hamburg über »An Wasserflüssen Babylon« improvisieren.
Dem Nekrolog von Carl Philipp Emanuel Bach nach soll Reinken damals die denkwürdigen Worte gesprochen haben: »Ich
dachte, diese Kunst wäre ausgestorben, ich sehe aber, daß sie in
Ihnen noch lebt.« Reinken, obwohl bereits 97 Jahre alt, war noch
immer als Organist tätig. Als Bach in Mühlhausen Organist war,

übernahm der 83jährige Adolf Strecker beim Ratswechsel die Stelle seines Vorgängers. Amtsträger und Künstler, insbesondere Maler, wurden damals oft steinalt.

Bachs Vater dagegen lebte von 1645 bis 1695. Er hatte einen Zwillingsbruder, der von 1645 bis 1693 lebte, einen älteren Bruder, geboren 1642 und gestorben 1697. Alle diese engen Verwandten starben also im mittleren Alter. Bachs Mutter – 1644–1694 – wurde ebenfalls nicht alt, nur 50 Jahre.

Bach selbst hatte fünf Brüder und zwei Schwestern. Sein ältester Bruder starb im Alter von wenigen Monaten. Sein Bruder Johann Christoph, der Bach nach dem Tod der Eltern in seinem Haus aufnahm, lebte von 1671 bis 1721 und wurde wie die Eltern 50 Jahre alt. Der Bruder Johann Balthasar, der Trompete spielte und ebenfalls kurz mit dem Hof von Köthen verbunden war, lebte von 1673 bis 1691, also nur 18 Jahre. Der Bruder Johann Jonas, geboren 1675, starb mit zehn Jahren in Bachs Geburtsjahr, 1685. Der Bruder Johann Jacob, geboren 1682, der nach Schweden emigrierte und für den Bach (vermutlich) das *Capriccio sopra la lontananza del [suo] fratello dilettissimo* (BWV 992) komponierte, starb mit 40 Jahren, 1722. Bachs Schwester Johanna Judith, geboren 1680, starb 1686. Bach war damals gerade ein Jahr alt, hat also den Trauerfall nicht bewußt miterlebt, doch von der Begräbnisstimmung im Hause dürfte auch das Kleinkind einiges gespürt haben. Über Bachs andere Schwester Marie Salome, 1677 geboren, ist nichts weiter in den *Bach-Dokumenten* vermerkt, doch laut Konrad Küster ist sie 1727 gestorben, ebenfalls mit 50 Jahren.

Mit anderen Worten: Als Bach 1723 mit 38 Jahren nach Leipzig ging, waren außer seinen Eltern auch alle seine Brüder tot. 1727 starb die einzige Schwester, die damals noch am Leben war. Wie er das verkraftet hat, wissen wir nicht. Wir wissen nicht einmal, ob er noch Kontakt zu ihr hatte, was jedoch wahrscheinlich gewesen sein dürfte, denn die Familie der Bachs hielt fest zusammen.

Nicht ein einziger von Bachs engsten Angehörigen ist also älter geworden als 50 Jahre! Kann man also von einem starken Geschlecht sprechen? Da mag es schon an ein Wunder grenzen, daß Bach, ein Nachkömmling, 65 Jahre alt geworden ist. Zumeist sterben gerade die jüngsten Kinder als erste.

Mit dem Tod wurde Bach demnach von Kindesbeinen an regelmäßig konfrontiert. Was er empfunden hat, als seine Mutter und sein Vater kurz nacheinander starben, wissen wir nicht, doch ist es kaum möglich, daß diese Erfahrung keinen tiefen Eindruck auf das zehnjährige Kind gemacht hat. 1707 starb der Onkel Tobias, ein Bruder seiner Mutter. Damals waren nur noch zwei Brüder und eine Schwester am Leben. Zwei von ihnen starben während Bachs letzten Jahren in Köthen. Welches Gefühl das in ihm hinterlassen hat – wir wissen es nicht.

Wir wissen auch nicht, was Bach empfunden hat, als 1720 seine erste Frau Maria Barbara starb, obwohl Carl Philipp Emanuel in seinem Nekrolog berichtet: »Nachdem er mit dieser seiner ersten Ehegattin 13. Jahre eine vergnügte Ehe geführet hatte, wiederfuhr ihm in Cöthen, im Jahre 1720. der empfindliche Schmerz, dieselbe, bey seiner Rückkunft von einer Reise, mit seinem Fürsten nach dem Carlsbade, todt und begraben zu finden; ohngeachtet er sie bey der Abreise gesund und frisch verlassen hatte. Die erste Nachricht, daß sie krank gewesen und gestorben wäre, erhielt er beym Eintritte in sein Hauß.«

Vor allem aus dem letzten Satz klingt bittere Betroffenheit. Doch auch hier wissen wir nicht, wie Bach den schmerzlichen Verlust ertragen hat. Der »empfindliche Schmerz«, das ist alles, was wir darüber erfahren. Daß er aus Kummer über den Tod seiner Frau Köthen verlassen wollte, wird von einigen Biographen zwar behauptet, bleibt aber pure Vermutung.

Johann Sebastian und Maria Barbara hatten sieben Kinder. Die erste Tochter, Catharina Dorothea, geboren 1708, starb 1774. Sie wurde mit 66 Jahren verhältnismäßig alt, blieb jedoch unverheiratet und wohnte zeitlebens im elterlichen Haus. In dem berühmten Brief an Georg Erdmann aus dem Jahr 1730 schreibt Bach, daß »die älteste Tochter … noch unverheurathet« sei. Er schreibt außerdem, daß er zu Hause mit der Familie gut musizieren kann und daß dabei »auch meine älteste Tochter nicht schlimm einschläget«. Dies ist alles, was wir über sie erfahren. Das zweite Kind, Wilhelm Friedemann, wurde 1710 geboren und starb 1784. Nach Wilhelm Friedemann wurden 1713 Zwillinge geboren. Der Knabe war so schwach, daß er sofort von der »Wehmutter« getauft wurde. Vermutlich ist das Kind gleich nach der Geburt gestorben. Das Mädchen lebte nur ein paar Wochen. 1714 wurde Carl Philipp Emanuel geboren. Er starb 1788 und wurde ebenso alt wie sein Bruder Wilhelm Friedemann, 74 Jahre.

1715 wurde Johann Gottfried Bernhard geboren. Dieses Kind hat Bach großen Kummer bereitet. In den wenigen persönlichen Briefen von Bach finden wir mehrere betrübte Bemerkungen über diesen Sohn, der Schulden machte, 1737 durch Fürsprache seines Vaters in Sangerhausen Organist wurde, 1738 »unauffindbar« aus dem Städtchen verschwand und 1739 unter ungeklärten Umständen in Jena starb. Diesem Problemkind folgte 1718 Leopold August, der, kaum ein Jahr alt, 1719 starb. Am 3. Dezember 1721 heiratete Bach Anna Magdalena Wilcke. Nach über zwei Jahren wurde ihr erster Sohn geboren, Gottfried Heinrich. Auch dieser Sohn ist nicht alt geworden, er starb 1763, der Vater hat seinen Tod also nicht mehr erlebt. Er scheint schwach begabt gewesen zu sein, was für Bach und seine Frau Anna Magdalena eine große Belastung gewesen sein muß.

Nach Gottfried folgte am 14. April 1725 ein zweiter Sohn. Dieses Kind, Christian Gottlieb, starb am 21. September 1728, ist also nur drei Jahre alt geworden.

1726 wurde Elisabeth Juliana Friderica geboren. Sie lebte bis 1781 und erreichte ein mittleres Lebensalter, doch alt wurde sie nicht. Sie wurde Liesgen genannt, und wer den Namen hört, denkt sofort an die *Kaffee-Kantate*, in der das Mädchen Liesgen mit großer musikalischer Zuneigung geschildert wird. Diese Tochter hat Bach jedenfalls sehr geliebt. Ich betone das, weil Swantje Koch-Kanz in ihrem Artikel *Die Töchter Johann Sebastian Bachs* im *Basler Magazin* vom November 1985 glauben machen will, daß Bach seine Töchter schlecht behandelte. Liesgen vermählte sich mit Johann Christoph Altnickol, jenem Mann, dem Bach seinen letzten Orgelchoral »Vor deinen Thron tret ich hiemit« (BWV 668) diktiert haben soll. (Meiner Meinung nach übrigens eine apokryphe Geschichte.)

Von Christiana Sophia Henriette sind keine Dokumente über ihre Geburt oder Taufe erhalten, doch scheint sie, als sie 1726 starb, drei Jahre alt gewesen zu sein. Sie war demnach das erste Kind aus der Ehe von Johann Sebastian mit Anna Magdalena.

Am 30. Oktober 1727 wurde Ernestus Andreas geboren, der schon am 2. November starb.

Regina Johanna, wenige Tage nach dem Tod ihres Bruders Christian Gottlieb am 10. Oktober 1728 getauft, starb am 26. April 1733 im Alter von viereinhalb Jahren.

Auch das nächste Kind, Christiana Benedicta, am 1. Januar 1730 getauft, starb nach drei Tagen am 4. Januar 1730.

Christiana Dorothea wurde am 18. März 1731 geboren und

starb, anderthalb Jahre alt, im August 1732. Am letzten Tag des Monats wurde sie begraben.

Am 23. Juni 1732 wurde Johann Christoph geboren. Er starb 1795 im Alter von 62 Jahren in Bückeburg. Für einen Bach ist er also ziemlich alt geworden.

Der nächste Sohn, Johann August Abraham, geboren am 5. November 1733, starb schon zwei Tage darauf.

Am 7. September 1735 wurde Johann Christian geboren, der am 1. Januar 1782 in London starb und gleichfalls nicht besonders alt geworden ist.

Am 30. Oktober 1737 wurde Johanna Carolina geboren. Sie starb am 18. August 1781, wie so viele Mitglieder der Familie Bach, im mittleren Alter.

Am 22. Februar 1742 wurde Bachs letztes Kind, Regina Susanna, geboren. Sie starb als letzte der Familie Bach im Alter von immerhin 67 Jahren am 14. Dezember 1809.

Wer diese in vieler Hinsicht schmerzliche Aufzählung genau betrachtet, entdeckt, daß sich das große Sterben im Leben Bachs zwischen den Jahren 1726 und 1733 abspielte. 1726 starb das Töchterchen Christiana Sophia im Alter von drei Jahren. Obwohl oft behauptet wird, in jener Zeit sei man an den Tod kleiner Kinder gewöhnt gewesen, geht doch aus vielen zeitgenössischen Dokumenten hervor, daß der Tod eines Kindes auch damals großen Kummer bereitete, vor allem wenn das Kind schon mehrere Jahre alt war. Der Tod dieses Mädchens, das schon laufen und sprechen konnte, dürfte für Johann Sebastian und Anna Magdalena ein schwerer Schlag gewesen sein. 1727 starben Bachs Schwester, die einzige, die noch am Leben war, und sein Sohn Ernestus Andreas im Alter von wenigen Tagen. Ich weiß nicht, wie schwer das für ihn war, aber die Eltern werden gewiß nicht ungerührt geblieben sein. 1728 starb Christian

Gottlieb, drei Jahre alt wie das 1726 verstorbene Töchterchen, was zweifellos wieder großen Kummer bereitete. 1729 starb Bachs Schwägerin Friedelena Margaretha, eine Schwester seiner ersten Frau, die vermutlich seit 1709 bei ihm im Hause wohnte. 1730 starb Christiana Benedicta wenige Tage nach der Geburt, 1732 Christiana Dorothea im Alter von anderthalb und 1733 Regina Johanna im Alter von viereinhalb Jahren. 1733 schließlich starb Johann August Abraham.

Es ist unfaßbar: Neun Todesfälle in sieben Jahren, darunter drei Kleinkinder, die bereits lachen, sprechen und laufen konnten.

Um 1729/1730 hat es in Bachs Leben anscheinend eine Krise gegeben. So stellt Robert L. Marshall fest: »1728 ließ seine kompositorische Aktivität abrupt nach, was ebenso erstaunt wie die Produktivität in den vorangegangenen Jahren«, und in einer Fußnote fügt er hinzu: »Mehrere unterschiedliche Erklärungen sind für Bachs Schaffenskrise nach der Vollendung der Kantatenzyklen in der Mitte der 1720er Jahre angeführt worden.« Die Periode »seines riesigen Arbeitspensums« (von Dadelsen) war vorbei. Die große Zeit der Kirchenkantaten und Passionen lag hinter ihm. Friedrich Blume spricht, bezogen auf jenes »riesige Arbeitspensum«, von einem »schier unbegreiflichen raptus«. Bach hat in jenen Jahren etwa fünf Jahrgänge Kantaten plus die *Johannes*- und *Matthäus-Passion* plus das *Magnificat* plus die Motetten komponiert. Warum hörte er auf? Blume schreibt: »Bitter drückte ihn die Enge der musikalischen Verhältnisse in Leipzig, der unaufhörliche Streit mit den Behörden, mit den Schülern; jahrelang nimmt ihn der Kampf um die persönliche Geltung in Anspruch.« 1730 schreibt Bach den berühmten Brief an Georg Erdmann, in dem er zu erkennen gibt, daß er Leipzig verlassen möchte.

Ich glaube, daß wir die Ursache für die mutmaßliche Krise in Bachs Leben (»Die drohende Krise – wohl die schmerzvollste in Bachs Leben – hatte bis zum Sommer 1730 noch nicht ihren Höhepunkt erreicht.« Robert L. Marshall) in seiner näheren Umgebung suchen müssen. Nach der Geburt eines geistig zurückgebliebenen Sohnes starben in der Familie Bach – wie oben dargestellt – nacheinander sieben Kinder. So viele Todesfälle in so kurzer Zeit, und zwar Todesfälle hauptsächlich von kleinen Kindern, müssen ihm und seiner Frau Anna Magdalena schmerzlich zugesetzt haben. Es gibt nichts, was Eltern heftiger erschüttert als der Tod eines Kindes. Unter meinen Bekannten gibt es zwei Elternpaare, die ein Kleinkind verloren haben. Beide Elternpaare sind nie darüber hinweggekommen. Eine der Mütter ist sogar psychisch krank geworden.

Ich denke, daß diese Ereignisse Bachs schöpferische Kraft zerrüttet haben – mehr als alles andere. Oder wenn nicht zerrüttet, so doch gelähmt. Ich bin überzeugt, daß er genauso intensiv hätte weiterkomponieren können, wenn der ständige Kummer ihn nicht gebrochen hätte. 1729 übernahm er das Amt des Direktors beim Collegium musicum. Er wollte zwar weiterhin musizieren, aber nicht mehr ununterbrochen komponieren. Vielleicht eine Art »Quasi-Ruhestand«, wie es Christoph Wolff nennt. In allen Biographien werden die Konflikte mit der Obrigkeit lang und breit erwähnt, doch über das erschütternde Kindersterben liest man kein Wort. Im Leben keines anderen Komponisten haben sich so tiefgreifende Ereignisse zugetragen, obwohl auch Antonín Dvořák in dieser Hinsicht heimgesucht wurde und daran schwer zu tragen hatte. In seinem Fall stimmen die Biographen überein, daß zuerst der Tod einer zwei Tage alten Tochter, danach der Tod einer Tochter von elf Monaten, die im August 1877 in einem unbewachten Augenblick aus einer Flasche mit Phosphorlösung trank, und kurz darauf der Tod des dreieinhalbjährigen Otakars, der am 8. September an Windpocken starb, den Komponisten schwer getroffen haben. Warum sollte das bei Bach anders gewesen sein? Wieso nehmen wir ohne weiteres an, daß im 17. und 18. Jahrhundert die Eltern durch den Tod ihrer Kinder weniger hart getroffen wurden als im 19. oder 20. Jahrhundert?

»Komm, sanfter Tod, und führ mich fort«, singt der Baß in der Kantate BWV 157. Bach setzte gerade solche Worte stets wunderschön in Musik. Außerdem wußte er in diese Art Musik fast immer eine Stimmung beinahe mystischer Todesbereitschaft hineinzulegen. Gibt es Ergreifenderes als die flehende Bitte in der Kantate BWV 8: »Liebster Gott, wann werd ich sterben?« Doch wir stellen nicht nur eine mystische Todesbereitschaft fest, manchmal steigert sie sich sogar zu echter Todessehnsucht. »Ach, schlage doch bald, selge Stunde, / Den allerletzten Glokkenschlag! / Komm, komm, ich reiche dir die Hände, / Komm, mache meiner Not ein Ende, / Du längst erseufzter Sterbenstag!« singt der Tenor in der Kantate BWV 95. Bach komponierte dazu eine ebenso schöne wie lebhafte Musik, die einem Tenor das Äußerste abverlangt. Auch in der Kantate BWV 31 hat Bach den Text »Letzte Stunde, brich herein« in weihevolle Musik gesetzt. In fast allen Kantaten, in denen auch nur andeutungsweise von Todessehnsucht die Rede ist, zeigt sich Bach stark inspiriert. Manche, wie die Kantaten BWV 156, 161 und 27, sind von Anfang bis Ende von dieser mystischen Todessehnsucht geradezu durchtränkt. In der Kantate BWV 82 inspirierte das Lebensende Bach zu zwei seiner schönsten Arien. Die Arie »Schlummert ein, ihr matten Augen« ist wohl seine tiefsinnigste, kostbarste Schöpfung auf diesem Gebiet.
Oft scheint die Todessehnsucht sogar fröhliche, mitreißende Kompositionen hervorzubringen, wie die letzte Arie der Kan-

tate BWV 82 oder die Musik der ersten Arie in der Kantate BWV 83 »Wie freudig wird zur letzten Stunde/Die Ruhestatt, das Grab bestellt!« oder das Duett »Wenn du von Banden des Leibes nur frei« aus der Kantate BWV 186 oder das wunderschöne Duett aus der Kantate BWV 111, in dem die Sänger mit »beherzten Schritten« von Gott »zum Grabe« geleitet werden.

Überall dort, wo in den Kantaten die Sterbeglocken zu läuten beginnen, scheint es, als wären Bach in seiner Komponierstube Flügel gewachsen, denn die Totenglocken läuten bei Bach immer außergewöhnlich eindrucksvoll, etwa in den Kantaten BWV 73, 95, 198, 8 und 127 (»Ach ruft mich bald, ihr Sterbeglocken«). Oft wird der Welt eine gute Nacht gewünscht. »Welt, ade! ich bin dein müde« singt der Baß in der Kantate BWV 158, und besonders schön vertont sind die Worte »Welt, gute Nacht!« in der Kantate BWV 159.

Echte Todessehnsucht finden wir auch in dem hochgelobten Eingangschor aus der Kantate BWV 125 und im düsteren Chor der Kantate BWV 138: »Ach! wär ich doch nur tot!« sowie in der wunderschönen, mystischen Kantate »Selig ist der Mann« (BWV 57).

Wie sonderbar ist dieses mystische Todesverlangen, das in keiner Weise der Bibel entspricht. An keiner Stelle der Heiligen Schrift wird nach dem Lebensende Ausschau gehalten, der Tod herbeigesehnt oder der Welt gute Nacht gewünscht. Im Alten Testament lesen wir in Sprüche 8, 36: »Wer aber an mir sündigt, der verletzt seine Seele. Alle, die mich hassen, lieben den Tod.« In Jesaja 25, 8 wird uns versprochen: »Der Herr wird den Tod verschlingen ewiglich.« Im Alten Testament ist nirgends von Todessehnsucht die Rede. Ein Satz wie: »Komm, sanfter Tod, und führ mich fort« ist darin absolut undenkbar. Das gilt auch für das Neue Testament. Auch dort erscheint der Tod als »äußerster der Schrecken«, der durch die Auferstehung Jesu endgültig besiegt wird. Petrus sagt poetisch über Jesus: »Er hat aufgelöst die Schmerzen des Todes« (Apostelgeschichte 2, 24). »Der letzte Feind, der aufgehoben wird«, sagt der Apostel Paulus in 1. Korinther 15, 26, »ist der Tod.« Im selben Kapitel teilt er in Vers 55 mit: »Der Tod ist verschlungen in den Sieg«, und ruft danach ekstatisch: »Tod, wo ist dein Stachel? Hölle, wo ist dein Sieg?«

Bach hat die mystischen, nicht bibelgerechten Texte voller Todessehnsucht nicht selbst geschrieben. Offenkundig haben sie ihn jedoch tief bewegt. Immer wieder entlockten sie ihm seine schönsten musikalischen Einfälle. In der Kantate »O Ewigkeit, du Donnerwort« (BWV 60) finden wir ein vierzehntaktiges Arioso, das William Gillies Whittaker umschreibt als »eine Stelle von eindringlicher Schönheit, und das letzte ›sterben‹ ist dabei besonders schön vertont«.

Machte man im 18. Jahrhundert aus der Not eine Tugend? Sprach man vom »sanften Tod« und von der »süßen Todesstunde«, um den Kummer über die vielen Todesfälle der oft noch kleinen Kinder schon von vornherein abzuwehren und zu besänftigen? Wurde der Tod als »Ende aller Not« begrüßt, um das Lebensende zu erleichtern? Ist es denkbar, daß so viele Bach-Biographen übersehen haben, wie tief die vielen Todesfälle zwischen 1726 und 1733 Bach getroffen haben müssen, wenn seine Musik immer wieder eine geradezu freudige Todesbereitschaft zu verkünden scheint?

Andererseits gibt es auch einen offensichtlichen Widerspruch, am eindrucksvollsten vielleicht in der Kantate BWV 60. Dort wird der Tod in einem Rezitativ nunmehr, wie folgt, umschrieben: »Der Tod bleibt doch der menschlichen Natur verhaßt/ Und reißet fast/Die Hoffnung ganz zu Boden.« Dort singt der Alt: »Mein letztes Lager will mich schrecken« und »Das offne

Grab sieht greulich aus.« Auch diese Texte haben Bach angesprochen. Auch zu diesen Texten komponierte er eine außerordentlich ergreifende Musik. Die Kantate BWV 60 mit dem ungewöhnlich harmonisierten Schlußchoral ist eines seiner konzentriertesten, glanzvollsten Stücke.

Bereits in jenem vielgelobten Jugendwerk, in der Kantate »Gottes Zeit ist die allerbeste Zeit« (BWV 106), hat Bach die Tragik des Lebensendes musikalisch bewegend gestaltet. Ebenso dort, wo die Rede ist von »des Todes Abgrund« (Kantate BWV 81), von »kaltem Todesschweiß« (Kantate BWV 127), von »Die Tiefe drohte schon den Tod« (Kantate BWV 9), von »harte[m] Todesschlag« (Kantate BWV 124), von »Todes Furcht« (Kantate BWV 3), fehlt es Bach nicht an Inspiration.

Offensichtlich wenig begeisterte ihn dagegen der Osterjubel. Völlig blaß erscheint das Osteroratorium neben der überwältigenden Erhabenheit der *Matthäus-Passion*. Das Osteroratorium enthält nur eine einzige, durchweg glanzvolle Arie auf den vielsagenden, aber keineswegs von Auferstehungsfreude kündenden Text: »Sanfte soll mein Todeskummer/Nur ein Schlummer sein.« Das Osteroratorium ist überdies keine originelle Schöpfung, sondern von Anfang bis Ende eine Parodie. Bach griff dabei zurück auf eine ursprünglich weltliche Kantate zum Geburtstag des Herzogs Christian und arbeitete sie zu seinem Osteroratorium um. Das österliche Geschehen selbst hat ihn zu keiner einzigen Note inspiriert.

In den Kantaten, die für den ersten, zweiten und dritten Ostertag komponiert wurden (Kantate BWV 31, 4, 66 und 134), findet man da und dort zwar sehr festliche Musik (besonders in den Kantaten BWV 31 und 134), die Kantate »Christ lag in Todesbanden« (BWV 4) dagegen ist ein düsteres, ergreifendes, tragisches Stück. Und mag auch Bach zu Texten wie »der Himmel

lacht, die Erde jubilieret« ausgelassen feiern, sei es im Eingangschor des Weihnachtsoratoriums, in dem des Himmelfahrtsora-
toriums oder in der Kantate »Erfreut euch, ihr Herzen« (BWV
66), hat man doch nie das Gefühl, daß er mit Herz und Seele bei
der Sache ist und sein höchstes Niveau erreicht. Das geschieht
»in dem ungeheuer schwermütigen« Anfangschor der *Matthäus-
Passion*, der, wie der niederländische Schriftsteller und Essayist
Simon Vestdijk sagt, »das geneigte Ohr an das höchste denkbare
Niveau gewöhnt«.

Wenn hier eine Schlußfolgerung gezogen werden soll, dann diese: Daß Bach den Tod sowohl (entgegen der Bibel) als »Ende aller Not« wie auch als »äußersten der Schrecken« empfunden hat,
während der Sieg über den Tod, verkörpert durch die Auferstehung Jesu, ihn kaum angesprochen hat. Wer dem Schluß der
Matthäus-Passion genau zuhört – zuerst jenem dem Schlußchor
vorangehenden »Abschied« der vier Solisten im Wechsel mit
Chorgesang (»musikalisch vielleicht gar nicht so bemerkenswert, doch von beispielloser Wirkung«, Simon Vestdijk) und
dann dem Schlußchor selbst –, kann den Gedanken kaum leug-
nen, daß Bach hier, wo er sich so stark inspiriert zeigt, nicht einen Augenblick lang an die Auferstehung gedacht haben dürfte. Wäre dies der Fall gewesen, er könnte uns nicht so zu Tränen
rühren. Denn auch er selbst wird, besonders in den Jahren zwischen 1727 und 1733, wiederholt in Tränen ausgebrochen sein
über den Tod seiner Kinder, meiner Ansicht nach einer der
Gründe, weshalb seine legendäre Produktivität in diesen Jahren
nachließ.

Ein »grober Mann«, mit dem »schwer zu leben war«? Oder: Wer war Bach?

In einem Brief an Johann Wolfgang von Goethe vom 21. Januar 1829 schreibt Carl Friedrich Zelter über einen Schüler Bachs: »Kirnberger hatte solch ein Bildnis seines Meisters, Sebastian Bachs, das ich stets bewundert habe, in seiner Stube zwischen zwei Fenstern am Pfeiler über dem Klaviere hängen. Ein Leipziger bemittelter Leinwandhändler, der Kirnbergern vordem als Thomaner vor Vaters Türe vorbeisingen gesehen, kommt nach Berlin und auf den Gedanken, den jetzt namhaften Kirnberger mit seinem Besuche zu beehren. Kaum hat man sich niedergelassen, so schreit der Leipziger: ›Ei, mein Herr Gessus, da haben Sie ja gar unsern Kanter Bach hängen! Den haben wir auch in Laipzig auf der Thomasschule. Das soll ein grober Mann gewesen sein; hat sich der eitle Narr nicht gar in einem prächtigen Sammetrock malen lassen!‹ Kirnberger steht gelassen auf, tritt hinter seinen Stuhl, und indem er ihn mit beiden Händen gegen den Gast aufhebt, ruft er, erst sacht, dann crescendo: ›Will der Hund 'raus! 'raus mit dem Hunde!‹ Mein Leipziger, im Todesschreck, rennt nach Hut und Stocke, sucht mit allen Händen die Türe und stürzt auf die Straße hinaus. Kirnberger läßt nun das Bild herunternehmen, abreiben, den Stuhl des Philisters abwaschen und das Bild, mit einem Tuche bedeckt, wieder an seine alte Stelle bringen. Wenn nun jemand fragte, was das Tuch bedeute, so war die Antwort: ›Lassen Sie! Es ist etwas dahinter.‹ – Das war die Gelegenheit, aus welcher das Gerücht entstand, Kirnberger habe den Verstand verloren.«

Der Leipziger Leinwandhändler sagt über das Porträt: Das haben wir auch in der Thomasschule. Kirnberger besaß demnach eine Kopie des berühmten Porträts von Elias Gottlieb Haußmann. Das Originalgemälde hing damals in der Thomasschule. (Heute kann man es im Leipziger Rathaus besichtigen.) Die Ähnlichkeit muß frappant gewesen sein. Der Kaufmann setzt sich hin, wirft einen Blick darauf und ruft: »… da haben Sie ja gar unsern Kanter Bach hängen!« Es ist möglich, daß er nicht Bach selbst, sondern Bachs Porträt wiedererkannte. Dennoch bleibe ich dabei, daß das Haußmann-Porträt sehr ähnlich gewesen sein muß. Interessanter ist natürlich, was der Händler danach ausrief: »Das soll ein grober Mann gewesen sein …« Wußte er das vom Hörensagen? Hatte er eigene Erfahrungen mit Bach gemacht? War es ein Gerücht, das während Bachs Leben und/oder nach seinem Tod mehr oder weniger in Leipzig umlief?

War Bach »ein grober Mann«? In seinem Buch *Von deutscher Dichtung und Musik* schreibt Wilhelm Dilthey: »Sebastian Bach war aus einem starken, eigenwilligen Geschlecht, und die Konflikte, in die er mit seinen Obrigkeiten immer wieder geriet, lassen vermuten, daß mit dem gewaltigen Manne schwer zu leben war.« In dem unlängst erschienenen Buch von Wolfgang Sandberger wird Bach sogar als »Hitzköpfiger« bezeichnet.

Hat Martin Geck recht, wenn er über den Komponisten sagt: »Ein starrsinniger und jähzorniger Mann ist Bach gewiß gewesen«?

Rektor Johann August Ernesti von der Thomasschule, mit dem Bach 1736 in Streit darüber geriet, wer den Chorpräfekten zu benennen habe, würde diese Fragen zweifellos bejaht haben. In einem bemerkenswert langen Brief (zu finden in *Bach-Dokumen-*

te, Band II, Nr. 382) berichtet Ernesti, daß Bach den durch ihn angestellten Chorpräfekten Krause »mit großen Ungestüm verjaget« habe. Und zwar, man stelle sich vor, während eines Gottesdienstes! Und es blieb nicht bei dem einen Mal. Etwas weiter in seinem Brief schreibt Ernesti, daß Bach »den Krausen wieder mit großen Schreyen u. Lermen von dem Chor geiagt« habe. Der Brief erweckt den Eindruck, daß Ernesti selbst in beiden Fällen nicht zugegen war. Er wußte also nur vom Hörensagen, daß Bach den von ihm benannten Chorpräfekten an zwei aufeinanderfolgenden Sonntagen ziemlich lautstark vom Chor gejagt habe. Er selbst kann die Sache ein wenig übertrieben haben, oder aber seine Zuträger hatten das schon für ihn getan. Wie dem auch sei: Bach ließ nicht zu, daß Ernesti den Chorpräfekten ernannte. Dieses Recht stand Bach zu. Außerdem scheint dieser Krause ein Stümper gewesen zu sein. Kein Wunder also, daß Bach ihn nicht wollte. Der Streit zog sich über zwei Jahre hin. Philipp Spitta liefert uns darüber in seiner Bach-Biographie einen detaillierten Bericht, gewissermaßen von Stunde zu Stunde. Der Streit wurde nicht ausgetragen. Der Rat gab schließlich beiden Parteien unrecht. Bemerkenswert ist die große Hartnäckigkeit, mit der Bach die Sache betrieb: Er wollte in jedem Fall sein Recht bekommen und legte dabei zweifellos eine beachtliche Beharrlichkeit an den Tag. Doch ist »Grobheit« der richtige Ausdruck dafür?

Wenn Bach zweimal »mit großen Ungestüm« und »mit großen Schreyen u. Lermen« jemanden während eines Gottesdienstes verjagte, scheint das tatsächlich die Meinung des Leipziger Leinwandhändlers zu bestätigen, daß Bach zumindest an jenen beiden Sonntagen »ein grober Mann« gewesen sein muß. Laut Friedrich Blume ist – wie bereits zitiert – »... das Maß an Geduld, über das Bach verfügte, in seinem ganzen Leben nie sehr groß gewesen«, und in seiner hervorragenden Biographie erzählt Philipp Spitta: »Reizbar wie diejenige aller Künstler konnte seine kräftige Natur wohl in unbändigem Zorne losbrechen. Der Organist der Thomaskirche, Gräbner oder Görner, soll es bei einer Probe einmal auf der Orgel versehen haben. Da riß sich Bach in Wuth die Perrücke ab, schleuderte sie dem Missethäter an den Kopf und donnerte: ›Er hätte lieber sollen ein Schuhflikker werden!‹ Einen ungehorsamen Schüler mitten im Gottesdienst mit Lärmen vom Chor zu treiben, ihn Abends gar noch vom Speisetische kurzer Hand zu verjagen, darauf kam es gelegentlich nicht an. Da er so seiner Lehrerwürde wohl manchmal etwas vergab, wurde es ihm natürlich schwer, die Rotte der Thomaner jederzeit zu bändigen.«

Spitta hat die Geschichte mit der Perücke von dem frühen BachBiographen Carl Ludwig Hilgenfeldt übernommen. In den *Bach-Dokumenten* ist sie jedoch nicht zu finden, wohl aber in den Biographien jener, die von Spitta abgeschrieben haben. Dennoch scheint es mir durchaus möglich, daß es so geschehen ist. Müssen wir aber daraus folgern, daß Bach »ein grober Mann« war? Wenn er regelmäßig im Zorn mit der Perücke um sich geworfen hätte, würde man sich einerseits daran gewöhnt haben, und die Geschichte wäre andererseits wohl auch über andere Kanäle als über die Biographie von Spitta und seine Plagiatoren der Nachwelt überliefert worden. Nebenbei bemerkt, hätte Bach wohl ständig Grund gehabt, um gezielt mit der Perücke zu schmeißen. Zweifellos sangen die Thomanerknaben oft falsch. Zweifellos machten der Organist und andere Instrumentalisten oft Patzer beim Spielen, um so mehr als Bachs Musik, verglichen mit den Erzeugnissen seiner Zeitgenossen, sicherlich höllisch schwer war. Wirft jemand trotzdem nur einmal in seinem ganzen Leben mit der Perücke, so spricht das geradezu für ein hohes Maß an Geduld. Bringt es jemand fertig, trotz schrecklichen

Gestümpers bei jeder Probe die Geduld zu bewahren, dann wird jenes eine Mal, bei dem ihm dies nicht gelingt, sich in das Gedächtnis aller Anwesenden einprägen. Die Geschichte der vom Kopf gezogenen und nach dem Organisten geworfenen Perücke zeugt daher eher von Geduld und Langmut als von »Reizbarkeit«.

Aber dann ist da noch die Geschichte, nach der Bach in Arnstadt sofort den Degen zog, als er auf der Straße von Geyersbach angesprochen wurde. Auch daraus würde ich nicht ohne weiteres schließen, daß er ein zorniger, aufbrausender Mann war. Was tut man, wenn jemand mit einem »Brügel« auf einen losgeht? Weglaufen? Sich sofort entschuldigen? Hätte Bach eines von beidem getan, er wäre immerhin ein bißchen feige gewesen. Auch hierbei muß man sich überlegen, daß es sich um eine, nur eine einzige aufsehenerregende Begebenheit in Bachs Leben handelt. Es sind keine weiteren Berichte über Scharmützel, gezogene Degen oder heftige Wortwechsel vermerkt.

Dennoch scheint es kurz nach dem Tode Bachs solche Gerüchte gegeben zu haben. Carl Philipp Emanuel Bach erteilte Johann Nikolaus Forkel, dem ersten Biographen seines Vaters, den Rat, »die allenthalben kursierenden Gerüchte über die jugendlichen ›Fechterstreiche‹ seines Vaters, die er weder zu bestätigen noch zu dementieren in der Lage war, zu ignorieren«. Als Argument führt Carl Philipp Emanuel an: »Der seelige hat nie davon etwas wißen wollen, u. also laßen Sie diese comischen Dinge weg.«

Was sollen wir heute davon halten? Waren es falsche Gerüchte? Wollte »der seelige«, wie Carl Philipp seinen Vater umschreibt, nichts mehr davon wissen, weil er sich deswegen schämte? Oder weil es nicht stimmte? Wir werden es nie wissen. Forkel war leider nicht an biographischen Einzelheiten interessiert. Er hätte noch mit vielen Leuten sprechen können, die Bach selbst ge-

kannt hatten, er hätte zahllose Geschichten und Anekdoten auf-
zeichnen können, doch er zog es vor, über Bachs Instrumentalmusik schreiben. Das ist sehr bedauerlich, und deshalb müssen
wir sein Buch, so außerordentlich fesselnd es sich auch liest,
doch unter die Rubrik versäumter Gelegenheiten einordnen.
Eine Antwort auf die Frage, ob Bach »ein grober Mann« war,
kann man bei Forkel nicht finden.

Ziehen wir Bilanz, so stellt sich heraus, daß wir bemerkenswert
wenig Anhaltspunkte haben. Ein Vorfall mit einem Degen, eine
geworfene Perücke, zweimaliges lautes Schreien beim Verjagen
eines Chorpräfekten – das alles zusammen ist im Laufe eines
langen Lebens herzlich wenig. Daraus läßt sich wirklich nicht
schließen, daß Bach »ein grober Mann« war. Mir scheint: Auch
für die Äußerung Diltheys, daß mit dem »gewaltigen Manne
schwer zu leben war«, gibt es keinen Grund. Auch die Worte
»immer wieder« scheinen völlig fehl am Platze zu sein. »Immer
wieder« im Konflikt mit seinen Vorgesetzten? Dreimal, viermal, ist das »immer wieder«? Die schwerste Auseinandersetzung
muß sich in Weimar zugetragen haben, nach der Bach sogar eingesperrt wurde. Doch auch darüber wissen wir so wenig, daß
wir kaum etwas Stichhaltiges dazu sagen können. Eidam zieht
daraus den Schluß, eher sei Bachs Brotherr, Herzog Ernst August, der »grobe Mann« gewesen, was mir gewagt erscheint –
denn Carl Philipp Emanuel sagt diesem Mann nichts Übles
nach, sondern berichtet vielmehr, er habe seinen Vater hoch
geachtet.

Wenn es so schwer war, mit Bach zu leben, warum haben dann
seine Söhne uns nichts darüber berichtet? Von Carl Philipp
Emanuel erfahren wir nur: »Sein umgang war jedermann angenehm und oft sehr erbaulich.« Der Sohn erzählt weiter, das
Haus seines Vaters habe oft einem Taubenschlag geglichen.

Jedermann war willkommen, Bach war sehr gastfreundlich. Es scheint mir daher unangebracht, wenn Martin Geck Bach als einen »schwierigen Einzelgänger« charakterisiert. Außer seiner großen Kinderschar bot er auch anderen Familienangehörigen Unterkunft. Wie bereits erwähnt, starb 1729 Friedelena Margaretha Bach, die älteste Schwester von Bachs erster Frau Maria Barbara. Sie hatte »offenbar ständig im Hause Bachs gewohnt (möglicherweise schon seit 1709)«, berichten die *Bach-Dokumente*. Mit anderen Worten: Friedelena wohnte noch lange bei Bach, nachdem er in zweiter Ehe mit Anna Magdalena verheiratet war. So »schwer« kann das Leben mit Bach also nicht gewesen sein. Bach hat auch mehrmals Neffen in sein Haus aufgenommen. Von 1724 bis 1728 wohnte Johann Heinrich Bach bei ihm, Johann Elias Bach lebte fünf Jahre lang bei seinem Onkel. Dank der Briefe von Johann Elias haben wir eine gewisse Vorstellung davon, wie es im Haushalt der Bachs zuging, und wir erfahren etwas über Anna Magdalena Bach, die Singvögel und Blumen liebte. Von Schwierigkeiten, Ausbrüchen, Konflikten ist nirgends die Rede.

»Schwer zu leben« bei jemandem, der Familienangehörige bei sich aufnahm? Die Briefe von Johann Elias erwecken keineswegs diesen Eindruck. Auch haben Bachs Schüler nie über ihren Lehrmeister geklagt, im Gegenteil: Ohne Ausnahme lobten alle ihren Meister sehr. Viele ließen sich eigens an der Thomasschule einschreiben, um bei Bach Unterricht nehmen zu können. Und es spricht für sich, daß Bachs ehemaliger Schüler Kirnberger jemanden wütend aus dem Hause jagte, der es gewagt hatte, Bach einen »groben Mann« zu nennen.

Wie mir scheint, gibt es noch ein anderes, unvergleichlich schwerer wiegendes Argument gegen die Unterstellung, Bach sei »ein grober Mann«, »ein Hitzköpfiger« gewesen oder gar »ein starrsinniger und jähzorniger Mann«, der nicht viel Geduld besaß: seine Musik.

Bachs Musik ist nicht die Musik eines kurz angebundenen, reizbaren, ungeduldigen, ungestümen, unbesonnenen, aufbrausenden, heißblütigen, ungeschlachten Wüterichs oder starrsinnigen Hitzkopfs. Anders als bei Beethoven, für den die Bezeichnung »grober Mann« eher zutreffen dürfte, findet man in Bachs Musik keine Abwehr, Verbissenheit, Bösartigkeit oder üble Laune. Man spürt auch nichts von dem quecksilbrigen Wesen Mozarts. Oder vom Ungestüm und von der Spottsucht Berlioz'. Oder von den Depressionen Mahlers und Schostakowitschs. Oder von der Widerborstigkeit Bartóks. Oder vom Sarkasmus Prokofjews. Jeder Komponist bietet in seiner Musik sein Inneres unverhüllt dar. Wie ein Mensch wirklich ist, läßt sich in Noten um so weniger verbergen oder verhüllen, je größer dieser Mensch ist. Wenn man ein paar Takte Mozart hört, weiß man sofort, daß man einen außergewöhnlich liebenswürdigen Menschen vor sich hat; beim Hören seiner Werke machen einander tiefe Zuneigung und große Dankbarkeit den Vorrang streitig. Jeder Takt Haydns zeugt von der unglaublichen Heiterkeit dieses phantastischen Komponisten. Jeder Takt Dvořáks verrät ein lebhaftes Gemüt mit einem Schlagschatten von Schwermut. Jeder Takt Bachs, ja, was verrät jeder Takt Bachs? Eine Antwort darauf fällt weniger leicht als bei den anderen Komponisten.

Vestdijk hat es versucht. Er hat Bachs Musik mit den Worten »erbarmungslose Geduld« umschrieben. Auch wenn diese Charakterisierung durchaus nicht immer auf Bachs Musik zutrifft (z. B. in der Kantate BWV 19, Eingangschor: »Es erhub sich ein Streit« – ist das »erbarmungslose Geduld«? »Sind Blitze, sind Donner« auch »erbarmungslose Geduld«?), so berührt sie doch einen wesentlichen Aspekt in manchen Kompositionen Bachs:

seine Fähigkeit, erstaunlich geduldig, ruhig und zielbewußt fortzuschreiten. Ohne daß er jemals langweilt, ist Bach oft außerstande aufzuhören, eine Eigenschaft, die nicht im entferntesten mit Ungeduld assoziiert werden kann. Ein ungeduldiger, kurz angebundener, jähzorniger Mensch hätte den geradezu endlosen Eingangschor der Kantate »Schmücke dich, o liebe Seele« (BWV 180) niemals komponieren können. Oder das phantastische Choralvorspiel »Christ, unser Herr, zum Jordan kam« aus der Kantate BWV 7. Oder das Stück der Stücke: die Chaconne. Nur wer Ausdauer besitzt, kann so komponieren.

Ich kenne nur eine Komposition von Bach, der man anmerkt, daß er nicht genug Geduld hatte, um das Werk befriedigend zu beenden: den Schlußchor der Kantate »Gott ist mein König« (BWV 71). Von diesem Schlußchor sagt Murray Young zu Recht: »Daß Bach diesen Chor nach der Phrasenwiederholung so abrupt zu Ende bringt, ist erstaunlich; ohne irgendein instrumentales Nachspiel hört der Chor plötzlich auf und mit ihm die Musik. Hatte es der Komponist derart eilig, den Chor zu beenden, daß er das Ende unvollständig ließ, oder entsprach dieses Ende genau dem Effekt, den er erreichen wollte?« Ich weiß von keinem anderen Werk, in dem seine Ungeduld spürbar wird. Es ist eine Arbeit des jungen Bachs, und möglicherweise war er damals noch ein wenig ungeduldig, doch in dem schönen Schlußchor der Kantate »Der Herr denket an uns« (BWV 196), die zur selben Zeit wie die Kantate »Gott ist mein König« (BWV 71) entstanden sein muß, ist von Ungeduld nichts zu spüren. Das »Amen, amen« will kein Ende nehmen.

Daß die Musik oft wie im ersten Satz der fünften Sonate in f-moll für Violine und Cembalo (BWV 1018) so geduldig, ruhig und zielbewußt und dabei völlig ausgeglichen und unglaublich erfindungsreich fortschreitet – das gehört zu den charakteristischen Aspekten in Bachs Werken. Wer hätte eine so gewaltige Arie erwartet wie die in der Kantate BWV 33: »Wie furchtsam wankten meine Schritte«? Ein ungeduldiger Komponist hätte nach dreißig Takten längst Schluß gemacht. Man beachte den ersten Satz der Sonate für Flöte und Cembalo in h-moll (BWV 1030). Es geht ewig, unerschütterlich, unangreifbar darin weiter. Wenn ein Werk so hohe Ansprüche an das Konzentrationsvermögen stellt, daß man beim Spielen schon lange vor dem Ende erschöpft ist (und meine Frau Hanneke und ich haben bis zum Umfallen geübt, da für Flöte und Klavier nie etwas Großartigeres und Eindrucksvolleres geschrieben wurde), dürfte auch der Komponist der Versuchung ausgesetzt gewesen sein, in einem bestimmten Augenblick einen Schlußstrich zu ziehen. Nicht so Bach. Er schrieb weiter und weiter, auf stets demselben hohen Niveau. Von Ungeduld oder Kurzangebundensein ist in diesem Werk überhaupt nichts zu merken.

Als träge und bedächtig kann man Bach jedoch auch nicht bezeichnen. Er war kein Anton Bruckner. Auch bei Bach gab es heftige Ausbrüche. Eine Arie wie »Stürze zu Boden« aus der Kantate BWV 126 ist wahrhaftig kein Beispiel für »erbarmungslose Geduld«. Doch die Arie zählt zu den Ausnahmen, so wie die Arie »Mit unsrer Macht« aus der Kantate BWV 80 – auch solch ein kolossaler, temperamentvoller Ausbruch. Und doch zeigt Bach sogar in solchen Arien eine gewisse Beherrschung. Wenn der Vulkan in seinem Innern ausbricht, fließt die glühende Lava dennoch stets in geordneten Strömen hinab. Von Grobheit oder Mißmut ist darin nichts zu bemerken. Nur in manchen frühen Werken wie in den Toccaten BWV 910–916 lassen sich ein gewisses Ungestüm und Launenhaftigkeit feststellen.

Bedauerlicherweise wissen wir letztlich viel zuwenig, um uns ein endgültiges Urteil bilden zu können. Degen, Perücke, Präfekt –

es reicht nicht für eine überzeugende Schlußfolgerung. Doch daß Bach ein Mensch gewesen sein soll, der »immer wieder« mit seinen Vorgesetzten in Konflikte geriet und mit dem »schwer zu leben war«, erscheint mir, gelinde gesagt, maßlos übertrieben. Schwerer fällt es mir, hinter Blumes Behauptung, daß »das Maß an Geduld ... in seinem ganzen Leben nie sehr groß gewesen« sei, ein Fragezeichen zu setzen. Was Friedrich Blume über Bach geschrieben hat, gehört immerhin zum Besten in der Literatur, die wir über den Komponisten besitzen. Und doch zeugt die Musik in jedem der Bachschen Werke von einem erstaunlich großen »Maß an Geduld«. Daß Bach, wie der Leinwandhändler aus Leipzig behauptet, ein »grober Mann« gewesen sein soll, erscheint mir wenig glaubhaft, trotz allem Geschrei in der Kirche. Wie gerne wäre ich damals dabeigewesen. Ich hätte meine Stimme erhoben und lauthals mitgeschrien.

»Hochgeschäzte Patronen ...«
Bach als Briefschreiber

Musikerbriefe sind oft aufschlußreiche Dokumente«, sagt Friedrich Blume völlig zu Recht. Glückliche Zufälle, daß wir von vielen Komponisten umfangreiche Briefsammlungen besitzen! Einer der genialsten Komponisten, Wolfgang Amadeus Mozart, erwies sich geradezu als passionierter Briefschreiber, und auch Mendelssohn und Wagner waren mit einem erstaunlichen epistolaren Talent gesegnet. Übrigens, so unhöflich sich Beethoven manchmal gab, hat er dennoch in vielen Briefen seine Seele offengelegt. Chopin schrieb gelegentlich glänzende Briefe. Joseph Haydn hat uns eine fesselnde Sammlung Briefe hinterlassen. Meyerbeer war ein hochtalentierter Briefschreiber, Fauré und Saint-Saëns haben sechzig Jahre lang miteinander korrespondiert, so daß wir von beiden eine einzigartige Korrespondenz besitzen. Auch Alban Berg hinterließ einen umfangreichen Briefwechsel. Die Liste ließe sich leicht um ein weiteres Dutzend ergänzen.

Ich erinnere mich gut, wie ich Ende der sechziger Jahre dahinterkam, daß Bachs erhalten gebliebene Briefe in Band I der *Bach-Dokumente* abgedruckt waren. Sofort bestellte ich das Buch in der Leidse Universiteitsbibliotheek, und als es mir in der Ausleihe ausgehändigt wurde, zitterten mir die Hände. Ich eilte nach Hause und fing an zu lesen. Selten in meinem Leben wurde ich heftiger enttäuscht. Zuerst konnte ich Bachs Deutsch kaum verstehen. Es war mit lateinischen Begriffen und vielen anderen Fremdwörtern gespickt. Außerdem waren die Sätze so lang, so hochgestochen und oft so gewunden, daß ich minutenlang überlegen mußte, bevor mir klar wurde, was Bach eigentlich sagen wollte. Und wenn ich etwas endlich begriff, war es nur höchst selten interessant. Persönliches konnte ich in den Briefen vorerst überhaupt nicht entdecken. Es handelte sich fast ausschließlich um Mitteilungen an hochgestellte Persönlichkeiten. In blumiger Sprache redete Bach ihnen nach dem Munde und gab sich dabei widerwärtig untertänig. Nehmen wir zum Beispiel den ersten Satz des ersten Briefes, der von Bach überliefert ist.

Am 25. Juni 1708 ersucht er den Rat der Stadt Mühlhausen, ihn als Organisten der Blasiuskirche zu entlassen, da er nach Weimar gehen will. Er schreibt: »Welcher gestalt Eüre: *Magnificenz*, und Hochgeschäzte *Patronen* zu dem vor dem Jahre verledigtem *Organi*sten Dienste *D: Blasii* meine Wenigkeit hochgeneigt haben bestellen, darneben auch Dero Milde zu meiner beßeren *subsistenz* mich genießen laßen wollen, habe mit gehorsahmen Danck iederzeit zu erkennen.« Nachdem ich den Satz lange studiert hatte, kam ich zu dem Schluß, daß Bach sagen wollte: »Ich bin Ihnen sehr dankbar, daß die Art, wie Sie mich als Organist der Blasiuskirche angestellt haben, mir die Möglichkeit bot, großzügiger zu leben.« Doch warum werden die »Patronen« mit so kriecherischer Höflichkeit angesprochen? Warum die Worte »Magnificenz«, »Hochgeschäzte«, »hochgeneigt«? Warum bezeichnet Bach sich selbst als »meine Wenigkeit«? Es sei in der damaligen Zeit so üblich gewesen, erfuhr ich aus der Literatur über Bach, hochgestellte Personen in Briefen mit kriecherischen Floskeln in aller Untertänigkeit anzureden. Doch dann las ich die Briefe anderer zeitgenössischer Komponisten wie Händel, Telemann, Reinhard Keiser, Hasse und fand in ihnen viel weniger Unterwürfigkeit. Außerdem sind diese Briefe in gut lesbarem Deutsch oder Englisch abgefaßt. Telemann zum Beispiel schreibt eine klare, vorzüglich lesbare Prosa, wie sich in seinen autobiographischen Schriften zeigt. So wie Bach schrieb, schrieb zu jener Zeit niemand.

Mag schon der erste Satz erschrecken, so ist der zweite geradezu bestürzend: »Wenn auch ich stets den Endzweck, nemlich eine *regulir*te kirchen *music* zu Gottes Ehren, und Ihren Willen nach, gerne aufführen mögen, und sonst nach meinem geringen vermögen der fast auf allen Dorfschafften anwachsenden kirchen *music*, und offt beßer, als allhier *fasonier*ten *harmonie* möglichst aufgeholffen hätte, und darümb weit u. breit, nicht sonder kosten, einen guthen *apparat* der auserleßensten kirchen Stücken mir angeschaffet, wie nichts weniger das *project* zu denen abzuhelffenden nöthigen Fehlern der Orgel ich pflichtmäßig überreichet habe, und sonst aller Ohrt meiner Bestallung mit Lust nachkommen währe: so hat sichs doch ohne wiedrigkeit nicht fügen wollen, gestalt auch zur zeit die wenigste *apparence* ist, daß es sich anders, obwohl zu dieser kirchen selbst eigenen Seelen vergnügen künfftig fügen mögte, über dießes demüthig anheim gebende, wie so schlecht auch meine Lebensarth ist, bey dem Abgange des Haußzinses, und anderer eüßerst nöthigen *consumtio*nen, ich nothdürfftig leben könne.«

Beim ersten Lesen störten mich wieder die unterwürfigen Phrasen wie »meinem geringen vermögen« und »demüthig anheim gebende«, auch daß er – doch das drang erst zu mir durch, nachdem ich diesen ellenlangen gewundenen Satz lange genug studiert hatte – nichts weiter sagt als: »Ich möchte gern gute Kirchenmusik machen, doch ich kann, angesichts des Hauszinses und anderer Ausgaben, nicht über die Runden kommen«, was ganz und gar nicht dem erhabenen Bild entsprach, das ich mir von Bach gemacht hatte. Um seinem Argument, die Kosten der Miete usw. seien zu hoch, Nachdruck zu verleihen, fügt er hinzu, er habe außerdem auf eigene Kosten Kirchenmusik angeschafft. Man beachte, daß der zweite Satz im Widerspruch zum ersten steht. Er bedankt sich bei der »Magnificenz«, daß sie ihm ein großzügigeres Leben ermöglicht, und klagt gleich darauf, er könne nicht über die Runden kommen.

Übrigens hat der Hinweis auf die »*regulir*te kirchen *music* zu Gottes Ehren« eine umfangreiche Literatur angeregt. Viele Experten sind der Meinung, Bach habe bereits damals geplant, kraft seines enormen Talents mit Hilfe der Kirchenmusik das Evangelium zu verkünden. Ich glaube jedoch, daß man diesen Worten nicht zuviel Gewicht beimessen darf. Bach gebraucht die Worte »*regulir*te kirchen *music*« meiner Ansicht nach nur, um sein Argument, er habe Unkosten gehabt, da er Kirchenmusik angeschafft habe, zu bekräftigen.

Erstaunlich, wie oft Bach in seinen Briefen auf Geld und Unkosten zu sprechen kommt. Wenn man mit größter Ehrfurcht zu Bach aufsieht – wie ich es mein Leben lang getan habe und noch immer tue –, dann heißt es, einer solchen Geldbezogenheit gegenüber erst einmal kurz zu schlucken. Zum Glück bin ich selbst ebenfalls in lächerlicher Weise auf Geld fixiert – mein Problem ist, daß ich nicht imstande bin, es auszugeben –, und deshalb kann ich Bach nicht wirklich tadeln. Außerdem muß man bedenken, daß Bach in Arnstadt und Mühlhausen eine höhere Besoldung erhielt als seine Vorgänger. Seine Nachfolger mußten dann wieder mit einer geringeren vorliebnehmen.

Laßt es uns frank und frei und rundheraus sagen: Bach konnte nicht schreiben. Es erstaunt nicht, daß Carl Philipp Emanuel in einem Brief vom 13. Januar 1775 Johann Nikolaus Forkel mitteilt: »Bey seinen vielen Beschäftigungen hatte er kaum zu der nöthigsten Correspondenz Zeit, folglich weitläuftige schriftliche Unterhaltungen konnte er nicht abwarten.« Ach, das Argument, er habe keine Zeit gehabt! Daran lag es nicht. Mozart hatte auch keine Zeit und hat uns dennoch viele vor Geist sprühende Briefe hinterlassen. Bach hatte keine Lust, Briefe zu schreiben, Bach schreckte davor zurück, Bach konnte das nämlich nicht. Als sein Neffe Johann Elias zu ihm ins Haus zog, überließ er ihm die Korrespondenz nur zu gern. In einem dieser Briefe schreibt Johann Elias: »Mein Onkel bittet zugleich nicht übel zunehmen, daß er wegen überhäuffter Arbeit diesesmal nicht selbsten in einem Brieffchen sich bedancken können.«

Werner Neumann sagt in seinem Vorwort zu Bachs Briefsammlung: »Wenn sich auch diese Schriftstücke keineswegs als literarisches Pendant zu den musikschöpferischen Aufzeichnungen ansehen lassen, so spiegeln doch einige der Eingaben in ihrer klaren Gedankenführung und zwingenden Disposition etwas von den mit weiten Spannungsbögen verfestigten und auf durchdachtem Grundriß errichteten Musikschöpfungen Bachs wider.« Wenn man diesen Satz genau liest, spürt man die Enttäuschung und bemerkt gleichzeitig, daß Neumann den Briefschreiber Bach dennoch verteidigen möchte. In ihrem Vorwort zu *The Bach Reader* gehen Hans T. David und Arthur Mendel noch ein Stück weiter. Sie gestehen: »Bach selbst – der in der Musik so ausgearbeitete und zuglcich anmutige Strukturen schuf wie sonst keiner vor ihm – schrieb manchmal grammatikalisch fehlerhaftes Deutsch, ganz zu schweigen von einem vernünftig klaren Ausdruck.« Ferner sprechen sie von der »relativ fließenden Sprache des Rektors und dem verworrenen Labyrinth von Bachs eigenem Stil« in den Briefen über den berühmten Präfektenstreit. Dennoch halte ich wenig von einem Vergleich zwischen »ausgearbeiteter und anmutiger Musik« und »grammatikalisch fehlerhaftem Deutsch«.

In seinem dritten Brief an den Rat der Stadt Leipzig im Zusammenhang mit dem Präfektenstreit erklärt Bach – übrigens in einem unwahrscheinlich langen, absolut unleserlichen »Band-wurmsatz« –, daß seine eigenen Kompositionen »ohngleich schwerer und *intricater* sind, weder die, so im anderen *Chore* und zwar nur auf die FestTage *musicir*et werden«. Nun, dasselbe gilt auch für seinen Briefstil. Er ist »ohngleich schwerer und *intricater*« als jeder andere Stil, den jemals ein Komponist dem Papier anvertraut hat. Wie Bach komponierte, so schrieb er. Auch als Komponist fährt er beharrlich fort, weiß nicht aufzuhören, reiht Takt an Takt mit endlos sich über die Linien hinziehenden Noten und läßt bemerkenswert lang auf den Doppelstrich warten. Doch was in der Musik die Seele entzückt, ist in seinen Briefen ungenießbar.

Übrigens soll hier noch angemerkt werden, daß Bach in jenen seltenen Fällen, in denen er gezwungen war, sich in seiner Musik kurz zu fassen, Bemerkenswertes geleistet hat. Das schönste Beispiel dafür ist das *Magnificat*. Weil der lateinische Text in zwölf kurze Stücke aufgeteilt war, sah Bach sich mit der Aufgabe konfrontiert, kurze, stark konzentrierte Chöre, Arien und Duette zu komponieren. »Dies ist ziemlich untypisch für eine offenbar anspruchsvolle Komposition aus der Feder von Johann Sebastian Bach«, kommentiert Robert L. Marshall. Was war das Ergebnis? Eines seiner schönsten und ergreifendsten Werke. Vollkommen ausgewogen im Aufbau und in seiner Konzentration von einer unübertroffenen Ausdruckskraft. In dem glänzenden Kapitel über das *Magnificat* in seinem Buch *The Music of Johann Sebastian Bach* bezeichnet Marshall die Komposition sogar als »eine der eindrucksvollsten Meisterwerke in der Geschichte der Kirchenmusik«.

Als mir allmählich klar wurde, daß Bach genauso schrieb, wie er komponierte, gab ich mich damit zufrieden, daß er solche unleserlichen Briefe hinterlassen hat. Warum sollte man ihm das

Recht absprechen, sich in seinen Briefen in der gleichen Weise zu äußern wie in einer Tripelfuge?

Natürlich ist nach wie vor bedauerlich, daß wir so überraschend wenig persönliche Briefe von Bach besitzen: nicht mehr als eine Handvoll. Zwei an Georg Erdmann, seinen Jugendfreund, mit dem er – was Küster vorsichtig dementiert – von Ohrdruf nach Lüneburg gewandert ist. Sodann drei Briefe an Johann Friedrich Klemm sowie einen an Frau Klemm in Sangerhausen, seinen Sohn Johann Gottfried Bernhard betreffend. Und schließlich, zwei Jahre vor seinem Tod, zwei Briefe an seinen Neffen Johann Elias Bach.

In seinem zweiten Brief an Georg Erdmann vom 28. Oktober 1730 bezieht sich Bach auf einen ersten Brief vom 28. Juli 1726, der in Band I der *Bach-Dokumente* noch erwähnt wird mit dem Vermerk »nicht erhalten«, aber mittlerweile gefunden wurde und 1985 im *Bach-Jahrbuch* veröffentlicht worden ist. Obwohl der Inhalt nicht sensationell ist, stellt es immerhin ein menschliches Schreiben in verhältnismäßig einfachem Stil dar. Bach erkundigt sich nach Erdmanns Gesundheit; er spricht die Hoffnung aus, daß Georg sich noch an ihn erinnert, und gibt sich als Schulfreund und Reisegenosse zu erkennen. Aus letzterem kann und darf man also vielleicht doch folgern, daß Bach und Erdmann, im Gegensatz zu Küsters Vermutung, die weite Fußwanderung von Ohrdruf nach Lüneburg zusammen unternommen haben.

Der zweite Brief an Erdmann ist das kostbarste persönliche Dokument, das wir von Johann Sebastian Bach besitzen. Wie wunderbar, daß dieser Brief erhalten geblieben ist. Das erste Buch, das ich über Bach las, jenes Prisma-Taschenbuch von Cherbuliez, enthielt eine Übersetzung des Briefs »in modernes Niederländisch«. Als wäre es völlig selbstverständlich, habe ich 1962 einfach die Übersetzung gelesen. Im Original lautet der Brief folgendermaßen:

Hoch Wohlgebohrner Herr.
Ew: Hochwohlgebohren werden einem alten treüen Diener bestens *excusiren*, daß er sich die Freyheit nimmet Ihnen mit diesen zu *incommodiren*. Es werden nunmehr fast 4 Jahre verfloßen seyn, da E: Hochwohlgebohren auf mein an Ihnen abgelaßenes mit einer gütigen Antwort mich beglückten; Wenn mich dann entsinne, daß Ihnen wegen meiner *Fatalitäten* einige Nachricht zu geben, hochgeneigt verlanget wurde, als soll solches hiermit gehorsamst erstattet werden. Von Jugend auf sind Ihnen meine *Fata* bestens bewust, biß auf die *mutation*, so mich als Capellmeister nach Cöthen zohe. Daselbst hatte einen gnädigen und *Music* so wohl liebenden als kennenden Fürsten; bey welchem auch vermeinete meine Lebenszeit zu beschließen. Es muste sich aber fügen, daß erwehnter *Serenißimus* sich mit einer Berenburgischen Princeßin vermählete, da es denn das Ansehen gewinnen wolte, als ob die *musicalische Inclination* bey besagtem Fürsten in etwas laulicht werden wolte, zumahln da die neüe Fürstin schiene eine *amusa* zu seyn: so fügte es Gott, daß zu hiesigem *Directore Musices* u. *Cantore* an der *Thomas* Schule *vociret* wurde. Ob es mir nun zwar anfänglich gar nicht anständig seyn wolte, aus einem Capellmeister ein *Cantor* zu werden, weßwegen auch meine *resolution* auf ein vierthel Jahr *trainirete*, jedoch wurde mir diese *station* dermaßen *favorable* beschrieben, daß endlich (zumahln da meine Söhne denen *studiis* zu *incliniren* schienen) es in des Höchsten Nahmen wagete, u. mich nacher Leipzig begabe, meine Probe ablegete, u. so dann die *mutation* vornahme. Hieselbst bin nun nach Gottes Willen annoch beständig. Da aber nun (1) finde, daß dieser Dienst bey weitem nicht so erklecklich als

mann mir Ihn beschrieben, (2) viele *accidentia* dieser *station* entgangen, (3) ein sehr theürer Orth u. (4) eine wunderliche und der *Music* wenig ergebene Obrigkeit ist, mithin fast in stetem Verdruß, Neid und Verfolgung leben muß, als werde genöthiget werden mit des Höchsten Beystand meine *Fortun* anderweitig zu suchen. Solten Eu: Hochwohlgebohren vor einen alten treüen Diener dasiges Ohrtes eine *convenable station* wißen oder finden, so ersuche gantz gehorsamst vor mich eine hochgeneigte *recommendation* einzulegen; an mir soll es nicht *manquiren*, daß dem hochgeneigten Vorspruch und *interceßion* einige *satisfaction* zu geben, mich bestens beflißen seyn werde. Meine itzige *station* belaufet sich etwa auf 700 rthl., und wenn es etwas mehrere, als *ordinairement*, Leichen gibt, so steigen auch nach *proportion* die *accidentia*; ist aber eine gesunde Lufft, so fallen hingegen auch solche, wie denn voriges Jahr an *ordinairen* Leichen *accidentien* über 100 rthl. Einbuße gehabt. In Thüringen kan ich mit 400 rthl. weiter kommen als hiesiges Ohrtes mit noch einmahl so vielen hunderten, wegen der *exceßiven* kostbahren Lebensarth. Nunmehro muß doch auch mit noch wenigen von meinem häußlichen Zustande etwas erwehnen. Ich bin zum 2ten Mahl verheurathet und ist meine erstere Frau seelig in Cöthen gestorben. Aus ersterer Ehe sind am Leben 3 Söhne u. eine Tochter, wie solche Eu. Hochwohlgebohren annoch in Weimar gesehen zu haben, sich hochgeneigt erinnern werden. Aus 2ter Ehe sind am Leben 1 Sohn u. 2 Töchter. Mein ältester Sohn ist ein *Studiosus Juris*, die andern beyden *frequentiren* noch, einer *primam* der andere *2dam Classem*, u. die älteste Tochter ist auch noch unverheurathet. Die Kinder anderer Ehe sind noch klein, u. der Knabe als erstgebohrener 6 Jahre alt. Insgesamt aber sind sie gebohrne *Musici*, u. kan versichern, daß schon ein *Concert Vocaliter* u. *Instrumentaliter* mit meiner Familie *formiren* kan, zumahln da meine

itzige Frau gar einen sauberen *Soprano* singet, auch meine älteste Tochter nicht schlimm einschläget. Ich überschreite fast das Maaß der Höflichkeit wenn Eu: Hochwohlgebohren mit mehreren *incommodire,* derowegen eile zum Schluß mit allem ergebensten *respect* zeit Lebens verharrend
Eu: Hochwohlgebohren

gantz gehorsamst—
ergebenster Diener
Joh: Sebast: Bach.

Leipzig. den 28. *Octobr.* 1730.

Wiederum schwer verständlich, daß Bach sogar einem Jugendfreund gegenüber einen derart untertänigen Ton anschlägt. Natürlich spielen auch in diesem Brief die Finanzen eine wichtige Rolle. Geld war, wie gesagt, kein Thema, dem Bach aus dem Wege ging. 1714 zum Beispiel schrieb er zwei Briefe an August Becker, Mitglied des Kirchenrats in Halle, wegen der Organistenstelle an der Liebfrauenkirche; auch diese beiden Schreiben handeln vor allem von Besoldung und »Accidentia«. Insbesondere der zweite ist ein ausgesprochener Geldbrief.
Aus dem Brief an Erdmann erfahren wir außerdem, daß Bach angeblich vorgehabt habe, zeitlebens in Köthen zu bleiben, obwohl er doch schon 1720 versucht hatte, den Ort zu verlassen. Damals bewarb er sich um die Organistenstelle an der St. Jacobikirche in Hamburg. Obwohl Bach die Hamburger durch sein großartiges Spiel begeisterte, wurde er nicht angestellt, weil ein Stümper namens Heitmann sich mit Hilfe von 4000 Talern Schmiergeld des Postens bemächtigte. Merkwürdig ist auch, daß Bach für seinen Weggang aus Köthen als Grund angibt, sein Fürst habe eine *amusa* geheiratet. Die genannte *amusa,* eine Berenburgische Prinzessin, war bereits gestorben, als Bach nach Leipzig überwechselte. Dieser angebliche Hinderungsgrund

war also längst hinfällig, als Bach Kantor der Thomasschule wurde. (Man beachte: Bach war nicht Kantor der Thomaskirche, sondern der Thomasschule!)

Die beiden späteren Briefe aus dem Jahr 1738, die Bach an das Ehepaar Klemm geschrieben hat, sind herzzerreißend. Der erste ist an Johann Friedrich Klemm adressiert. Bach berichtet darin über seinen Sohn Johann Gottfried Bernhard, der überall Schulden mache. Bach hatte seinen Sohn für die Organistenstelle in Sangerhausen empfohlen. Offensichtlich hat er sich auch dort in Schulden gestürzt, denn es ist die Rede von einer »gedroheten *mutation*«. Bach bittet Klemm, die angedrohten Maßnahmen aufzuschieben, bis der Aufenthaltsort seines Sohnes bekannt sei.

Im übrigen »kriecht Bach wieder im Staube« und schreibt ausführlich über Geldangelegenheiten. Am erstaunlichsten ist seine Mitteilung, mehrere Gläubiger hätten bei ihm angeklopft, doch er sei nicht willens, sie zu bezahlen, zumindest so lange sein Sohn nicht mündlich oder schriftlich eingestanden habe, daß er die Schulden, deren Bezahlung man von ihm als Vater fordere, tatsächlich gemacht habe. Ich kann mir durchaus vorstellen, daß man in einem solchen Fall das Auftauchen betrügerischer Gläubiger fürchtet, doch erscheint es mir als höchst unwahrscheinlich, daß derartige Schwindler über das Verhalten des Bach junior in Sangerhausen so genau Bescheid wußten und nach Leipzig eilten, um Bach senior das Geld abzuknöpfen.

Aus dem kurzen Brief an Frau Klemm geht hervor, daß sie Bach eine Zahlungsaufforderung geschickt hatte, die Bach nicht gesonnen war zu bezahlen, solange man ihm nicht ein »eigenhändige[s] schrifftliche[s] Geständniß vorgezeiget« habe. Erst dann werde er »zu einer *resolution*« schreiten. Wie schwer muß Vater Bach das Verhalten seines Sohnes getroffen haben. Dennoch gibt zu denken, daß er für diesen Tunichtgut in seiner großen Familie kein Verständnis hatte. Man spürt Ängstlichkeit, Beklommenheit, vielleicht sogar Engstirnigkeit in diesen Briefen. Hier hat nicht ein Mann mit viel Gefühl für Humor das Wort. Von den beiden letzten persönlichen Briefen, die wir von Bach besitzen, ist vor allem der zweite interessant, zeigt er doch einen Anflug von Humor. Bach hatte ein Fäßchen Wein zugeschickt bekommen und beklagt sich nun in mehr oder minder scherzhaftem Ton darüber, daß der Wein unterwegs aus dem Faß geflossen sei. In dem Brief lädt er seinen Neffen Johann Elias zur Hochzeit seiner Tochter Liesgen mit Johann Altnickol ein. Da dieser gemütvolle, heitere Brief vom 2. November 1748 datiert ist, erhalten wir darin ein Bild von dem Bach der späteren Jahre. Dem Brief läßt Bach nämlich ein Postscriptum folgen, den bemerkenswertesten Teil des Schreibens. Darin teilt er dem Neffen mit:

»Ohnerachtet der Herr Vetter sich geneigt *offeriren*, fernerhin mit dergleichen *liqueur* zu *assistiren*; So muß doch wegen übermäßiger hiesigen Abgaben es *depreciren*; denn da die Fracht 16 gr. der Überbringer 2 gr. der *Visitator* 2 gr. die Land*accise* 5 gr. 3 Pf. u. *generalaccise* 3 gr. gekostet hat, als können der Herr Vetter selbsten ermeßen, daß mir jedes Maaß fast 5 gr. zu stehen kömt, welches denn vor ein Geschencke alzu kostbar ist.«

Ein erstaunlicher Brief aus den letzten Jahren ist das zornige Schreiben an Johann Georg oder Johann Heinrich Martius vom 20. März 1748. Keine Spur von Höflichkeit oder Unterwürfigkeit, nein, Bach schreibt rundheraus:

»Jezo vergeth mir das Geduld. Wie Lange glauben sie wohl das ich mit dem *Clavesin* warten soll? Zwey Monathe sind schon vergangen und es steht noch immer beym nehmlichen. Es thut mir Leid sie so zu schreiben ich kan aber nicht anderes. Sie müsen es in ordnung bringen und das in 5 Tagen sonst werden wir nie Freunde.

Adieu

Joh: Sebast: Bach

Gottlob ist auch ein solches Dokument aufgetaucht. Bach konnte sich ganz normal ärgern und seinem Ärger in klaren Worten Luft machen!

Ein anderes interessantes Dokument aus jenen letzten Jahren ist eine Quittung für die Bezahlung eines Pianofortes. Aus dem Schriftstück geht hervor, daß Bach dabei als Kommissionär auftrat, das heißt als Vermittler beim Ankauf eines damals modernen Instruments. Ist es nicht unglaublich, daß ausgerechnet ein solches Dokument erhalten geblieben ist?

Anders als bei Mozart gewinnen wir jedoch aus Bachs wenigen persönlichen Briefen kein klares Bild seiner Person. Welch ein Mensch Bach gewesen ist – darüber geben die Briefe kaum Aufschluß. Aus den Schriftstücken im Zusammenhang mit dem Präfektenstreit geht hervor, daß er in hohem Maße eigensinnig und beharrlich gewesen sein muß. Seine Hartnäckigkeit in diesem Fall ist bemerkenswert. Doch wie er sonst war, läßt sich nicht mehr ermitteln. In den eigenen handschriftlichen Dokumenten äußert er sich zu formell, zu unterwürfig. Insofern müssen wir uns daran festhalten, was Carl Philipp Emanuel Bach über seinen Vater gesagt hat: »Sein umgang war jedermann angenehm und oft sehr erbaulich.«

»Schleicht, spielende Wellen …«
Bach und seine Kantatentexte

Die weltliche Kantate BWV 206 »Schleicht, spielende Wellen« beendet Bach mit einem fröhlichen Schlußchor. Der entzückende Chor enthält einen kurzen Mittelteil, in dem ausschließlich Frauenstimmen zu hören sind. Am Ende des Stückes singen sie sogar im Kanon. Wenn auch kurz, ist es doch ein überwältigend schönes Stückchen Musik von Mozartscher Anmut und Gefälligkeit. Oft habe ich dieser Musik beglückt zugehört, ohne mich zu fragen, was die Sopran- und Altstimmen da eigentlich singen. Eines Tages jedoch war ich unvorsichtig genug und sah mir den Text des Chores näher an. Die Frauen sangen:

> So viel sich nur Tropfen in heutigen Stunden
> In unsern bemoosten Kanälen befunden,
> Umfange beständig dein hohes Gemüte
> Vergnügen und Lust!

Mit anderen Worten: Solange noch Wasser in den Kanälen steht, möge es Eurer Durchlaucht gut gehen. Ich muß ehrlich gestehen, daß ich fassungslos aufblickte. Man hört ein unvergängliches Stück Musik, das offenbar durch Kanalwasser inspiriert wurde. Kaum zu glauben, daß diese Musik und dieser Text zusammengehören. An sich können die mit Moos bewachsenen Ufer eines Kanals durchaus poetisch sein, daran liegt es nicht, und ich gönne dem durchlauchten August, Kurfürst von Sachsen, dem hier zugesungen wird, von Herzen sein Vergnügen und seine Lust. Aber die zarte Anmut der Musik, der wunderbare

Augenblick, in dem Sopran- und Altstimmen einen kurzen Kanon singen, will doch nicht Moos und Wasser und Kanäle und die Lust eines Königs schildern? Doch wenn man die Art und Weise genauer studiert, wie Bach seine Texte in Musik setzte, ergeben sich für den erstaunten Zuhörer manche Augenblicke der Bestürzung.

Andererseits ist das Verhältnis von Text und Musik bei Bach in der Regel besonders innig. Was im Text steht, findet sich fast immer in anderer Gestalt in der Musik wieder. Und manchmal nicht nur in der Musik, die in unseren Ohren klingt, sondern auch in ihrer graphischen Gestaltung in der Partitur. Jeder, der die *Matthäus-Passion* kennt – und wer kennt sie nicht –, weiß, was der Evangelist kurz vor Schluß erzählt: »Und siehe da, der Vorhang im Tempel zerriß in zwei Stück von oben an bis unten aus.« Das Reißen des Tempelvorhangs läßt Bach nicht nur im Orchester mit steigenden und fallenden Tonleitern deutlich hören, er macht es auch in der Partitur sichtbar. Alle steigenden und fallenden Tonleiterfiguren bilden zusammen einen Vorhang aus Noten.

Oder wenn Bach das Wort »Grab« vertont – ein Wort, das außerordentlich oft in seinen Texten vorkommt –, kennzeichnet er es fast immer mit einer besonders tiefen Baßnote, wie zum Beispiel in der Kantate »Ich steh mit einem Fuß im Grabe« (BWV 156), in den Kantaten BWV 56, 1, 54 und – besonders auffallend – in der Kantate »Jesu, der du meine Seele (BWV 78). In der Partitur sieht man eine sehr tiefe Note, mit Hilfslinien versehen, irgendwo in der Tiefe schweben. Mit der tiefen Note deutet Bach an – naiv realistisch könnte man sagen –, wie tief das Grab in der Erde liegt. Bach bedient sich in diesem Fall einer einzigen Note, während er beim Vorhang im Tempel einfache Tonleitern benutzt.

In der Kantate »O heilges Geist- und Wasserbad« (BWV 165) da-

78

gegen wird Jesus ein »Heilschlänglein« genannt, und Bach benutzt das Wort »Schlange«, um in der Partitur mit Sechzehnteln
ein Reptil zu beschreiben. Wenn man die »Schlangenmusik«
spielt, hört man geradezu, wie sich die »Heilschlange« windet.
Das Frappante ist meiner Meinung nach aber, daß man auch in
den Sechzehntelnoten der Partitur sieht, wie das Tier sich
schlängelt. Kurzum: Bach war ein ausgesprochener Realist und
außerdem ein Komponist, der nicht nur hören ließ, was er im
Text vorfand, sondern dieses auch in der Partitur mit der No-
tenschrift bildlich darstellte.

Übrigens trifft nicht zu, daß Bach nur die Texte seiner Vokalwerke mit manchmal atemberaubend schlichten realistischen
Mitteln vertonte, wie jeder sehen kann, der die Texte der Chöre, Arien und Rezitative in den Kantaten und Passionen studiert.
Sogar in seinen Instrumentalstücken bezieht er sich manchmal
auf einen Text, den er dann möglichst genau in Noten umsetzt.
Das gilt zum Beispiel für das »Probestück«, das Bach anläßlich
seiner Aufnahme in die Sozietät der musikalischen Wissenschaf-
ten 1746/1747 in Leipzig komponierte. In diesem Stück, den
Canonischen Veränderungen über das Weihnachtslied »Vom
Himmel hoch, da komm ich her« (BWV 769), folgt Bach in den
fünf verschiedenen Variationen den fünf Strophen des Weih-
nachtsliedes. Wenn man die Texte hinzuzieht, versteht man
plötzlich viel besser, warum Bach jede der Variationen in einer
besonderen Art komponierte. Die anmutig fallenden Tonleitern
in der ersten Variation weisen deutlich auf die in der Christnacht
vom Himmel herabsteigenden Engel hin. Auch in den Choralpartiten bezieht sich Bach auf den jeweiligen Text einer bestimmten Strophe des Kirchenliedes, das er den Variationen
zugrunde legt. Gewisse Notenbilder versteht man erst, wenn
man weiß, welchen Text Bach dabei vor Augen hatte.

Bei diesen Partiten und Canonischen Veränderungen läßt sich übrigens nicht immer exakt nachweisen, wie sich Text und Musik zueinander verhalten. 1989 erschien die ausgezeichnete Dissertation von Albert Clement, *»O Jesu, du edle Gabe«*, in der das Verhältnis von Text und Musik in den Partiten und in »Vom Himmel hoch« erschöpfend untersucht wird, doch das Buch legt vor allem dar, wie unterschiedlich die Interpretationen der Umsetzung eines Textes in Musik ausfallen können.

In vielen Choralbearbeitungen, also Orgelstücken ohne Text, hält sich Bach beim Komponieren ebenfalls eng an den Text des Chorals, der als Vorlage dient. In dem wunderbaren Choralvorspiel »Christ, unser Herr, zum Jordan kam« (BWV 684) hat Bach im Spiel der linken Hand das Plätschern des Jordanwassers vertont. Das muß man wissen, wenn man dieses Stück spielt, sonst versteht man nicht, wozu die vielen Sechzehntel dienen. Plätscherndes Wasser gehörte überhaupt zu Bachs speziellen Kunstfertigkeiten. In der Kantate BWV 56 hat er aufgrund des Textes »Mein Wandel auf der Welt/Ist einer Schiffahrt gleich« das wogende Wasser nachgestaltet, und in Kantate BWV 206 läßt er im Eingangschor das Spiel der Wellen erklingen nach den Worten »Schleicht, spielende Wellen«. Erstaunlicherweise bediente sich Franz Schubert, als er sein Lied »Auf dem Wasser zu singen« komponierte, fast derselben Figuren, um das Wellenspiel zu vertonen. Dabei ist Schuberts Werk kein Plagiat, denn die Kantate BWV 206 hat Schubert, soweit bekannt, niemals hören können. Das Verhältnis von Text und Musik ist also bei Bach äußerst eng, oder wie Albert Schweitzer sagt: »Das Verhältnis der Bachschen Musik zu ihrem Texte ist so lebendig, wie es nur vorgestellt werden kann.« Um so merkwürdiger ist es daher, daß Bach, hatte er einen bestimmten Text tonmalerisch behandelt, es später mühelos fertigbrachte, die Musik von eben dem Text zu lösen und mit einem neuen zu verbinden, der mit dem ursprünglichen wenig oder gar nichts gemeinsam hatte. Auf diese »parodierende« Weise sind die großartigen Werke wie das Weihnachtsoratorium, die kleinen Messen, die h-moll-Messe und vielleicht sogar Teile der *Matthäus-Passion* entstanden. Dazu mehr im folgenden Kapitel (S. 93 ff.).

Daß Bach manchmal wenig feinfühlend die Musik von dem Text loskoppelte, der ihn zu der Musik inspiriert hatte, ist ebenso erstaunlich wie verwirrend, wenn man bedenkt, wie stark vom Text abhängig Bach komponierte. Andererseits erscheint es mir auch beruhigend. Offenbar bedeuteten Bach die Texte nicht allzuviel. Albert Schweitzer schreibt, die Texte seien, »formell betrachtet, zur Musik so ungeeignet, wie nur denkbar ist«. Dabei drückt sich Schweitzer noch freundlich aus. In der übrigen Bach-Literatur ertönt lautes Geheul über die erbärmliche Qualität der von Bach vertonten Texte. Die schärfste Kritik stammt von Hubert C. Parry, der über Bachs Textdichter bemerkt: »Sie belieferten ihn mit Texten, die kaum besser waren als holprige Knittelverse.« Schon Carl Friedrich Zelter klagte in einem Brief an Goethe vom 5. April 1827 über »die ganz verruchten deutschen Kirchentexte« und meinte, diese bildeten ein »Rezeptionshindernis«. Andernorts spricht er von der »allen Begriff übersteigenden Geschmacklosigkeit der meisten deutschen Kirchentexte damaliger Zeit«, die man »ignorieren, verdammen und doch auch wieder haben muß, um ihn [Bach] recht zu verehren«.

Eine Ausnahme bildet dagegen Günther Stiller, der zwar zuerst sagt, daß viele Texte uns »wohl immer fremd und zuweilen ausgesprochen anstößig bleiben werden«, die Bemerkung jedoch sofort relativiert: »Andererseits ist es keine Frage, daß Bachs Kantatentexte nicht als absolute, eben nur von ihrer Textgestalt her zu beurteilende Dichtungen uns heute interessieren und verstanden sein wollen, ja, daß sie bei konsequenter Beachtung ihrer biblischen und liturgischen Gebundenheit schon viel an Fremdheit und Anstößigkeit verloren haben und man immer wieder in das schon 1845 von Theodor Mosewius abgegebene Urteil einstimmen kann: ›Wem sie sich erschlossen, den stört die Form ihrer Sprache nicht.‹« Sollte Stiller wirklich seine Meinung auch aufrechterhalten bei dem Text der glänzenden Tenor-Arie aus der Kantate BWV 94 »Die Welt kann ihre Lust und Freud, / Das Blendwerk schnöder Eitelkeit, / Nicht hoch genug erhöhen. / Sie wühlt, nur gelben Kot zu finden, / Gleich einem Maulwurf in den Gründen / Und läßt dafür den Himmel stehen.«? Abgesehen davon, daß Maulwürfe keineswegs in der Erde nach gelbem Kot wühlen!

Jedenfalls hat sich Albert Schweitzer – trotz Mosewius' Urteil – an den Texten so gestört, daß er für das Rezitativ »O Sünder, trage mit Geduld« aus der Kantate BWV 114 »gebieterisch« eine »Umdichtung« verlangte. Anders ausgedrückt: Bei einer Aufführung der Kantate sollten die Worte durch einen netten, zeitgenössischen Text ersetzt werden. Und sein Ruf fand Gehör. Der Leipziger Gymnasiallehrer Rudolf Wustmann hat die Texte korrigiert, zurechtgefeilt und umgedichtet. Werner Neumann vermerkt dazu tadelnd im Vorwort zur Ausgabe *Sämtliche von Johann Sebastian Bach vertonte Texte*: »Hierfür befürwortet er nicht nur den Austausch von Einzelworten und Wortgruppen, sondern auch die Umdichtung ganzer Verszeilen und Reimgefüge. Die Gefahr, bei solchen poetischen Zurichtungen die erstrebte Perfektion meist nur durch Originalitätsverlust an den pittoresken, affektiven und drastisch-realistischen Barocktexten erkaufen zu können, hat Wustmann leider nicht immer erkannt.« Wer, neugierig geworden auf den Text, nach dessen Umdichtung

Schweitzer verlangt, diesen aufschlägt, liest folgendes: »O Sünder, trage mit Geduld, / Was du durch deine Schuld / Dir selber zugezogen! / Das Unrecht säufst du ja / Wie Wasser in dich ein, / Und diese Sündenwassersucht / Ist zum Verderben da / Und wird dir tödlich sein.«

Schweitzer stößt sich dabei vor allem an dem merkwürdigen, von dem Rezitativ-Dichter gebildeten Neologismus »Sündenwassersucht«. Doch solche Neologismen kommen sehr oft in den Kantaten vor. Die Rede war bereits von dem »Heilschlänglein« als Charakteristikum für Jesus. Und was sollen wir von »Andachtsflammen«, »Sodomsäpfeln«, »Trauerbrust«, »Höllenwolf«, »Kreuzesstamm« halten? Fast in jeder Kantate findet man derartige für heutige Ohren sonderbare Wörter. Zum Beispiel:

Verdoppelt euch demnach, ihr heißen Andachtsflammen
Und schlagt in Demut brünstiglich zusammen!
Steigt fröhlich himmelan
Und danket Gott vor dies, was er getan! (BWV 63)

Was aber die Texte für uns heute außer den häufigen Knittelversen und Neologismen so peinlich macht, sind die ständigen Anspielungen auf »Feinde«, auf »Satan«, »Satansränke«, »Satansbande«, auf »Sodom«, auf die »Hölle«, »Höllenpforten«, »Höllenwölfe«, »Höllensünden«. In einer der musikalisch schönsten Rezitative Bachs »Wenn die Mietlinge schlafen« aus der Kantate BWV 85 lauten die drei letzten Zeilen: »Denn sucht der Höllenwolf gleich einzudringen, / Die Schafe zu verschlingen, / So hält ihm dieser Hirt doch seinen Rachen zu.«

Ständig ist von Vergeltung, Rache und Ausrottung die Rede. Die Texte sind von bösartigem, ja verbissenem Groll durchzogen. Und dieser Groll, diese Wut und Rachsucht gelten allen Feinden

Jesu, obwohl es zu Bachs Zeiten, als noch fast jedermann gläubig war, gar nicht so viele gewesen sein können. Ein eklatantes Beispiel für diese Bösartigkeit liefert eine Arie aus der Kantate »Erhalt uns Herr bei deinem Wort« (BWV 126). Sie enthält keinen geringeren Wunsch, als daß der Feind zu Boden stürzen und der Abgrund ihn verschlingen möge. Bach hat die Zeile »Stürze zu Boden« mit einer sinkenden Tonleiterfigur illustriert. Am Ende der Figur finden wir einen Oktavsprung nach unten – so schlägt der Feind knallhart auf dem Boden auf. Ein krasser Realismus!

Nicht nur die Satanskinder, auch die Gläubigen werden in den Kantatentexten oft mit schrillen Umschreibungen bedacht. In der Kantate BWV 179 heißt es: »Das heutge Christentum / Ist leider schlecht bestellt: / Die meisten Christen in der Welt / Sind laulichte Laodicäer / Und aufgeblasne Pharisäer, / Die sich von außen fromm bezeigen / Und wie ein Schilf den Kopf zur Erde beugen, / Im Herzen aber steckt ein stolzer Eigenruhm; / Sie gehen zwar in Gottes Haus / Und tun daselbst die äußerlichen Pflichten, / Macht aber dies wohl einen Christen aus? / Nein, Heuchler könnens auch verrichten.« Auf dieses Rezitativ, bei dem man kaum begreifen kann, wie Bach es so überzeugend in Musik hat setzen können, folgt eine Arie auf den Text:

Falscher Heuchler Ebenbild
Können Sodomsäpfel heißen,
Die mit Unflat angefüllt
Und von außen herrlich gleißen.
Heuchler, die von außen schön,
Können nicht vor Gott bestehn.

Meiner Ansicht nach kein Text, der nach Umrankung durch eine passende Melodie verlangt, doch Bach hat sie komponiert und auch die Melodie zur nächsten Arie derselben Kantate, die mit den drolligen Zeilen endet:

Meine Sünden kränken mich
Als ein Eiter in Gebeinen,
Hilf mir, Jesu, Gottes Lamm,
Ich versink im tiefen Schlamm!

Befremdlich hingegen ist heutzutage der oft unverhüllt erotische Unterton in den Texten, die von der Liebe zu Jesu künden. In der Kantate BWV 82 finden wir die Zeilen: »Ich habe den Heiland, das Hoffen der Frommen, / Auf meine begierigen Arme genommen.« In der Kantate BWV 1 funkelt der Text: »Die Seelen empfinden die kräftigsten Triebe / Der brünstigsten Liebe …«

In der Kantate BWV 134 singen Alt und Tenor zu einer der fröhlichsten, entzückendsten Melodien von Bach: »Wir danken und preisen dein brünstiges Lieben / Und bringen ein Opfer der Lippen vor dich.« In der Kantate »Ich hatte viel Bekümmernis« (BWV 21) finden wir ein Duett von Sopran und Baß, das aus einer Oper stammen könnte. Zwei Liebende singen einander zu: »Nein, ach nein, du hassest mich!« / »Ja, ach ja, ich liebe dich!« Ein ähnliches Duett finden wir in der Kantate BWV 49: »Ich geh und suche mit Verlangen / Dich, meine Taube, schönste Braut.« Ausgesprochen und unverhüllt erotisch ist das folgende Duett Sopran-Baß aus der Kantate BWV 140, wobei die letzte alliterierende Zeile fast von Richard Wagner sein könnte.

Seele: Mein Freund ist mein!
Jesus: Und ich bin sein!
Beide: Die Liebe soll nichts scheiden!
Seele: Ich will mit dir ⎫
Jesus: Du sollst mit mir ⎭ in Himmels Rosen weiden,
Beide: Da Freude die Fülle, da Wonne wird sein!

Gelegentlich liefert der leicht erotische Unterton mancher Texte ein gar nicht so schlechtes Gedicht, wie zum Beispiel in der Kantate BWV 96:

> Ach ziehe die Seele mit Seilen der Liebe,
> O Jesu, ach zeige dich kräftig in ihr!
> Erleuchte sie, daß sie dich gläubig erkenne,
> Gib, daß sie mit heiligen Flammen entbrenne,
> Ach wirke ein gläubiges Dürsten nach dir!

Ein schöner daktylischer Rhythmus, gute Reime, eine gefällige Wortwahl, schöne Alliterationen in der ersten und letzten Zeile, wobei der Dichter den Satan tatsächlich ganz weggelassen hat! Bach hat den Text schön vertont. Eine hübsche Arie, ein schöner obligater Flötenpart, und doch hat dieser ausnahmsweise gut gelungene Text durchaus nicht die beste Musik mitbekommen. Bei Bach gibt es keinerlei direkte Beziehung zwischen der Qualität des Textes und der Musik.

Ist denn ein akzeptabler Text in den Kantaten wirklich eine Ausnahme? Gemessen an den vielen Knittelversen der Rezitative und den ebenso krampfhaft gereimten Arientexten leider ja. Zum Glück enthalten die Kantaten oft einen Eingangschor, der einen Bibeltext vertont. So unterlegte Bach den großartigen Anfangschor der Kantate BWV 104 mit Psalm 80, 2: »Du Hirte

Israel, höre, der du Joseph hütest wie der Schafe; erscheine, der du sitzest über Cherubim.« In den Bibeltexten fehlen die Knittelverse, die Unbeholfenheit, die Rachsucht und der erotische Unterton. Dasselbe gilt auch für viele Choräle, mit denen Bach seine Kantaten beschließt. Sie haben häufig lutherische oder pietistische Originaltexte, manchmal von großer Schönheit in ihrer kargen, oft grimmigen Einfachheit.

Auch gibt es viele Kantaten – die sogenannten Choralkantaten aus Bachs zweitem Jahr in Leipzig –, in denen Bach einfach sechs, sieben oder acht Strophen eines Chorals vertont hat, wie zum Beispiel in den Kantaten BWV 137, 100, 117 und 97. Oft sehen wir erstaunt, wie Bach die einzelnen Strophen, die einander in der Form so täuschend ähneln, zu ganz verschiedenen Arien umwandelt.

In der Kantate BWV 100 hat er sechs Strophen des Liedes »Was Gott tut, das ist wohlgetan« vertont. Sechs völlig verschiedene Musikstücke, allesamt außergewöhnlich schön, und als Höhepunkt die Alt-Arie im 12/8 Takt.

In der Kantate »Sei Lob und Ehr dem höchsten Gut« (BWV 117) hat er neun Strophen eines Liedes von Johann Jakob Schütz vertont. Acht der neun Strophen versah er mit nicht besonders hervorstechenden Melodien, nur einer, der siebten, gab Bach die vielleicht schönste Melodie, die er jemals komponiert hat. Und warum erhielt ausgerechnet die siebte Strophe diese unbeschreibliche Melodie? Man kann es, wenn man die Texte der neun Strophen vergleicht, einfach nicht verstehen.

Dasselbe gilt für die Kantate »In allen meinen Taten« (BWV 97). Auch hier setzte Bach neun Strophen eines Liedes von Paul Fleming in Musik. Der Text: schlicht, straff, genau, der von großer Demut kündet. Bach machte daraus eine wunderbare Kantate, Höhepunkt ist die Tenor-Arie »Ich traue seiner Gnaden«.

Warum zu diesem Text eine so außergewöhnlich schöne Arie, dazu ein unbegreiflich schönes Violinsolo?

Und damit kommen wir zu dem, worum es letztendlich geht: Wie ist es möglich, daß aus diesen Texten eine solch wunderbare Musik hervorgegangen ist? Denn ich stimme völlig mit dem Geiger Nathan Milstein überein, der in seiner Autobiographie schreibt: »Für mich sind Bachs Kantaten, seine *Matthäus-Passion* und die Messe in h-moll die schönste Musik, die je geschrieben wurde.«

Die Antwort auf die Frage, warum so viele schlechte Texte einem so großartigen Œuvre zugrunde liegen können, fällt nicht leicht. Ich kann, offen gestanden, darüber nur Vermutungen anstellen. Soviel dürfte sicher sein: Bach selbst hat die Texte, die er vertonte, nicht als schlecht, schwach oder unbeholfen empfunden. Das folgere ich nicht nur daraus, daß er sich nie darüber beschwert hat, sondern auch daraus, daß er sich mehrmals selbst als Textdichter versuchte und dann Texte von demselben betrüblichen Kaliber anfertigte wie die anderen Textdichter. In der Kantate »Warum betrübst du dich, mein Herz« (BWV 138), deren Textbearbeitung allgemein Bach selbst zugeschrieben wird, finden sich dieselben Knittelverse (»Mich drücken schwere Sorgen. / Vom Abend bis zum Morgen«) und dieselbe unbeholfene Wortwahl (»Ich bin verlassen, / Es scheint, / Als wollte mich auch Gott bei meiner Armut hassen«) wie in den Texten vieler anderer Kantaten.

Wichtig ist eine weitere Überlegung: Bach richtete sich zwar stark nach dem vorliegenden Text, ließ sich dabei aber oft von einem einzigen Wort, einem Ausdruck oder einer Phrase inspirieren. Auffallend ist zum Beispiel, daß er, wenn im Text vom Läuten der Totenglocke die Rede ist, immer diese Glocke ertönen läßt – in den Kantaten BWV 8, 95 oder 198. Dann beherrscht das Läuten der Glocke oder des Glöckleins (Kantate BWV 198) die gesamte Komposition. Weiterhin fällt auf, daß, kommen im Text Worte wie Schritte, Laufen, Wanken oder Eilen vor, dieses eine Wort Bach nicht selten zu den schönsten Stücken beflügelte. Der übrige Text tritt in den Hintergrund. Beispiele sind die Kantaten BWV 33, 78 und 111.

In der Kantate BWV 121 finden wir eine außerordentlich schöne Baß-Arie auf den Text »Johannis freudenvolles Springen«. Das Wort »Springen« hat Bach zu einer fröhlich hüpfenden, springenden, fast schwingenden Musik inspiriert. Dabei hat Bach offensichtlich vergessen, an welche Art des Springens von Johannes dem Täufer hier erinnert wird. Es handelt sich um die rührende Geschichte in Lukas 1,41. Die schwangere Maria grüßt Elisabeth, die guter Hoffnung mit Johannes dem Täufer ist: »Und es begab sich, als Elisabeth den Gruß Marias hörte, hüpfte das Kind in ihrem Leibe.« Das ist Johannis' freudiges Springen, zu dem Bach seine wundervolle Musik schrieb. Doch diese Musik ist zu lebendig, zu dynamisch, zu dionysisch, als daß man sie mit den vielleicht ein wenig wilden, aber doch notwendigerweise eingeschränkten Bewegungen eines Fötus im Mutterleib assoziieren könnte.

In der bereits früher erwähnten Kantate BWV 206 beginnt eine Arie mit den Worten: »Hört doch! der sanften Flöten Chor.« Unverzüglich schreibt Bach eine Arie, die von mindestens drei Flöten begleitet wird: einem Flötenchor also.

Daneben gilt natürlich, daß nicht so sehr die unbeholfenen Texte an sich als vielmehr die in ihnen enthaltene Botschaft, die unveränderlich von der feurigen Liebe für Jesus kündet, Bach inspiriert hat. Der Text einer der schönsten Arien, die Tenor-Arie aus der Kantate BWV 85, lautet:

> Seht, was die Liebe tut.
> Mein Jesus hält in guter Hut
> Die Seinen feste eingeschlossen
> Und hat am Kreuzesstamm vergossen
> Für sie sein teures Blut.

Fürwahr kein beeindruckender Text. Das Wort »Hut« ist nur herbeigezerrt wegen des Reimes auf »tut« und »Blut«. Auch »eingeschlossen« verdankt seine Anwesenheit der Notwendigkeit, daß sich etwas auf »vergossen« reimen mußte. Und »Kreuzesstamm« steht nur da, weil das Wort »Kreuz« für den Rhythmus zu kurz war. Doch der Botschaft, daß Jesus aus Liebe für die Seinen sein Blut am Kreuz vergossen hat, verdankt Bach einen seiner schönsten Einfälle.

Die Vermutung liegt nahe, daß Bach sich im allgemeinen nicht so sehr durch die schlechten Texte inspirieren ließ als durch seinen großen Glauben, seine innige Liebe zu Jesus. Doch auch dagegen läßt sich einiges einwenden. Nehmen wir die Alt-Arie aus der *Pfingstkantate* »O ewiges Feuer, o Ursprung der Liebe« (BWV 34). »Dies ist, so kann man behaupten, die schönste Arie, die Bach je komponierte«, sagt Alec Robertson in seinem Buch über die Kantaten. Und Alfred Dürr sagt in seinem Standardwerk über die Kantaten: »Mit Recht wird diese Arie zu den glücklichsten Eingebungen Bachs gezählt.« Der Text der Arie lautet:

> Wohl euch, ihr auserwählten Seelen,
> Die Gott zur Wohnung aussersehn.
> Wer kann ein größer Heil erwählen?
> Wer kann des Segens Menge zählen?
> Und dieses ist vom Herrn geschehn.

Kein besonderer Text, die letzte Zeile ist eine leere Phrase, hinzugefügt nur wegen des Wortes »geschehn«, das auf »ausersehn« reimen mußte. Auch hier könnte man annehmen, daß Bach durch den Gedanken an die auserwählten Seelen inspiriert wurde und in der Arie ein Bild der Himmlischen Seligkeit, des ewigen Jerusalems schildern wollte. Leider ist dem nicht so, denn die Arie schmückte ursprünglich eine Kantate, die Bach anläßlich der Hochzeit eines Pastors geschrieben hatte, die *Hochzeitskantate* (BWV 34a). Für diesen heiratswilligen Pastor sang also eines seiner Gemeindemitglieder:

> Wohl euch, ihr auserwählten Schafe,
> Die ein getreuer Jakob liebt.
> Sein Lohn wird dort am größten werden,
> Den ihm der Herr bereits auf Erden
> Durch seiner Rahel Anmut gibt.

Der Textdichter der Kantate BWV 34 hat also sehr geschickt einen Text mit demselben Rhythmus und derselben Silbenzahl angefertigt, wobei er hier und da auf die Worte der *Hochzeitskantate* zurückgriff. Das war nötig, damit Bach die Musik der *Hochzeitskantate* fein säuberlich auf die *Pfingstkantate* übertragen konnte. So geschah es, und so entstand ein unsterbliches Musikstück, das Bach auf die plumpen Verse über einen getreuen Pastor schrieb, der mit einer Frau belohnt wurde.

Wie unergründlich und unbegreiflich sind doch die Wege eines Genies. Wie ist es möglich, daß ein Komponist, durch einen solchen Text inspiriert, eine Arie schreibt, die nach meinem Dafürhalten zusammen mit den Tenor-Arien aus den Kantaten BWV 85 und 87, der Alt-Arie aus der Kantate BWV 117 und den Sopran-Arien aus den Kantaten BWV 149 und 151 zum Schönsten gehört, was Bach jemals komponiert hat? Doch wer die Texte der Arien aus den Kantaten BWV 85, 87, 117 und 149 näher betrachtet, versteht auch hier nicht, warum gerade diese Texte Bach zum Besten inspirierten, das er zu geben hatte. (Für den Text der Kantate BWV 151 trifft dies weniger zu.) Man kann daraus nur die Schlußfolgerung ziehen, daß der Text offensichtlich wenig oder gar nichts dazu beitrug, und daß Bachs Einfälle unabhängig von den Texten, die ihm vorlagen, entstanden sind. Das gilt manchmal auch für Mozart, Schubert und Verdi, doch bei ihnen ist die Kluft, die sich zwischen der Qualität der Musik und der Qualität des Textes auftut, nie so groß wie bei Bach. Wer die Texte studiert, die Bach in Musik setzte, verspürt letztlich eine noch viel größere Bewunderung für die unglaubliche Genialität Bachs – mit der ernüchternden Erkenntnis am Rande, daß diese Genialität offensichtlich nicht mit einem literarischen Gespür einherging.

Erst »Buß' und Reu'«,
dann »Weh' und Ach«?
Bach und die Theologie

In der Mittelschule benutzten wir im Religionsunterricht ein Buch von B. van Gelder, *Spoorzoeken in de bonte wereld van geloven en denken* (Spurensuche in der bunten Welt des Glaubens und Denkens). Zum Schluß wurden zweiundzwanzig Spurensucher dargestellt. Unter den renommierten Gottsuchern wie Augustinus, Sören Kierkegaard, Albert Schweitzer und Karl Barth wurde auch Johann Sebastian Bach als Wegweiser zum ewigen Leben genannt. Nach van Gelder, der sich in seiner Betrachtung über Bach fast ausschließlich auf die *Matthäus-Passion* bezieht, sind Verkündigung und Evangelium die »Hauptsache« in Bachs Werk, und die Musik hat »lediglich eine dienende und illustrative Bedeutung«. Für die Hörer der *Matthäus-Passion* gehe es dabei »um das persönliche Nacherleben des Leidens und Sterbens Christi«. Bachs Absicht sei allein die »Verkündigung der Gnade« gewesen.

Verkündigung und Evangelium aber sind in Mißkredit geraten, während Bach aufrechter dasteht denn je. Oder wie Mauricio Kagel bemerkt: »Nicht alle Musiker glauben an Gott, aber sie alle glauben an Johann Sebastian Bach.«

War Bach ein »Verkünder«? War er tief gläubig? Kann die *Matthäus-Passion*, wie Willem J. Ouweneel vor noch gar nicht langer Zeit bemerkte, »nur von einem Gläubigen wirklich verstanden werden«? Ouweneel meint sogar: »Ich wage zu behaupten, daß nur der gläubige Christ die Größe der *Matthäus-Passion* wirklich

erfassen kann, denn nur er kann so tief in den Text eindringen –
und damit auch in die Musik –, wie Bach selbst es getan hat.«
Ob Bach tief gläubig war – was ich übrigens, um kein Mißver-
ständnis aufkommen zu lassen, für sehr wahrscheinlich halte –,
läßt sich nur schwer feststellen. 1938 schrieb Hans Besch in seinem Buch *Johann Sebastian Bach. Frömmigkeit und Glaube:* »Wer in
der Biographie Bachs [...] nach Äußerungen seiner Frömmigkeit und seines Glaubens sucht, wird feststellen müssen: Die
Biographie Bachs schweigt, wenn auch nicht ganz, so doch weit-
hin über das Wichtigste.« In der Handvoll persönlicher Briefe,
die von Bach erhalten geblieben sind, findet sich keinerlei Äußerung über seine Auffassung des Evangeliums.
1962 sorgte Friedrich Blume auf dem Internationalen Bach-Fest
in Mainz mit seinem Vortrag *Umrisse eines neuen Bach-Bildes* für
große Aufregung. Er stellte darin mit der ihm eigenen Bered-
samkeit fest: »Der Erzkantor Bach, der schöpferische Diener am
Wort, der eherne Bekenner des Luthertums ist eine Legende.«
Seiner Ansicht nach komponierte Bach »nicht aus dem Willen
zu christlicher Verkündigung«. Natürlich brach daraufhin ein
Proteststurm los. Unter anderen übten Alfred Dürr und Friedrich Smend heftige Kritik. Meines Erachtens läßt sich nur wenig gegen Blumes bahnbrechende These einwenden. Die verwa-
schene Polemik der Gegner beweist einmal mehr, daß sich
überraschend wenig über Bachs »Frömmigkeit und Glauben«
sagen läßt.
In den dreißiger Jahren tauchte in den Vereinigten Staaten unerwartet Bachs Calov-Bibel auf. In dem hervorragend ausgestat-
teten Band *J. S. Bach and Scripture* hat Robin A. Leaver die bemer-
kenswerte Geschichte des Fundes ausführlich beschrieben. Die
Calov-Bibel enthält keinen vollständigen Bibeltext, sondern nur
eine Textauswahl. Die Abschnitte sind mit Kommentaren von

Martin Luther versehen. Das dreibändige Werk gelangte wahrscheinlich 1733 in Bachs Besitz, zumindest hat er in jenem Jahr sein Monogramm und seinen vollen Namen in das Buch eingetragen. Leaver läßt offen, ob Bach die drei Bände schon längere Zeit besaß und sie erst in jenem Jahr mit seinem Namen versah. Wie dem auch sei: Die Calov-Bibel gibt Aufschluß über Bachs Umgang mit der Heiligen Schrift. Hier und da hat er Stellen unterstrichen. Nach Leaver ist nicht ganz sicher, ob alle Unterstreichungen von Bach selbst stammen, doch Howard H. Cox meint, dies sei tatsächlich der Fall. Außerdem hat Bach, offensichtlich unzufrieden mit den von Calov ausgewählten Zitaten, einige Stellen mit Bibeltexten ergänzt. Wohl am interessantesten sind vier verhältnismäßig ausführliche Randbemerkungen von seiner Hand.

Zum 2. Buch Mose 15, 20 (»Und Mirjam, die Prophetin, Aarons Schwester, nahm eine Pauke in ihre Hand und alle Weiber folgten ihr nach hinaus mit Pauken im Reigen.«) hat Bach vermerkt: »NB. Erstes Vorspiel, auf 2 Choren zur Ehre Gottes zu musiciren.«

Zu einem Kapitel im Buch der Chronik, das ausführliche Angaben über Einrichtung und Kleidung, über »das Spiel von Harfen, Psaltern und Zimbeln« sowie die einzelnen Sänger enthält (1. Buch der Chronik, 25) schrieb er: »NB. Dieses Capitel ist das wahre Fundament aller Gottgefälligen Kirchen *Music*.«

Und zum 1. Buch der Chronik, 28 und 29, die unter anderem Davids Dankgebet enthalten: »NB. Ein herrlicher Beweiß, daß neben anderen Anstalten des Gottesdienstes, besonders auch die *Musica* von Gottes Geist durch David mit angeordnet worden.«

Schließlich vermerkte er zum 2. Buch der Chronik 5, 13 und 14 (»Und es war, als wäre es einer, der drommetete und sänge, als hörte man eine Stimme loben und danken dem Herrn. Und da die Stimme sich erhob von den Drommeten, Zimbeln und Saitenspielen und von dem Loben des Herrn, daß er gütig ist und seine Barmherzigkeit ewig währet, da ward das Haus des Herrn erfüllt mit einer Wolke, daß die Priester nicht stehen konnten, zu dienen vor der Wolke; denn die Herrlichkeit des Herrn erfüllte das Haus Gottes.«): »NB. Bey einer andächtigen Musique ist allezeit Gott mit seiner Gnadengegenwart.« (Man fragt sich übrigens, was Bach, der immerzu polyphon dachte, von der Mitteilung hielt, sie hätten »einstimmig« ein Lied hören lassen.) Aufgrund dieser vier Randbemerkungen in den Calov-Bänden scheint die Schlußfolgerung berechtigt, daß Bach in der Bibel nach einer Rechtfertigung für seine Kompositionspraxis suchte.

Außer der dreibändigen Calov-Bibel besaß Bach eine umfangreiche theologische Bibliothek. Robin A. Leaver zählt in einer Arbeit über Bachs *Theologische Bibliothek* genau auf, welche Bücher Bach besaß: mehr theologische Werke als jemals ein anderer Komponist. Müßte man daraus nicht folgern, daß Bach ein gläubiger Mensch war? Doch ich selbst, seit jeher ein ungläubiger Thomas, besitze mindestens ebenso viele theologische Bücher wie damals Bach. An sich beweist ein Regalbrett voll theologischer Werke nicht mehr, als daß sich jemand für theologische Probleme interessiert. Die frömmsten Gläubigen in meiner Jugend besaßen keine theologischen Bücher, ihnen genügte die Bibel. Auch dürfte Bach viele Bücher geschenkt bekommen haben.

Wie aus den Leipziger Kirchenregistern hervorgeht, hat Bach, gemeinsam mit seiner zweiten Frau und der Schwester seiner ersten Frau getreulich am Heiligen Abendmahl teilgenommen. Nach Günther Stiller (*Beicht- und Abendmahlsgang Johann Sebastian*

Bachs, in: *Musik und Kirche* 43, 1973) war Bach in Wirklichkeit als Abendmahlsgänger nicht ganz so eifrig. In denselben Registern steht weiter vermerkt, daß er in Leipzig vorzugsweise bei zwei Beichtvätern, Christian Weise und Christoph Wolle, die Beichte ablegte. Er hatte die Wahl unter fünf Beichtvätern, entschied sich aber – entgegen dem damaligen Brauch – nicht für den ältesten oder renommiertesten Prediger, sondern für einen gemäßigten Pastor. (Man fragt sich: Welche Sünden kann er bekannt haben? »Ehrwürdiger, in dieser Woche habe ich den Eingangschor der Kantate BWV 180 komponiert.«) Manches spricht dafür, daß er seine kirchlichen Pflichten weniger aus Überzeugung als vielmehr mit Kalkül erfüllte.

In zumindest einem Fall war dies früher anders. In Arnstadt erteilte man ihm eine Rüge, weil er während des Gottesdienstes einen Weinkeller besucht hatte. In den *Bach-Dokumenten* finden wir darüber folgendes: »Kirchenrat Arnstadt: ›Verweißen ihm daß er leztverwichenen Sontags unter der Predigt in Weinkeller gangen.‹ Bach: ›Sey ihm leid, solte nicht mehr geschehen, vnd hatten ihn bereits die Herren Geistlichen deswegen hart angesehen.‹« Das gefällt mir ausnehmend gut: Bach, der sich während einer stundenlangen Predigt heimlich aus der Kirche schleicht, um ein Gläschen Wein zu trinken! Schade, daß er es bereut hat.

Doch auch eine solche Jugendsünde sagt nicht viel aus über Bachs tiefe Gläubigkeit. Seine Musik kann uns vermutlich darüber viel besser Auskunft geben. Soviel ist jedenfalls sicher: Ohne gewisse theologische Kenntnisse bleiben uns manche Aspekte in Bachs Werk verschlossen.

Rechtfertigt das aber die Gründung einer »Internationalen Arbeitsgemeinschaft für die theologische Bachforschung«? War Bach ein musikalischer Kryptotheologe? Wie mir scheint, gibt es einen stichhaltigen Grund, um auf diesem Gebiet äußerst vorsichtig zu sein, nämlich das sogenannte »Bachsche Parodieverfahren«.

Vereinfacht ausgedrückt, besteht das Parodieverfahren darin, daß Bach, hatte er zu einem bestimmten Text ein Stück Musik komponiert, dieses später ohne erkennbare Skrupel in ein anderes Werk übernahm, wo es, versehen mit einem neuen Text, eine völlig andere Botschaft verkündete. Im Gegensatz zu anderen Komponisten hat Bach das Parodieverfahren erstaunlich oft praktiziert. Machte er dabei aus der Not eine Tugend? Mußte er so viel komponieren, daß er regelmäßig auf ältere Werke zurückgriff, deren Musik er mit neuen Texten versah? Oder wollte er die Musik, die er für »weltliche« Zwecke geschrieben hatte (Geburtstagsständchen für Fürstenkinder, Trauermusik für verstorbene Herrscher) und die nur zur einmaligen Aufführung bestimmt war, in geistlichen Werken »wiederverwerten«, da diese öfter aufgeführt wurden?

Wo immer von Bachs Parodieverfahren die Rede ist, fehlt nicht der Hinweis, daß Bach niemals Musik aus Kirchenkantaten in weltlichen Kantaten verarbeitet habe. Es sei immer umgekehrt: Weltliche Musik wird zu geistlicher Musik erhoben. So stellt Eidam etwas schwülstig in seiner Bach-Biographie fest: »Es gibt bei ihm zahlreiche Beispiele, daß er weltliche Musik für geistliche Zwecke neu verwendete, aber es gibt keine Beispiele in umgekehrter Richtung: Was er dem Gottes-Dienst geweiht hatte, trug er nicht wieder in die Welt hinaus. Wie auch Blumen aus dem Licht der Welt in die Kirche gebracht werden, aber es schon eine arge Profanierung wäre, eine vom Altar zu nehmen, um sie sich ins Knopfloch zu stecken.« Obwohl Eidam nicht lange zuvor dargelegt hat, wie Bach die »geistliche« Musik der *Matthäus-Passion* für die »weltliche« Trauermusik beim Tod des Fürsten

Leopold von Köthen verwendete. Offensichtlich brachte Bach es sehr wohl fertig, sich eine Altarblume ins Knopfloch zu stecken.

Auch Klaus Häfner, der ein phantastisches, unwahrscheinlich gelehrtes, aber durchaus nicht unumstrittenes Buch über die *Aspekte des Parodieverfahrens bei Johann Sebastian Bach* geschrieben hat, beharrt darauf, daß Bach nie vom »Geistlichen« zum »Weltlichen« hin parodierte, und benutzt dies als Argument für die Schlußfolgerung, die Trauermusik für Fürst Leopold müsse *vor* der *Matthäus-Passion* entstanden sein. Dennoch liefert er auf Seite 451 seines Buches ein hübsches Beispiel für das Gegenteil: Der Schlußchor in G-Dur der Kirchenkantate »Erwünschtes Freudenlicht« (BWV 184) wurde 1733 nach F-Dur transponiert und diente nun als Schlußchor für die weltliche Kantate »Laßt uns sorgen, laßt uns wachen« (BWV 213), die dem Fest zur Geburt des Prinzen Friedrich Christian von Sachsen musikalischen Glanz verlieh. In derselben Kantate wird übrigens durch die »Wollust« (Sopran) ein Kindlein mit einem wunderschönen Wiegenlied zu Bett gebracht, mit dem später im Weihnachtsoratorium das Jesuskind in den Schlaf gewiegt wird. Ganz gewiß hat hier nicht Bachs »tiefe Gläubigkeit« als Inspirationsquelle gedient. Dasselbe gilt auch für das Duett »Herr, dein Mitleid, dein Erbarmen«. Wer glauben möchte, Bach habe sich hier durch das Mitleid Jesu inspirieren lassen, dem muß leider gesagt werden, daß auch dieses Duett aus *Herkules auf dem Scheide-Wege*, der Kantate BWV 213, stammt. In diesem Werk singen Herkules und die Tugend mit einem ganz anderen Text einander fröhlich zu: »Ich bin deine«, »Du bist meine«. Also auch hier keine »tiefe Gläubigkeit« als Inspirationsquelle.

Das gilt, entgegen Willem J. Ouweneel, wahrscheinlich auch für Teile der *Matthäus-Passion.* Jahrelang sind sich die Bach-Forscher –

wie oben bereits angedeutet – in die Haare geraten über die Frage, was früher entstanden sei: die *Matthäus-Passion* oder die Köthener Trauermusik. Der Anlaß für die Trauermusik (BWV 244a) war der Tod von Bachs ehemaligem geliebtem Brotherrn zu Anhalt-Köthen, dem kalvinistischen Fürsten Leopold, der am 19. November 1728 im Alter von nur 33 Jahren starb. (Daß der Lutheraner Bach ohne Vorbehalt bei einem Kalvinisten den Dienst angetreten hatte, läßt vermuten, daß Bach in theologischer Hinsicht eher ein Opportunist als ein Fanatiker war.) Die Trauerfeier fand erst Ende März des darauffolgenden Jahres statt. Bach erhielt den Auftrag, zwei Musikstücke zu komponieren: ein Werk, von dem wir nichts weiter wissen, als daß es am 23. März 1729 aufgeführt wurde, und die vierteilige Kantate »Klagt, Kinder, klagt es aller Welt«. Das gesamte Werk ging verloren, doch zehn der vierundzwanzig Sätze, aus denen die Komposition bestand, sind in ihrer Musik identisch mit zehn Sätzen der *Matthäus-Passion.* Außerdem verwendete Bach Musik aus der Trauerode (BWV 198), die er laut Arnold Schering später auch in der verlorengegangenen *Markus-Passion* verwendet haben soll. (Ich benutze absichtlich die Worte »haben soll«, weil Ton Koopman unlängst mit einer völlig anderen Rekonstruktion der *Markus-Passion* Aufsehen erregte. Seiner Ansicht nach gibt es keinen Beweis dafür, daß die Musik der Trauerode später der verlorenen *Markus-Passion* einverleibt wurde.)

Da Bach bekanntlich niemals Musik aus einem geistlichen Werk für weltliche Zwecke benutzt haben soll, muß die Köthener Trauermusik nach der Meinung der Bach-Forscher der *Matthäus-Passion* vorangegangen sein. Aber auch falls »Klagt, Kinder, klagt es aller Welt« *vor* der *Matthäus-Passion* entstanden sein sollte, kann die Inspiration, etwa zum Schlußchor der *Matthäus-Passion*, nicht aus Bachs »tiefer Gläubigkeit« und seinem »Hang zur

Verkündigung« hervorgegangen sein. Dann hätte Bach zuerst seinem Fürsten die Worte zugesungen »Die Augen sehn nach deiner Leiche«, um sich später mit denselben Noten um Jesu willen »in Tränen nieder« zu setzen. Wer will da behaupten, »nur der gläubige Christ« könne eine solche Musik zutiefst mitfühlen? Vielmehr dürften nur diejenigen, die Fürst Leopold gekannt hatten, diese Musik wirklich nachempfunden haben. Zutreffend ist in diesem Zusammenhang eine Bemerkung von Friedrich Blume: »Aber für Bachs Selbstverständnis und damit für unser Bach-Bild macht es doch einen gewaltigen Unterschied, ob ein Werk aus seinem Text heraus konzipiert oder nur nachträglich auf diesen Text umgeschrieben worden ist.«

Seit den Untersuchungen von Joshua Rifkin und anderen englischen Bach-Forschern stimmen fast alle bis auf Klaus Häfner darin überein, daß die *Matthäus-Passion vor* der Trauermusik entstanden ist. In diesem Fall erhebt sich wiederum die Frage: Wie konnte Bach die Musik, mit der er zuerst den Tod des Herrn verkündet hatte, mit solch scheinbarer Unbekümmertheit in ein anderes Werk übertragen, das den Tod seines ehemaligen Dienstherrn beweint? Erst »Buß' und Reu'« wegen der Sünden, dann »Weh' und Ach« für Fürst Leopold? Erst »Mache dich, mein Herze, rein, / Ich will Jesum selbst begraben«, dann zu denselben Tönen »Bleibet nur in eurer Ruh, / Ihr erblaßten Fürsten Glieder«? Erst »Aus Liebe will mein Heiland sterben«, dann mit demselben ergreifenden Flötensolo: »Mit Freuden sei die Welt verlassen«? (Oder, wenn Häfner recht hat, umgekehrt?) Kann in einem solchen Fall »nur der gläubige Christ« wirklich verstehen, weil er allein »tief in den Text einzudringen« (Willem J. Ouweneel) vermag? Doch in welchen Text dringt der Gläubige tief ein? Laut Häfner hat Bach die prächtige Baß-Arie »Mache dich, mein Herze, rein« sogar ursprünglich auf den Text »Schlüsset euch, ihr Himmel, auf!/Öffnet eure Segens-Güsse« komponiert.

Sämtliche Texte sind für Bach offensichtlich austauschbar. Emil Platen sagt in seinem ausgezeichneten Buch über die *Matthäus-Passion*: »Jedenfalls ist die Überzeugung, daß – um ein Beispiel anzuführen – die Musik des innigen Sopransolos ›Aus Liebe‹ im Hinblick auf den Heiland erdacht wurde und nicht auf den wohl mehr pflichtgemäß betrauerten Fürsten von Anhalt-Köthen, bisher durch kein Argument widerlegt worden.« Hier ist deutlich der Wunsch der Vater des Gedankens. Doch selbst wenn das Sopran-Solo »in Hinblick auf den Heiland erdacht wurde« (was Häfner aus guten Gründen bezweifelt), ist es dann nicht merkwürdig oder gar ein Sakrileg, daß Bach die sublime, durch den Heiland inspirierte Musik unbekümmert mit einem anderen Text versah? Platen hofft zwar, die *Matthäus-Passion* sei zuerst dagewesen, sagt aber dennoch: »Wenn die Trauermusik wirklich das Urbild war«, hat »man sich folglich damit abzufinden, daß eine Musik, welche die Empfindungen eines gläubigen Christen bei der Betrachtung der Leidensgeschichte Jesu so authentisch zum Ausdruck zu bringen scheint, ursprünglich für die Grabmusik eines Landesfürsten geschaffen wurde«.

Genauso jedenfalls ging Bach bei der *Markus-Passion* vor. Er komponierte den sublimen Eingangschor der Kantate BWV 198 auf den Text »Laß, Fürstin, laß noch einen Strahl«. Danach hat er der Musik den Text »Klagt, Kinder, klagt es aller Welt« zugeordnet. Und erst nachdem Fürst und Fürstin genügend geehrt waren, wurde laut Schering (was Koopman allerdings bestritten) dieselbe Musik, nun versehen mit dem Text »Geh, Jesu, geh in deiner Pein« zum Eingangschor der leider verschollenen *Markus-Passion* erhoben. Der gläubige Christ vermag vielleicht tiefer in den Text über die Pein Jesu einzudringen, doch ob er dadurch die Musik, mit der zuerst der Tod des Fürsten und der Fürstin betrauert wurde, so viel besser versteht als ein Ungläubiger, darf doch hinterfragt werden. Ich vermute eher, daß ein gläubiger Christ peinlich berührt ist, daß Jesus offensichtlich mit einer Fürstin und einem Fürsten austauschbar ist. Oder kann man sich hier mit einer Bemerkung von Murray Young in seinem Buch über Bachs Kantaten behelfen, daß für Bach »all seine Musik Gotteslob, sowohl die Kirchenmusik als auch die höfische«, war? Läßt sich dadurch verstehen, daß Bach die Musik der ergreifenden »Erbarme dich«-Arie in der Grabmusik des Fürsten Leopold mit dem Text »Erhalte mich, Gott, in der Hälfte meiner Tage« unterlegte? Wenn beides »Gotteslob« ist, was macht es da aus, ob man mit dieser Musik um »Erbarmen« fleht oder um »Erhaltung«?

Albert Schweitzer vertrat die Meinung, daß es sehr wohl etwas ausmache, und ließ über die Wiederverwendung der Musik aus der *Matthäus-Passion* zur Trauermusik für Fürst Leopold bemerkenswert harte Worte darüber fallen, »daß die Umdichtung auf die poetischen und malerischen Intentionen der Musik nicht die mindeste Rücksicht nahm. Es ist kaum glaublich, daß der Bach, der die *Matthäus-Passion* geschrieben hat, und der, der diese Musik mit allem, was sie ausdrückt, in der Parodie mit Füßen trat, ein und dieselbe Persönlichkeit sind.«

Was für die *Matthäus-Passion*, das Weihnachtsoratorium, viele Kantaten und die kleinen Messen gilt, gilt ebenso für die Messe in h-moll. Auch sie wurde zu einem beträchtlichen Teil aus früheren Werken kompiliert. Klaus Häfner versucht in seinem Buch nachzuweisen, daß viele Teile der h-moll-Messe, von denen man annahm, daß Bach sie neu komponiert habe, aus alten weltlichen Kantaten stammen, deren Text erhalten blieb, deren Musik jedoch verlorenging. Häfner erklärt plausibel, daß der ursprüngliche Text zur Musik des Duetts »Et in unum Dominum« lautete: »Ach wie süße, / Sind die Küsse«. Die Arie entstammt einer verschollenen Tafelmusik, die anläßlich einer Hochzeit komponiert wurde. Um über diesen Text tiefer in die Kuß-Musik eindringen zu können, erscheint mir »tiefe Gläubigkeit« nicht unbedingt erforderlich. Auch die Arie »Et in Spiritum Sanctum« wurde nicht neu geschaffen, sondern geht vermutlich auf eine Arie zurück mit dem Text: »Rühm' und lobe, sing' und preise«. Dazu sagt Häfner: »Wenn sich nun herausstellt, daß die Arie Parodie ist, dann zeigt das wieder einmal, wie vorsichtig man mit hintergründigen theologischen Deutungen bei Bach sein muß; so hat man in den beiden Oboi d'amore schon das friedliche Nebeneinander der beiden Konfessionen, also eine Art Vision Bachs von religiöser Toleranz, ja ökumenischem Miteinander, sehen wollen.«

Zugegeben, Klaus Häfners Schlußfolgerungen sind nicht unumstritten. Im Bach-Jahrbuch 1990 wurde er von Hans-Joachim Schulze ziemlich hart angegriffen. Unangefochten bleibt jedoch, daß Bach manchmal sonderbar leichtfertig mit seiner Musik umging. Ein wiederkehrendes Argument, um Bachs Vorgehen zu rechtfertigen, ist Murray Youngs Begriff des »Gotteslobs«, und Albert Clement schreibt: »Für einen Barock-Komponisten gibt es in einer Zeit, als ungefähr jeder dem Christentum sein Lippenbekenntnis erwies, keinen prinzipiellen Unterschied zwischen geistlicher und weltlicher Musik: für jede Musik galt SDG (Soli Deo Gloria). Es ging um die Qualität des Kunstwerks selbst: Das Kunstwerk sollte die Schöpfung widerspiegeln, das Kunstwerk des Obersten Schöpfers, an den man glaubte. Deshalb dichtete bereits Luther ohne jede Zurückhaltung die frömmsten Texte zu den weltlichsten Melodien. Aus theologischer Sicht wurde damit die Frage, was früher da war, die Trauermusik oder die *Matthäus-Passion*, völlig irrelevant.«

Auch für Bach dürfte es also kein Problem gewesen sein, geistliche Musik in weltliche Kantaten umzuwandeln. Immerhin gibt es keinen prinzipiellen Unterschied zwischen geistlicher und weltlicher Musik, für jede Musik gilt SDG. Dessen ungeachtet war Bach sehr zurückhaltend, wenn es um die Übertragung bereits in Kirchenkantaten enthaltener Musik in weltliche Kantaten ging. Mit anderen Worten: Für Bach gab es in dieser Hinsicht sehr wohl einen Unterschied.

II

Der Bach der Kantaten
und des *Wohltemperierten Klaviers*
Der Bach der Suiten und Sonaten
Der Bach der Violinkonzerte
und *Matthäus-Passion*

»… meine tiefste, größte und dauerhafteste Liebe gilt
Johann Sebastian Bach, und vor allem … dem Bach,
der die schönsten Melodien überhaupt komponiert hat …«
Aus: *Das Wüten der ganzen Welt*

»Als käme die Musik geradewegs vom Himmel herab« Die Kantaten

Oft bedaure ich, daß ich in den ersten zwanzig Jahren meines Lebens von der Wunderwelt der Bachschen Kantaten kaum etwas geahnt habe. Dennoch habe ich schon in frühester Jugend, wie eine Vorankündigung dessen, was mich erwartete, einen Vorgeschmack bekommen vom »Imponierendsten, was jemals in diesem Genre geschrieben wurde« (Simon Vestdijk). Als ich etwa acht Jahre alt war, hörte ich im Hause eines Freundes zum erstenmal die Klavierbearbeitung von Myra Hess des Chorals »Wohl mir, daß ich Jesum habe« aus der Kantate BWV 147. Da ich bis dahin mit der kargen Kost von hundertfünfzig Psalmen und neunundzwanzig Kirchenliedern aufgewachsen war, machte ich dabei eine der einschneidendsten Erfahrungen meines Lebens. Ich konnte es kaum fassen, daß es so etwas Wunderbares gab. Da mir die Melodie ständig entglitt, wollte ich sie immer wieder hören. Zum Glück prägte sie sich schließlich, nachdem ich bei demselben Freund eine 45er Schallplatte mit Pierre Palla an der Orgel mehrfach angehört hatte, so fest in mein Gedächtnis ein, daß sie mir auf Abruf zur Verfügung stand und ich sie auf der Straße nachpfeifen konnte.

Hier liegt der Ursprung meiner Liebe zur klassischen Musik. Ich fand (und finde) die Melodie so schön, daß sie zum Maßstab für mich wurde. Alles, was ich später hörte, wurde daran gemessen. So kam es, daß in den sechziger Jahren die Melancholie der Beatles, Elvis Presley und die Rolling Stones völlig an mir vorbeigingen. Die Choralbearbeitungen Bachs waren unendlich viel schöner. Auch so schrecklichen Dingen wie dem Jazz bin ich dank Bach nie anheimgefallen. Wenn ich im trüben Nieselregen durch die Straßen ging, brauchte ich nur die Triolenketten leise zu pfeifen, und dann wußte ich wieder: Das ist es, darum geht es, das ist das Schönste, was es gibt.

Lange habe ich geglaubt, es gebe nichts auf der Welt, was mich ebenso beeindrucken könne. Außerdem meinte ich, der sonst für mich so schemenhafte Herr Bach könne nur einmal im Leben einen solchen Einfall gehabt haben. Bis ich an einem Nachmittag, als wir die Immanuelkirche in Maassluis mit weihnachtlichem Grün schmückten, Bachs eigene Orgelbearbeitung des Chorals »Ach bleib bei uns, Herr Jesu Christ« aus der Kantate BWV 6 hörte, die der Organist Koos Bons für ein Neujahrskonzert übte. Als das Stück zu Ende war, fragte ich ihn, ob er es nochmals spielen könnte. Er schaute vom Spieltisch auf, murmelte unwirsch: »Warum?«, sah dann meine feuchten Augen und fragte: »Fandest du das denn so schön?« Ich konnte nur nicken, und er spielte abermals »Ach bleib bei uns, Herr Jesu Christ«.

Später, als ich Unterricht bei ihm nahm, bin ich oft auf dieses zweite Bach-Erlebnis zu sprechen gekommen. Wie alle Lehrer, die ich später verschliß, wollte auch er mir andere Komponisten zu spielen geben als Bach. Offen gesagt hielt ich das, auch wenn ich es nie laut zu äußern wagte, einfach für Zeitverschwendung. Wenn ich erst den gesamten Bach durchgearbeitet hätte, meinte ich, könnten die anderen Komponisten, falls erwünscht, immer noch drankommen. Selbst als Anfänger braucht man nicht auf andere Komponisten auszuweichen. Bach hat schließlich auch einfache Präludien und Fughetten geschrieben.

Als Bons mich wieder einmal Händel spielen lassen wollte, sagte ich: »Aber was ist denn schöner als die von Bach selbst vorgenommene Orgelbearbeitung von ›Kommst du nun, Jesu, vom Himmel herunter‹ aus der Kantate BWV 137?« »Noch viel zu schwer«, sagte er, »doch ich will dich nicht davon abhalten.« Daraufhin habe ich geübt, bis mir die Finger weh taten.

In den ersten Jahren meines Orgelunterrichts spielte ich oft eine Bearbeitung der Sopran-Arie aus der Kantate BWV 68, die ich in einem Album für Harmonium gefunden hatte. Bach parodiert darin eine Arie, die schon in der frühen Kantate BWV 208 enthalten ist. Wenn der Sopran in der Kantate BWV 68 zu Ende gesungen hat, spielen die Instrumente noch eine gute Weile weiter. Es ist hinreißend, scheint es doch, als gingen die Instrumente mit den Spielern durch, als würden diese wie im Rausch immerzu munter weiter streichen und blasen: so lebhaft, so lebenslustig, so glücklich. »Eine durch ihre Frische bezaubernde Melodie«, sagt Vestdijk. Zugegeben, das stimmt, aber all das wird von der lauthals gesungenen, herzerfrischenden, unbekümmerten Freude übertroffen.

So hatte ich, ohne zu ahnen, daß mich noch über zweihundert Kantaten erwarteten, schon vier Wunderwerke kennengelernt. Doch glaubte ich auch dann noch, als ich schon viele Instrumentalstücke von Bach kannte, die Kantaten seien nur Gelegenheitsarbeiten gewesen, und der Komponist, der sie in großer Eile zu kirchlichen Zwecken komponiert hatte, könne unmöglich sein Bestes gegeben haben. Rudimente dieser Auffassung tauchen auch heute noch in den Werken echter Bach-Kenner auf. So sagt Geck: »In den gewöhnlichen Sonntagskantaten, die oftmals ja unter erheblichem Zeitdruck geschrieben werden mußten, gibt es immer wieder das eine oder andere konventionell anmutende Stück.« Erst als ich bei Freunden zum erstenmal eine Plattenaufnahme der Kantate BWV 104 hörte, wurde mir klar, daß meine Auffassung absolut falsch war. Ich habe schon oft, unter anderem in meinem Roman *Das Wüten der ganzen Welt*, beschrieben, wie sehr mich das Erlebnis erschüttert hat, und will das hier nicht wiederholen, möchte aber hinzufügen, daß meine allererste Erfahrung mit »Du Hirte Israel, höre« mir ein falsches Bild der Bachschen Kantaten vermittelt hat. Die Kantate BWV 104 ist einzigartig, da das Werk von Anfang bis Ende dieselbe pastorale Atmosphäre ausstrahlt. Es ist ein vollkommenes Kunstwerk, eine Komposition aus einem Guß. Für die meisten anderen Kantaten trifft das nicht oder in viel geringerem Maße zu. Es gibt nur wenige Kantaten, die sich vom ersten Takt an auf demselben hohen Niveau halten und den Eindruck eines abgerundeten Kunstwerks machen, dessen Atmosphäre das ganze Stück hindurch erhalten bleibt. Die Kantate »Laß, Fürstin, laß noch einen Strahl« (BWV 198) ist eine solche Komposition, eine wunderbare Trauerode mit einem ergreifenden, schmerzlichen Eingangschor, mit stimmungsvollen Arien, sublimen Rezitativen (insbesondere »Der Glocken bebendes Getön«) und einem hinreißend schönen Schlußchor. Einen etwas anderen Ton stimmt der motettenartige strenge Schlußchor an, mit dem der erste Teil der Trauerode endet, ein gleichfalls sehr ergreifendes Stück. Auch die Kantate »Gottes Zeit ist die allerbeste Zeit« (BWV 106), ein vielgepriesenes Meisterwerk aus Bachs jungen Jahren, ist eine solche sublime Komposition, in der von Anfang bis Ende dieselbe Atmosphäre herrscht.

Betrachten wir dagegen die Kantate »Sei Lob und Ehr dem höchsten Gut« (BWV 117). Ein gefälliges Werk, aber das ist doch nicht der Bach, für den man alle übrige Musik bis auf Mozarts Opern und Schuberts Streichquintett hergeben würde. Und dann plötzlich, kurz vor dem Ende, erhebt sich jene Alt-Arie, über die Simon Vestdijk zu Recht schreibt: »Eine der schönsten Arien, eine noble, ergreifende Melodie in punktiertem Rhythmus und Triolen, bewundernswert große Linie, unvergeßlicher Höhepunkt, ebenfalls außergewöhnlicher Schluß, Wendung zur Subdominante.« Auch in dieser Alt-Arie hat Bach ein Glücksgefühl sublimiert. Doch es ist ein anderes, introvertierteres Glücksgefühl als in der Sopran-Arie aus der Kantate »Also hat Gott die Welt geliebt« (BWV 68). Es geht tiefer, es ist eine warme Glut im Innersten, etwas Unantastbares und Unverwüstliches. Was hat Bach empfunden, als er so etwas geschaffen hat? Welche überströmende Lebendigkeit und Freude muß in seinem Innern geherrscht haben. Und dazu die handwerkliche Fähigkeit, die Quintessenz seinen Mitmenschen großzügig mitzuteilen. Nicht einmal bei Mozart findet man eine solch sprühende Wärme und himmlische Freude.

Nachdem ich die Kantate BWV 104 gehört hatte, stand für mich fest: Was auch immer in meinem Leben geschehen würde, ich wollte alle Kantaten Bachs gründlich kennenlernen. Das hatte höchste Priorität, das war meine dringlichste Pflicht, die Aufgabe aller Aufgaben. Doch in den sechziger Jahren war das alles andere als einfach. Sofern es überhaupt Plattenaufnahmen der Kantaten gab, waren diese gar nicht oder nur schwer erhältlich. Sollte ich, wie Vestdijk es getan hatte, die Partituren der Kantaten aus der Openbare Bibliotheek in Den Haag ausleihen und Stück für Stück auf dem Klavier nachspielen? Ich habe es versucht, gewann jedoch keinen gültigen Eindruck der ausgeliehenen Werke. Meine ohnehin schon große Bewunderung für Vestdijk, der die Kantaten, wie er sagt, in Zwanziger-Gruppen erarbeitet hat, ist daraufhin gewaltig gewachsen. Wie aus dem ausführlichen Artikel hervorgeht, den er in *Muziek in blik* (1960) über seine Erfahrungen mit den Kantaten veröffentlichte, hat er in dem immensen Œuvre Bachs viele Perlen entdeckt. Eine Anzahl der schönsten Chöre hat er zwar übersehen, aber das ist nicht verwunderlich. Die Qualität einer Chormusik läßt sich nicht auf dem Klavier einschätzen. Chormusik muß man hören. Viele nehmen es Vestdijk übel, daß er die Chöre und Arien wie mit Schulnoten bewertete. Mich stört das nicht, es hat sogar etwas Rührendes, wenn er mit den höchsten Noten nicht mehr auskommt und noch ein Plus und/oder ein Ausrufungszeichen hinzufügt. Als ich die Kantaten gut zu kennen glaubte, habe ich ihm einen Brief geschrieben, in dem ich die schönsten Chöre und Arien aufzählte, die er meiner Meinung nach übersehen hatte: die Eingangschöre der Kantaten BWV 6, 43, 103, 105, 109, 112, 127 und 140; die Tenor-Arien aus den Kantaten BWV 85, 87 und 97; die Sopran-Arien aus den Kantaten BWV 149 und 151; die Baß-Arie aus der Kantate BWV 121; die Duette aus den Kantaten BWV 3 und 101. Und warum, fragte ich, hatte er die hervorragende Sinfonia in der Kantate BWV 42 nicht besprochen? Er schrieb zurück, er habe längst bemerkt, daß seine Bach-Benotung einer Verbesserung bedürfe. Die Sinfonia in der Kantate BWV 42 erwähnte er mit keinem Wort.

Bevor ich den ziemlich vorlauten Brief schrieb, hatte ich ein Dutzend Jahre der Aufgabe aller Aufgaben gewidmet. Von allen vergleichbaren Vorsätzen, die ich während meines Lebens gefaßt habe (alle 104 Sinfonien von Haydn, alle Schubert-Lieder, alle Sonaten von Domenico Scarlatti, die Werke KV 1 bis KV 626 von Mozart, alle Opern von Verdi), gewährte mir dieser – neben dem Ziel, das ganze Œuvre Mozarts kennenzulernen – die größte Genugtuung, die ich mir selbst jemals verschafft habe. Da es jedoch damals, im Gegensatz zu den Sinfonien von Haydn, den Liedern von Schubert, den Sonaten von Scarlatti, den Werken Mozarts und den Opern von Verdi, von den Kantaten kaum Schallplattenaufnahmen gab, erhielt jede Kantate, die ich meiner Sammlung hinzufügen konnte, einen einzigartigen Wert. Von der Kantate BWV 104 kaufte ich eine MMS-Aufnahme mit einer Wiedergabe der Kantate »Ein feste Burg ist unser Gott« (BWV 80) auf der Rückseite. Das Lob dieser bekannten *Reformationskantate* brauche ich nicht eigens zu singen. Von dem monumentalen Eingangschor bis zum sublimen Duett reißt uns der große Bach mit in einen Wirbelsturm großartiger Musik, in der alle Fäuste geballt werden, um dem Teufel auf den Leib zu rücken.

Meine dritte Kantate trug die Nummer 170. In der Auslage eines Schallplattengeschäfts sah ich eine verbilligte Archiv-Aufnahme. Ich hatte kein Geld bei mir, ging aber trotzdem in den Laden und fragte, ob ich ein Stück daraus anhören könne. In einer klaustrophobisch engen Kabine hörte ich aus den kleinen Lautsprechern, die an die Decke montiert waren, die Eingangstakte der Kantate »Vergnügte Ruh, beliebte Seelenlust« (BWV 170). Ich werde es nie vergessen. Als käme die Musik geradewegs vom Himmel herab. Bis ins Innerste aufgewühlt, trat ich aus der Kabine. Ich konnte kaum sprechen und murmelte, schwer schluckend: »Ich würde die Aufnahme schrecklich gern kaufen, aber ich habe leider kein Geld.« Der Ladenbesitzer sah mich forschend an und sagte: »Nimm sie nur mit.«

Auf der Rückseite der hochgepriesenen Kantate BWV 170 gab es eine Aufnahme der Kantate »Meine Seele rühmt und preist« (BWV 189). Sie konfrontierte mich mit einem weniger angenehmen Aspekt der Werke Bachs. Die Echtheit dieser Kantate wird angezweifelt. Irgendwie habe ich das sofort gespürt und habe deshalb die Kantate leider nie unbefangen und vorurteilslos hören können. Ich weiß noch immer nicht, wie ich sie beurteilen soll. Im Grunde ist es eine gefällige Komposition, obwohl sich kein Stück daraus im entferntesten mit der ersten Arie aus der Kantate BWV 170 messen kann. Nun ja, schließlich gehört diese zu den schönsten Eingebungen Bachs. Wie der Eingangschor einer anderen Kantate, die ich dank einer Archiv-Aufnahme kennenlernte: »Liebster Gott, wenn werd ich sterben« (BWV 8). Übrigens wollte ich noch nicht sterben. Jedenfalls nicht, bevor ich alle Kantaten von Bach kennengelernt hatte. Jahrelang hatte ich sogar Angst: Ich könnte sterben, bevor ich alle gehört hatte. Außer den seltenen Plattenaufnahmen gab es nicht viele Gelegenheiten, die Kantaten kennenzulernen. Nach Live-Aufführungen in Gottesdiensten oder Konzertsälen hielt ich vergeblich Ausschau; sie kamen erst Ende der siebziger Jahre auf. Es gab aber eine andere Möglichkeit, sich mit den Kantaten vertraut zu machen: Wenn eine – was höchst selten vorkam – im Radio gesendet wurde, konnte man sie aufnehmen, falls man einen Kassettenrecorder besaß. So kaufte ich von meinem ersten verdienten Geld einen Sony-Recorder, mit dem ich eine Anzahl Kantaten aufnahm. Eine meiner besten Aufnahmen ist die der Kantate »Was Gott tut, das ist wohlgetan« (BWV 100): ein prächtiger, lebhafter Eingangschor (auch schon in der Kantate BWV 99 vorhanden), eine glänzende Alt-Arie und eine wunderschöne Sopran-Arie.

Zum Glück erschienen in den durch die Beatles, durch Minirökke, sexuelle Revolution und Kuba-Krise geplagten sechziger Jahren bei Erato nach und nach Aufnahmen von *Les Grandes Cantates de Johann Sebastian Bach* unter der Leitung von Fritz Werner. Fast jede Aufnahme kam einer Offenbarung gleich, manche sind bis heute unübertroffen. Niemand hat die prächtigen Eingangschöre der Kantaten BWV 104 und 180 vollkommener interpretiert als Werner.

Durch Werners Einspielungen konnte ich mir endlich die Alt-Arie aus der Kantate »O ewiges Feuer, o Ursprung der Liebe« (BWV 34) wiederholt anhören. Ich kannte die Arie schon etwas, weil ich die Kantate einmal an einem frühen Sonntagmorgen im deutschen Rundfunk gehört hatte, das Ohr eng an den Lautsprecher gepreßt, um ja nichts von den Klängen, die sich kaum vom Rauschen abhoben, zu versäumen. Angenommen, man kennt das gesamte Œuvre von Bach, hat aber noch nie die Alt-Arie aus der Kantate BWV 34 gehört. Wie würde man reagieren, wenn man der Musik zum erstenmal lauscht? Würde man denken: Dies ist das Schönste, was Bach jemals komponiert hat?

Wie bereits zitiert, sagt Alec Robertson in seinem Buch über die Kantaten: »Dies ist, so kann man behaupten, die schönste Arie, die Bach je komponiert hat.« Man fragt sich: Warum eigentlich? Wegen der sublimen Harmonisierung: liegende Tonika, Nonen-Akkorde? Wegen der Tonwiederholungen im mittleren Teil? Wegen der prächtigen Instrumentierung mit Flöte und Violine? Wegen der unvergleichlichen Melodie? Doch es sind nur einfache Sekund-Schritte hinauf und hinab wie in jenem anderen unfaßbaren Wunder, der zweiten Baß-Arie aus der Kantate »Ich habe genung« (BWV 82), die man sich beinahe selbst hätte ausdenken können. Und doch kann man einfach nicht verstehen, wieso diese Musik selbst in Bachs Œuvre ein einzigartiges Mirakel darstellt.

Das Duett aus der Kantate »Jesu, der du meine Seele« (BWV 78) habe ich auch zum erstenmal dank Werner hören können. Bei Vestdijk hatte ich gelesen: »Eines der zauberhaftesten Stücke, die Bach geschrieben hat, alles ungemein wohlklingend, ergreifend und vergeistigt.« Es ist die Frage, ob es gut ist, ein Musikstück mit derartigen Vorkenntnissen ausgerüstet zu hören. Vielleicht ist es besser, der Musik unbefangen zu lauschen und erst dann das eigene Urteil an dem der anderen zu messen. Wenn eine Komposition in den höchsten Tönen gelobt wird, ehe man die Musik gehört hat, kann sie eigentlich nur enttäuschen. Bei dem Duett aus der Kantate BWV 78 konnte davon jedoch nicht die Rede sein. Wer glaubt, Bach sei »schwer«, muß sich einmal diese anmutige, funkelnde, leichte Musik anhören. Ein anderes Beispiel ist das Duett aus der Kantate »Gott der Herr ist Sonn und Schild« (BWV 79), das, wie könnte es anders sein, die gleiche leichte Beschwingtheit atmet.

Werner hat mir außerdem die Augen geöffnet für die atemberaubende Schönheit des Eingangschors der Kantate BWV 6. In seiner Atmosphäre den Schlußchören der *Johannes-* und *Matthäus-Passion* verwandt, gehört es zu den ergreifendsten Stükken Bachs. Unverständlich, daß Vestdijk diesen Chor übersehen hat. Übrigens ist er wie der Schlußchor der *Matthäus-Passion* eine Sarabande; der Schlußchor der *Johannes-Passion* dagegen ist ein Menuett.

Ebenfalls dank Werner lernte ich die Kantate »Ich bin ein guter Hirt« (BWV 85) kennen mit dem Rezitativ und der Tenor-Arie »Seht, was die Liebe tut«. (Murray Young: »Die auffallende Schönheit [...] ist bewunderswert.«) Auch sie wird von Vestdijk nicht beachtet, während William Walton eine romantisierende Streicherbearbeitung daraus machte. Auf der Plattenrückseite der Kantate BWV 85 befand sich die Kantate »Wachet auf, ruft uns die Stimme« (BWV 140). Mit einem Chor im »Feierlichkeitsrhythmus« (Schweitzer), den Bach unter anderem auch in dem wunderschönen Es-Dur-Präludium für Orgel (BWV 552) und im Eingangschor der Kantate BWV 127 verwendet. Immer entsteht dadurch eine freudige, festliche, grandiose Musik. In der Kantate BWV 140 findet man auch die berühmte Bearbeitung von »Zion hört die Wächter singen«. Ich hätte gern Bach über die Schulter geschaut, als er das Stück komponierte. Um nachzufühlen, was man empfindet, wenn man eine solche Eingebung hat. Eine besonders schöne Aufnahme im Werner-Zyklus ist Volume

22 mit den Kantaten BWV 103, 7, 118 und 200. In der Kantate »Ihr werdet weinen und heulen« (BWV 103) hat Bach das Weinen und Wehklagen mit atemberaubender Chromatik vertont, in der Kantate »Christ unser Herr zum Jordan kam« (BWV 7) läßt er das Jordanwasser höchst suggestiv strömen. Im Eingangschor der Kantate »Schleicht, spielende Wellen« (BWV 206) gelang es ihm, das Wellenspiel noch überzeugender in Töne zu verwandeln. Die Kantate »O Jesu Christ, mein's Leben Licht« (BWV 118) ist eine seltsam ergreifende Begräbnismotette. Von der Kantate »Bekennen will ich seinen Namen« (BWV 200) ist nur die Alt-Arie erhalten, wie um uns daran zu erinnern, wieviel verlorengegangen ist. Es dürften 120 Kirchenkantaten sein. Hat sich in der Musikgeschichte jemals Schlimmeres ereignet?

Gottlob erschienen immer mehr Aufnahmen der Kantaten, je leichter es mir fiel, sie zu bezahlen. Eine Aufnahme, mit der ich überaus glücklich war und noch immer bin, ist die Aufzeichnung der Kantaten BWV 42 und 35 unter der Leitung von Hermann Scherchen. Diese Aufnahme enthält das schönste Stück Instrumentalmusik, das Bach komponiert hat: die Sinfonia, mit der die Kantate »Am Abend aber desselbigen Sabbats« (BWV 42) beginnt. Meist wird diese Sinfonia, in der Bach eine friedliche Abendstimmung beschwört, mit verheerender Schnelligkeit gespielt. Der erschütternde kurze Mittelteil, beginnend mit einer Melodie, in der die gesamte Romantik des 19. Jahrhunderts vorweggenommen scheint, wird erbarmungslos niedergewalzt. Scherchen hingegen behandelt die Sinfonia, als höre er Gott flüstern: »Zieh deine Schuhe aus von deinen Füßen, denn der Ort, darauf du stehst, ist ein heilig Land!« (2. Moses 3, 5)

So heilig das Land ist, das Scherchen betritt, es läßt sich nur schwer verkraften, daß Bach in diesem Fall offensichtlich den ersten Teil eines schon früher entstandenen Instrumentalwerks als Eingangssinfonia für die Kantate verwendete. Wahrscheinlich hat er den zweiten Teil des Konzerts zu der Alt-Arie umgearbeitet, die nach der Sinfonia und dem Rezitativ erklingt. »Prächtig in der Stimmung, sehr weihevoll«, schreibt Vestdijk. Doch so schön das ruhige Duett der beiden Oboen auch ertönt: Sobald der Alt einfällt, stimmt etwas nicht. Man hört, daß Bach die Alt-Partie später hinzukomponiert hat.

In der ersten Phase meiner Annäherung an die Kantaten bereiteten mir Bachs Arbeitsmethoden große Mühe. Ich konnte nicht verstehen, daß Bach zum Beispiel in den Kantaten BWV 52, 156 oder 174 unbekümmert Teile aus früher entstandenen Kompositionen herausgreift, um sie als Eingangssinfonien für die Kantaten zu verwenden. Oder wie er in der Kantate »Unser Mund sei voll Lachens« (BWV 110) seelenruhig den Anfang seiner Vierten Orchestersuite (BWV 1069) zum Eingangschor umarbeitet. Ich war sehr erstaunt, in der Kantate »Wir müssen durch viel Trübsal« (BWV 146) nicht nur den ersten Satz des Cembalokonzertes in d-moll (BWV 1052) anzutreffen, sondern auch den zweiten Satz, wobei diesem zweiten Satz – der meiner Meinung nach vollkommen war – einfach noch eine ganze Chor-Partie hinzugefügt wurde. Man begegnet dieser Bearbeitung so fassungslos, weil sie hervorragend ausgeführt wurde, obwohl Bach sich hier an einem seiner schönsten langsamen Stücke vergreift. Ich konnte auch nur schwer Verständnis dafür aufbringen, daß Bach unbekümmert Musik aus weltlichen Kantaten in Kirchenkantaten übertrug, wo sie mit einem neuen Text versehen wurden. Später habe ich eingesehen, daß Bach unter seinem enormen Arbeitsdruck notgedrungen von früher entstandenen Kompositionen Gebrauch machte. Dennoch meine ich, daß er manchmal ebensoviel Zeit damit verbracht haben dürfte, bereits vorhandene Musik einem neuen Text anzupassen – oft wurde die Musik dabei neu aufgeschrieben und manchmal sogar in eine andere Tonart transponiert –, als ein neues Stück zu komponieren. Dieses sonderbare und gelegentlich befremdliche Parodieverfahren hat aber einen übergroßen Vorteil: Auf diese Weise ist viel Musik erhalten geblieben, wie zum Beispiel die Sinfonia der Kantate »Am Abend aber desselbigen Sabbats« (BWV 42), die sonst mit Sicherheit verschollen wäre.

Von dem Augenblick an, als ich mein Herz an Bachs Kantaten verlor, war ich verzweifelt bemüht, soviel wie möglich über die Kantaten zu lesen. Außer dem einen Aufsatz von Simon Vestdijk war fast nichts zu finden. Vestdijk erwähnt ein Buch von Leonhard Wolff aus dem Jahr 1913, dessen Titel er nennt: *Johann Sebastian Bachs Kirchenkantaten*. Erst kürzlich ist mir das Buch, nach dem ich fast vierzig Jahre gesucht habe, in die Hände gefallen. Wolff lenkte meine Aufmerksamkeit auf das wunderschöne Duett aus der Kantate »Gelobet seist du, Jesu Christ« (BWV 91), das ich bis dahin zu Unrecht übersehen hatte. Im übrigen ist es ein merkwürdiges Buch mit oft kuriosen Behauptungen. Wolff hat vermutlich von vielen Kantaten nur die Partitur gelesen, sie aber nie gehört.

Von einem anderen Buch, *Fugitive Notes on Certain Cantatas and Motets of J. S. Bach* von William Gillies Whittaker habe ich selbst nie ein Exemplar in Händen gehalten. Ebenfalls von Whittaker erschien 1959 ein außergewöhnlich umfangreiches zweibändiges Werk, *The Cantatas of Johann Sebastian Bach: Sacred and Secular*, aus dem ich bereits mehrfach zitiert habe. Auch das war mir unzugänglich; erst 1978, nach Erscheinen eines Reprints im Paperback, habe ich die fast 1500 Seiten erwerben können. Allerdings hatte ich lange zuvor schon ein Exemplar eingesehen, das ich in der Openbare Bibliotheek in Rotterdam fand. Whittaker hat mich auf zwei sehr schöne Duette aus den Kantaten »Ach Gott, wie manches Herzeleid« (BWV 3) und »Nimm von uns, Herr, du treuer Gott« (BWV 101) aufmerksam gemacht. Außerdem lobt er die Sopran-Arie aus der Kantate »Süßer Trost, mein Jesus kömmt« (BWV 151) in höchsten Tönen. Ich kannte die Arie bereits von einer alten »Nonesuch«-Aufnahme und hatte mich sehr darüber gewundert, daß dieses unvergleichliche Wunder im Œuvre Bachs nicht nur Vestdijk, sondern auch so vielen anderen entgangen war. Ich verstehe nicht, daß Zehntausende jede Note der *Matthäus-Passion* kennen, aber noch nie die Sopran-Arie aus der Kantate BWV 151 gehört haben. Das gilt übrigens auch für die Sopran-Arie aus der Kantate »Man singet mit Freuden vom Sieg« (BWV 149).

Bücher, in denen ich zu meiner großen Freude viele Bemerkungen zu den Kantaten antraf, waren die beiden faustdicken Bände von Philipp Spitta und insbesondere Albert Schweitzers großartiges Buch über Bach. Schweitzer weckte unter anderem meine Neugier auf die Tenor-Arie aus der Kantate »Bisher habt ihr nichts gebeten in meinem Namen« (BWV 87): »Gehört zu den herrlichsten, die der Meister geschrieben hat.« Ich habe lange darauf warten müssen. Es gab eine Einspielung von Fritz Werner, sie war aber nicht erhältlich. Also studierte ich die Partitur. Auf den ersten Blick glich die Arie einer herkömmlichen französischen Gigue. Außerdem schien sie eine der längsten Melodien zu sein, die Bach komponiert hat. Bemerkenswert waren die großen Intervalle. Gleich im ersten Takt findet man eine verminderte Septime nach oben, die später auch der Tenor treffen muß.

Ich habe die Arie zum erstenmal an einem Sonntagabend kurz nach sechs in einem Radioprogramm des Kantors Jan Pasveer gehört. Ich sehe noch vor mir, wie das Licht ins Zimmer fiel, als ich die Arie hörte. Seltsam, aber die erste Bekanntschaft mit einem so unglaublichen Musikstück gleicht gewissermaßen dem ersten Kuß. Auch dies gehört zu den Dingen, von denen man keine Einzelheit vergißt.

Es gibt kaum eine andere Bach-Melodie, die mich in schweren Augenblicken so aufzuheitern vermochte wie diese unübertreffliche Tonfolge. Wer diese Melodie vor sich hinsummt, kann sich selbst aus jedem Sumpf herausziehen. Beachtenswert ist die Verwandtschaft der ernsthaften Arie mit der Arie von Liesgen aus der *Kaffee-Kantate* »Heute noch, lieber Vater, tut es doch« (BWV 211). Ebenfalls eine ausnehmend schöne Melodie und dazu eine echte Französische Gigue, während die Arie aus der Kantate BWV 87 bei näherer Betrachtung keineswegs eine ist.

Mittlerweile sind zahllose Bücher über die Kantaten erschienen. *The Church Cantatas of Johann Sebastian Bach* von Alec Robertson (1972) behandelt leider nicht alle Kantaten, ist abgesehen davon jedoch ein wertvolles Nachschlagewerk. Vollständiger und interessanter ist das Buch von Murray Young, *The Cantatas of Johann Sebastian Bach* (1989). Er bespricht darin alle Chöre und Arien und teilt seine Meinung über jedes Stück mit. Im Französischen gibt es den *Guide pratique des Cantates de Bach* von Philippe und Gérard Zwang mit sämtlichen Informationen zu den einzelnen Kantaten. Zu den besten Büchern gehört wohl das zweibändige Werk *Die Kantaten von Johann Sebastian Bach* von Alfred Dürr (1971). Dürr zählt zu den besten Kennern der Kantaten und sorgte Ende der fünfziger Jahre für großes Aufsehen, als er zusammen mit Georg von Dadelsen plausibel darzulegen wußte, daß Bach fast alle Kirchenkantaten in den ersten Leipziger Jahren komponiert hat. Alle Angaben von Spitta, Whittaker, Terry und Schweitzer über die Entstehungsdaten der verschiedenen Kantaten sind daher veraltet und überholt.

Gottlob sind auch auf niederländisch drei grundsolide, informative Bände über *De wereld van de Bach-cantates* (dt. *Die Welt der Bach-Kantaten,* 1996–99), herausgegeben von dem Bach-Spezialisten Christoph Wolff, erschienen. Im ersten Teil werden die Kantaten besprochen, die vor Bachs Amtszeit als Thomaskantor in Leipzig entstanden sind. Der zweite Teil ist den weltlichen Kantaten gewidmet, und im dritten Teil werden die diversen Aspekte der Kantaten aus der Leipziger Zeit behandelt. Ach, wie gern hätte ich diese drei Bände schon vor dreißig Jahren in Händen gehalten!

Immer wieder wurde mir klar, wie abhängig man von der Einspielung der Kantaten ist. Manchmal offenbart sich einem die Schönheit eines Chorsatzes, einer Arie, eines Duetts erst nach drei, vier verschiedenen Einspielungen. So war mir nie aufgefallen, wie prächtig die Alt-Arie aus der Kantate »Freue dich, erlöste Schar« (BWV 30) mit ihrem sonderbar stockenden Rhythmus ist, bis ich sie in der Aufführung von Nikolaus Harnoncourt hörte. Auch die erste Sopran-Arie aus der Kantate »Selig ist der Mann« (BWV 57) hat mich erst dann tief beeindruckt, als ich sie von Elly Ameling gesungen hörte. In ähnlicher Weise widerfuhr mir das mit der Kantate »Ärgre dich, o Seele, nicht« (BWV 186) in der Aufführung von Ton Koopman. Und wie ergreifend das Duett aus der Kantate »Ihr Menschen, rühmet Gottes Liebe« (BWV 167) ist, weiß ich von Masaaki Suzuki. Im nächsten Kapitel (S. 126 ff.) dürfte die Liste der Stücke, die mir die teuersten sind, noch recht unvollständig sein. Je mehr Aufführungen es gibt, desto länger wird die Liste werden.

Als Kind sang ich fromm: »Nimm mein Leben, laß es Herr, Deiner Ehre gewidmet sein.« Es ist jedoch anders gekommen. In dem Augenblick, da ich dies schreibe, bin ich vierundfünfzig Jahre alt. Mein Leben, wie es bisher verlaufen ist, war vor allem Johann Sebastian Bach gewidmet. Täglich spiele ich einige Präludien und Fugen aus dem *Wohltemperierten Klavier.* Und selten geht ein Tag vorbei, ohne daß ich etwas aus einer der *Partiten,* aus den *Englischen* oder *Französischen Suiten* spiele. Das kommt natürlich auch daher, weil er ein solch schwindelerregend großes Œuvre für Klavier hinterlassen hat und es ein solch unglaubliches Privileg ist, die Stücke, wenn auch noch so unzulänglich, selbst spielen zu können und zu dürfen. Dies gilt, was mich betrifft, in viel geringerem Maße für die anderen Komponisten, so groß meine Verehrung für Mozart, Schubert und Beethoven auch ist. Doch neben allem, was Bach für einen Sonderling schrieb, der es für Zeitverschwendung hält, andere Komponisten zu spielen, komponierte er noch fünf komplette Jahrgänge Kantaten. Als ich erst zwei oder drei Kantaten kannte, schreckte ich vor der Mühe zurück, sie alle kennenzulernen. Nun da ich alle erhalten gebliebenen Kantaten kenne, bedaure ich von Tag zu Tag mehr, daß so viele verlorengegangen sind.

»Wie großartig, wie ergreifend, wie dramatisch …« Kleines Kompendium der Kantaten

Es ist nicht meine Absicht, daß Sie dieses Kapitel wie die anderen lesen, obwohl ich es Ihnen natürlich nicht verbieten kann. Sie sollten es als eine Art Leitfaden zu den Kantaten benutzen. Am besten erscheint es mir, wenn Sie zuerst die Musik hören und dann Ihre Meinung mit der meinen vergleichen. Auch wenn ich nicht jede einzelne Kantate bespreche, dürfen Sie keineswegs daraus folgern, daß die unerwähnt gebliebenen Kantaten vernachlässigt werden sollen. Alle Kantaten, die im letzten Kapitel behandelt wurden, werden hier lediglich mit einem Verweis aufgeführt.

Kantate »ACH GOTT, WIE MANCHES HERZELEID« (BWV 3) In der Literatur über die Kantate wird sie manchmal abfällig besprochen. So sagt Murray Young: »Diese Kantate ist nicht besonders erwähnenswert.« Zu Unrecht. Der düstere Eingangschor zeigt uns Bach in bester Verfassung, und das Duett gehört zu den schönsten Stücken, die Bach für zwei Stimmen geschrieben hat. Vgl. auch Seite 121 f.

Kantate »CHRIST LAG IN TODES BANDEN« (BWV 4) Ein mächtiges Jugendwerk, dessen Echtheit früher bezweifelt wurde. Eindrucksvoll, düster, großartig, grimmig. Ein archaisierender Stil.

Kantate »BLEIB BEI UNS, DENN ES WILL ABEND WERDEN« (BWV 6) Ein Prachtwerk mit grandiosem Eingangschor (vgl. Seite 110). Wunderschöne Alt-Arie mit Oboenbegleitung. Choralbearbeitung für Sopran und Cello piccolo, über alles Lob erhaben. Glänzende Tenor-Arie. Vgl. auch Seite 118

Kantate »CHRIST UNSER HERR ZUM JORDAN KAM« (BWV 7) Eingangschor frisch, bezaubernd, lieblich; unwiderstehlich aber nur in guten Aufführungen, die bemerkenswert selten sind. Vgl. auch Seite 119

Kantate »LIEBSTER GOTT, WENN WERD ICH STERBEN« (BWV 8) Im Œuvre Bachs findet sich wenig, was der Lieblichkeit, dem beschwörenden Zauber, der reinen Magie dieses Eingangschors gleichkommt. Spitta sagt darüber: »Ein Tonbild wie aus Glockenklang und Blumenduft gewoben, die Stimmung eines Kirchhofs im Frühling athmend.« In den Arien wird die Stimmung des Eingangschors mit alltäglicheren Mitteln fortgesetzt. Vgl. auch Seite 116

Kantate »ES IST DAS HEIL UNS KOMMEN HER« (BWV 9) Auch diese Kantate wird in der Literatur meist ungünstig beurteilt (z. B. von Murray Young: »Diese Kantate reicht nicht an die sonst übliche musikalische Vollkommenheit heran«), obwohl der Eingangschor entzückend und das Duett wunderschön ist. Die trübsinnige Tenor-Arie entspricht genau dem Text: »Der Abgrund schluckt uns völlig ein«.

Kantate »MEINE SEEL ERHEBT DEN HERREN« (BWV 10) Bachs »kleines Magnificat«. Schöne, weihevolle Stimmung. Sehr mystisches Duett, das Bach auch für Orgel bearbeitete.

Kantate »LOBET GOTT IN SEINEN REICHEN« (BWV 11) Das *Himmelfahrtsoratorium*. Wer festliche, überschwengliche Eingangschöre mit viel »Blech« mag, kann hier eines der vortrefflichsten Beispiele dieses Genres hören. Die Alt-Arie, später in konzentrierter Form in die h-moll-Messe übernommen, zählt zu Recht zu den Meisterstücken.

Kantate »WEINEN, KLAGEN, SORGEN, ZAGEN« (BWV 12) Ein

Jugendwerk mit umherschweifender Oboe in der einleitenden Sinfonia, wie Bach es nur in jungen Jahren komponiert hat. (In Kantate BWV 21 findet sich eine ähnliche Sinfonia.) Das Thema des Eingangschors hat Bach vermutlich einer weltlichen Kantate von Antonio Vivaldi über die Schmerzen der Liebe entlehnt. Sogar der Text scheint aus jener Kantate zu stammen; er lautet bei Vivaldi: »Piango, gemo, sospiro e peno«. Da die Kantate vom 22. April 1714 datiert ist, muß Bach damals schon die weltliche Vokalmusik von Vivaldi gekannt haben. Jedenfalls hat das Thema Bach tief beeindruckt. Im Eingangschor der Kantate BWV 150 ist sein Widerhall vernehmbar, auch in der Kantate BWV 78 kehrt das Thema im Eingangschor zurück. Den Eingangschor der Kantate BWV 12 wiederum hat Bach zum »Crucifixus« der h-moll-Messe umgearbeitet. Auch die Arien, insbesondere die Alt-Arie, sind typisch für den jungen Bach. Wie bedauerlich, daß so viele Jugendwerke Bachs verschollen sind, denn ihnen gebührte ein eigenes Kapitel. Zu Recht spricht Heinrich Besseler über »den zauberhaften Glanz und Frische genialer Jugend«.

Kantate »MEINE SEUFZER, MEINE TRÄNEN« (BWV 13) Schmerzlich schöne Eingangsarie für Tenor.

Kantate »DENN DU WIRST MEINE SEELE NICHT IN DER HÖLLE LASSEN« (BWV 15) In der älteren Bach-Literatur finden sich immer ausführliche Besprechungen dieser Kantate. Mittlerweile ist mit Sicherheit nachgewiesen, daß das Werk von seinem Neffen Johann Ludwig Bach stammt. Infolgedessen wird die Kantate BWV 15 nicht mehr aufgeführt, was bedauerlich ist, denn das Duett für Sopran und Alt ist außergewöhnlich anziehend.

Kantate »GLEICH WIE DER REGEN UND SCHNEE VOM HIMMEL FÄLLT« (BWV 18) Albert Schweitzer: »Die rezitativische Wiedergabe des langen Satzes aus Jesaja 55, 10, mit dem die Kantate anhebt, ist eine Meisterleistung ohnegleichen. Auch die Litanei ›Mein Gott, hier wird mein Herze sein‹, in welche der Chor viermal mit ›Erhör uns, lieber Herr Gott‹ einstimmt, ist erstaunlich wirkungsvoll deklamiert.« Besser kann man es nicht formulieren.

Kantate »ES ERHUB SICH EIN STREIT« (BWV 19) Beim kolossalen, grandiosen Eingangschor staunt man immer wieder, mit welch strengem Fugato und straffer Struktur Bach den darin geschilderten Streit aufgebaut hat. Als hätte er Angst, das Gefecht könne ihm außer Kontrolle geraten.

Kantate »O EWIGKEIT, DU DONNERWORT« (BWV 20) In der Einspielung von Helmuth Rilling leuchtet plötzlich die Baß-Arie wunderschön auf; auch in der von Ton Koopman ist sie ein Juwel. Doch laut Murray Young »übertrifft« die Alt-Arie »alles andere in der Kantate«.

Kantate »ICH HATTE VIEL BEKÜMMERNIS« (BWV 21) Zur Zeit sendet Radio Vier auch nachts. Einmal wurde ich um drei Uhr wach, konnte nicht wieder einschlafen, schaltete das Radio ein und hörte eine Aufführung der Kantate BWV 21 mit italienischen Sängern und einem italienischen Dirigenten. Mir wurde nicht nur klar, welch ein ausnehmend schönes Jugendwerk diese Kantate ist, sondern auch, daß an Bach ein phänomenaler Opernkomponist verlorengegangen ist. Warum sollte er, der sich gern die Opern von Johann Adolf Hasse anhörte, nie in Versuchung geraten sein, eine Oper zu komponieren? Hätte man ihm nur einen entsprechenden Auftrag geben müssen?

Kantate »JESUS NAHM ZU SICH DIE ZWÖLFE« (BWV 22) Bachs »Probestück« für Leipzig. Ich bin sehr angetan von der Choralbearbeitung am Schluß der Kantate, von der Hubert C. Parry in seinem Bach-Buch sagt: »Der Effekt von derart gleichbleibender Figuration ist, daß sie ermüdend wirkt.« Ermüdend? Auf gar keinen Fall. Dies ist eine wunderschöne Choralbearbeitung!

Kantate »DU WAHRER GOTT UND DAVIDS SOHN« (BWV 23)
Prächtige Kantate aus Bachs ersten Leipziger Wochen. Bach
wollte den Bürgern Leipzigs zeigen, was er konnte. Ob auch nur
einer dieser Bürger begriffen hat, daß über der Thomaskirche
die Sonne aufgegangen war?

Kantate »ES IST NICHTS GESUNDES AN MEINEM LEIBE« (BWV
25) Düsterer, trister, monumentaler Eingangschor. Die Sopran-
Arie ist prächtig, wenn man auch nicht umhin kann, die Sängerin wegen der vielen unangenehm hohen Töne zu bedauern.

Kantate »ACH WIE FLÜCHTIG, ACH WIE NICHTIG« (BWV 26)
Eine Komposition, die nur in einer Spitzenaufführung zu ihrem
Recht kommt. Meist wird die Tenor-Arie zu schnell ausgeführt,
und der Flötist muß sich auf halsbrecherische Touren einlassen.
Dadurch wird die Arie zu Musik-Akrobatik. Auch die Baß-Arie
ist meistens zu schnell gesungen und gespielt und klingt dann
hölzern.

Kantate »WER WEISS, WIE NAHE MIR MEIN ENDE« (BWV 27)
Ein prächtiges Werk wie immer, wenn der Text vom Tod handelt.

Kantate »GOTTLOB! NUN GEHT DAS JAHR ZU ENDE« (BWV 28)
Der überwältigende Chor im Motettenstil stellt den Rest des
Werkes völlig in den Schatten.

Kantate »WIR DANKEN DIR, GOTT, WIR DANKEN DIR« (BWV
29) Eigenartige, verblüffende Komposition, in der Bach das
Präludio aus der E-Dur-Partita für Violine solo (BWV 1006) ver-
arbeitete.

Kantate »FREUE DICH, ERLÖSTE SCHAR« (BWV 30) Vgl. Seite
124

Kantate »LIEBSTER JESU, MEIN VERLANGEN« (BWV 32) Eine
prächtige Sopran-Arie eröffnet das Werk, doch noch schöner ist
das Duett, in dem sich alle Klagen auflösen. Sonderbarerweise

erklingt das Hauptthema des Duetts auch in der Fis-Dur-Fuge im zweiten Teil des *Wohltemperierten Klaviers.*

Kantate »ALLEIN ZU DIR, HERR JESU CHRIST« (BWV 33) Murray Young sagt über die darin enthaltene Alt-Arie: »Die Arie ist von großer Schönheit, aber mit ihrem langsamen Tempo und dem Dacapo scheint sie vielleicht doch zu lang zu sein.« Da bin ich ganz anderer Meinung. Für mich ist es eine der schönsten Arien, ein treffendes Beispiel für das, was Vestdijk die »erbarmungslose Geduld« Bachs nennt. Die Arie kann für mein Dafürhalten nicht langsam genug ausgeführt werden. (Karl Richter spielt sie gottlob sehr gemächlich.) Allein, daß die Musik zehn Minuten lang immerfort weitergeht, macht sie zu den grandiosesten Stücken, die Bach komponiert hat. Übrigens ist die Arie eng verwandt mit der prächtigen Sopran-Arie aus der Kantate BWV 105.

Kantate »O EWIGES FEUER, O URSPRUNG DER LIEBE« (BWV 34) Vgl. Seite 116 f.

Kantate »GEIST UND SEELE WIRD VERWIRRET« (BWV 35) Aufgrund des Titels könnte man meinen, es sei eine Kantate über die Verliebtheit. Tatsächlich hat Bach hier eine früher entstandene Instrumentalmusik bearbeitet für eine Kantate über die Wunder Gottes, die so groß sind, daß Geist und Seele in Verwirrung geraten. Vor allem die zweite Alt-Arie, möglicherweise ursprünglich ein Stück für Cello und Cembalo, ist ein schönes Beispiel für Bachs unbekümmerten Musizierstil. Vgl. auch Seite 119

Kantate »SCHWINGT FREUDIG EUCH EMPOR« (BWV 36) Ich habe eine große Vorliebe für die entzückende, beschwingte Sopran-Arie im 12/8-Takt.

Kantate »BRICH DEM HUNGRIGEN DEIN BROT« (BWV 39) Ergreifender Eingangschor, der täglich in Institutionen erklingen sollte, wo viel Geld verdient wird (Banken, Börsen).

Kantate »JESU, NUN SEI GEPREISET« (BWV 41) Die Sopran-Arie im 6/8-Takt als Vorankündigung der Tenor-Arie in Kantate BWV 85 finde ich besonders schön.

Kantate »AM ABEND ABER DESSELBIGEN SABBATS« (BWV 42) Vgl. Seite 119 f.

Kantate »ES IST DIR GESAGT, MENSCH, WAS GUT IST« (BWV 45) Hört man die Tenor-Arie mit der lieblichen Streicherbegleitung in der romantisierenden Einspielung von Ernest Ansermet, will man kaum glauben, daß Bach kein Komponist des 19. Jahrhunderts war.

Kantate »SCHAUET DOCH UND SEHET, OB IRGEND EIN SCHMERZ SEI« (BWV 46) Bach muß mit dem Eingangschor sehr zufrieden gewesen sein. Die Einleitung verwendete er im »Qui tollis« der h-moll-Messe. Über die Alt-Arie sagt Schweitzer zu Recht: »Diese pastoralartige Begleitung [...] ist von einzigartiger Schönheit. Innigere Musik hat Bach kaum jemals geschrieben.«

Kantate »WER SICH SELBST ERHÖHET, DER SOLL ERNIEDRIGET WERDEN« (BWV 47) Dem Einsatz des Chors geht ein so langes Ritornell voraus, daß es fast den Anschein hat, als hätte Bach sich gescheut, die Worte »Wer sich selbst erhöhet, der soll erniedriget werden« zu vertonen. Bei »erhöhet« läßt er die Stimmen allmählich nach oben gehen, bei »erniedriget« nach unten. Eigentlich ein wenig zu vorhersehbar und selbstverständlich, nun ja, aber immerhin grandiose Musik. In den Arien bedient sich Bach der gleichen Methode. Übrigens hat er ergreifendere Arien komponiert. Zum Text des Baß-Rezitativs »Der Mensch ist Kot, Stank, Asch und Erde« sagt Schweitzer: »... muß für eine moderne Aufführung unbedingt etwas verändert werden.« Warum? Ist der Mensch denn nicht aus »Kot, Stank, Asch und Erde«?

Kantate »ICH ELENDER MENSCH, WER WIRD MICH ERLÖSEN« (BWV 48) Der Chor singt düster in den für Bach so charakteristischen absteigenden chromatischen Tönen: »Ich elender Mensch, wer wird mich erlösen«. Doch das Orchester widerspricht mit einer außergewöhnlich lieblichen, alle Not verleugnenden Melodie.

Kantate »NUN IST DAS HEIL UND DIE KRAFT« (BWV 50) Vermutlich ist von der Kantate nur der Eingangschor erhalten geblieben. Was um Himmels willen könnte auf diesen unglaublichen, vierdimensionalen Chor gefolgt sein?

Kantate »JAUCHZET GOTT IN ALLEN LANDEN« (BWV 51) Sublime Kantate, die einen Sopran außerordentlichen Formats verlangt, jemanden wie Elly Ameling.

Kantate »FALSCHE WELT, DIR TRAU ICH NICHT« (BWV 52) Vgl. Seite 120

Kantate »WIDERSTEHE DOCH DER SÜNDE« (BWV 54) Die düstere, stark dissonante Anfangsarie ist ein großartiges Stück, müßte aber eigentlich von einem Alt mit einer Baßstimme gesungen werden. Die Musik der Arie hat Bach auch in der verschollenen *Markus-Passion* verwendet.

Kantate »ICH ARMER MENSCH, ICH SÜNDENKNECHT« (BWV 55) Die einzige Solokantate für Tenor ist ein prächtiges Werk. Besonders schön ist die erste Arie.

Kantate »ICH WILL DEN KREUZSTAB GERNE TRAGEN« (BWV 56) Eine der gewaltigsten Kantaten, die Bach komponiert hat. Die ergreifendsten Momente in seinem ganzen Œuvre. Wenn der Baß singt: »Da leg ich den Kummer auf einmal ins Grab, / Da wischt mir die Tränen mein Heiland selbst ab«, wäre man kaum erstaunt, wenn einem der Heiland selbst ein Papiertaschentuch reichte. Im Schlußrezitativ wird der Tränen abwischende Heiland nochmals zitiert: ein atemberaubender Augenblick.

Kantate »SELIG IST DER MANN« (BWV 57) Ein Dialog zwischen Jesus (Baß) und der Seele (Sopran). Dabei darf die Seele eines der innigsten, rührendsten, mystischsten Musikstücke wiedergeben, die Bach geschrieben hat: die Arie »Ich wünschte mir den Tod«. Die Musik zu diesen fünf Wörtern ist so prächtig, so vollkommen, absolut selbstgenügsam, und man erfährt jedesmal überrascht und erschüttert, daß es noch weitergeht: »Wenn du, mein Jesu, mich nicht liebtest«. Und doch empfindet man das nicht als einen Bruch, denn die Musik ist ergreifend schön. Auch für diese Arie gilt: Niemand hat sie schöner gesungen als Elly Ameling. Vgl. auch Seite 124

Kantate »SIE WERDEN AUS SABA ALLE KOMMEN« (BWV 65) Die Thematik des Eingangschors ist mit dem Orgel-Präludium in C-Dur (BWV 547) eng verwandt. Im Präludium werden mit dem Thema jedoch derart akrobatische Kunststücke angestellt, daß mich der Eingangschor der Kantate ohne diese Kunststücke nie so beeindruckt hat wie viele andere Bewunderer Bachs.

Kantate »ALSO HAT GOTT DIE WELT GELIEBT« (BWV 68) Eine der herrlichsten Kantaten. Der beschwingte Eingangschor im 12/8-Takt gehört zu Bachs besten Stücken. Vgl. auch Seite 113

Kantate »LOBE DEN HERRN, MEINE SEELE« (BWV 69) Die Baß-Arie der Kantate mit ihrem wundersam gewagten Rhythmus ist ein Juwel. Über den Eingangschor sagt Murray Young zu Recht: »Zweifellos einer von Bachs brillantesten und kraftvollsten Chören.«

Kantate »WACHET! BETET! BETET! WACHET« (BWV 70) Das Werk entstand schon in Weimar. Von Anfang bis Ende fesselnd, mit der robusten Tenor-Arie als Höhepunkt. Die Arie wird immer als »händelianisch« bezeichnet, doch hat Händel jemals eine vergleichbare Arie komponiert? Ich kenne keine.

Kantate »GOTT IST MEIN KÖNIG« (BWV 71) Von den frühen

Kantaten ist nicht genau bekannt, wann sie aufgeführt wurden, außer von dieser *Ratswechselkantate*. Bach, Anfang Zwanzig, komponierte eines seiner zauberhaftesten Stücke: den Taubenchor. Obwohl er sich noch weiterentwickelte, ein solches »unbezahlbares Juwel« (Whittaker) hat er später nie mehr geschrieben. (Dies mit Vorbehalt: Unter den verlorengegangenen Werken können selbstverständlich noch diverse »unbezahlbare Juwele« gewesen sein.)

Kantate »DU SOLLST GOTT, DEINEN HERREN, LIEBEN« (BWV 77) Der Eingangschor, laut Vestdijk kontrapunktisch und harmonisch außergewöhnlich, wird von Whittaker treffend charakterisiert: »Ein Satz, in dem sich Schönheit und technische Kunstfertigkeit, Zuneigung und Predigt aufs Wunderbarste vereinen und der den Hörer bei einer Aufführung außerordentlich packt.«

Kantate »JESU, DER DU MEINE SEELE« (BWV 78) Bis auf das vielgepriesene Duett (vgl. Seite 117 f.) atmet die ernsthafte Kantate die Atmosphäre der *Matthäus-Passion*. In seinem Buch *The Music of Johann Sebastian Bach* gibt Robert L. Marshall eine ausführliche Analyse des großartigen Eingangschors. Er nennt das Stück eine »kompositorische *tour de force*« und zeigt, wie meisterhaft es komponiert wurde. Und zwar vermutlich am Montagmorgen, dem 4. September 1724!

Kantate »GOTT DER HERR IST SONN UND SCHILD« (BWV 79) Vgl. Seite 118

Kantate »EIN FESTE BURG IST UNSER GOTT« (BWV 80) Vgl. Seite 115

Kantate »JESUS SCHLÄFT, WAS SOLL ICH HOFFEN« (BWV 81) Die erste Arie ist wunderschön.

Kantate »ICH HABE GENUNG« (BWV 82) Wie ein Zwilling der Kantate BWV 56. Schon die erste Arie ist außergewöhnlich schön, doch für die zweite ... da fehlen einfach die Worte. Die dritte Arie ist apart: sehr lebenslustige Musik zu dem Text »Ich freue mich auf meinen Tod«. Vgl. auch Seite 117

Kantate »ICH BIN EIN GUTER HIRT« (BWV 85) Vgl. Seite 118

Kantate »BISHER HABT IHR NICHTS GEBETEN IN MEINEM NA-MEN« (BWV 87) Neben der Tenor-Arie (vgl. Seite 122) ist auch die Alt-Arie mit ihren fallenden Seufzermotiven eine atembe-raubende Komposition. Wieder ein Stück, das seine Kraft un-ter anderem daraus schöpft, daß es weiter und immer weiter geht.

Kantate »SIEHE, ICH WILL VIEL FISCHER AUSSENDEN« (BWV 88) Wenn ich die erste Arie höre, die mit vielen anderen Arien im 6/8-Takt verwandt ist (z.B. der aus der Kantate BWV 41), dann möchte ich sämtliche Arien nochmals hören und sie mit-einander vergleichen. Als wollte ich feststellen, daß sich Bach, obwohl sie in Taktart, Harmonisierung und Melodiebildung ein-ander täuschend ähneln, dennoch niemals wiederholt und jedes-mal ein neues Wunder zuwege bringt.

Kantate »GELOBET SEIST DU, JESU CHRIST« (BWV 91) Vgl. Sei-te 121

Kantate »WAS FRAG ICH NACH DER WELT« (BWV 94) Eine wunderschöne Tenor-Aric.

Kantate »CHRISTUS, DER IST MEIN LEBEN« (BWV 95) Die gan-ze Kantate ist bezaubernd, doch die Tenor-Arie übertrifft alles. Übrigens für den Tenor eine fast unmögliche Aufgabe, diese pulsierende Arie zu singen.

Kantate »HERR CHRIST, DER EINGE GOTTESSOHN« (BWV 96) Niemand hat den Eingangschor besser beschrieben als Murray Young: »Dies ist sicherlich eine der schönsten Fantasien, die Bach je geschrieben hat.« Und als wäre das noch nicht genug – und es ist auch nicht genug –, fügt er hinzu: »Worte können nicht annähernd das Wunder dieses mystischen Augenblicks beschrei-

ben, wie Bach hier seinen Erlöser porträtiert.« Trotzdem gäbe
es, auch wenn es »nicht annähernd« genau zutrifft, noch folgendes zu sagen: Normalerweise läßt Bach in solchen Choralfanta-
sien die Soprane den cantus firmus singen (vgl. Eingangs- und
Schlußchor des ersten Teils der *Matthäus-Passion*). In dieser Kantate singen ihn die Altstimmen, und die Soprane weben darüber
ihre musikalischen Girlanden. Das ist einer der Gründe, warum
das Stück zu den schönsten Eingangschören gehört. Es ist ein
drive darin, ein Tempo, ein Antrieb, wie er selbst bei Bach außergewöhnlich ist. Es gab Zeiten, in denen ich dachte: Dies ist das
Allerschönste, was ich von Bach kenne. Übrigens ist der Chor in
Wirklichkeit eine Gigue.

Kantate »IN ALLEN MEINEN TATEN« (BWV 97) Wenn es stimmt,
was Dürr sagt, daß nämlich die Tenor-Arie mit ihrem Violinsolo repräsentativ ist für den Stil des letzten Jahrgangs Kirchenkantaten, wird man todtraurig bei dem Gedanken, daß dieser
Jahrgang nahezu komplett verschollen ist. Immerhin blieb diese unglaubliche Tenor-Arie erhalten. Sie mutet fast an wie ein
Violinkonzert.

Kantate »WAS GOTT TUT, DAS IST WOHLGETAN« (BWV 100)
Vgl. Seite 116

Kantate »NIMM VON UNS, HERR, DU TREUER GOTT« (BWV 101)
Ein bitterer, grimmiger, widerborstiger Eingangschor. »Polyphonie, sehr erhaben«, schreibt Vestdijk. Nun ja, was ist bei Bach nicht
polyphon? Doch »erhaben«? Eher erdgebunden, schwer und
trist, aber außergewöhnlich beeindruckend. Vgl. auch Seite 122

Kantate »HERR, DEINE AUGEN SEHEN NACH DEM GLAUBEN«
(BWV 102) Bach wußte selbst, daß er einen phantastischen Eingangschor komponiert hatte, und verwendete ihn nochmals als
»Kyrie« in der Messe in g-moll. Die beiden prächtigen Arien
übernahm er in die F-Dur-Messe. Dafür klopfte ihm Albert

Schweitzer unmißverständlich auf die Finger: »Barbarischere Parodien lassen sich nicht denken.«

Kantate »IHR WERDET WEINEN UND HEULEN« (BWV 103) Vgl. Seite 119

Kantate »DU HIRTE ISREAL, HÖRE« (BWV 104) Vgl. Seite 112

Kantate »HERR, GEHE NICHT INS GERICHT« (BWV 105) Wie großartig, wie ergreifend, wie dramatisch der Eingangschor ist, hört man am besten auf einer uralten Einspielung von Ernest Ansermet. Glänzende Sopran-Arie, hinreißend fröhliche Tenor-Arie. Eine der zehn schönsten Kantaten.

Kantate »GOTTES ZEIT IST DIE ALLERBESTE ZEIT« (BWV 106) Vgl. Seite 112

Kantate »ES IST EUCH GUT, DASS ICH HINGEHE« (BWV 108) Nach zwei lieblichen Arien und gefolgt von einer prächtigen lyrischen Arie hört man mitten in der Kantate plötzlich einen verbissen hämmernden, streng fugierten Chor, wie ihn nur Bach überzeugend komponieren konnte.

Kantate »ICH GLAUBE, LIEBER HERR, HILF MEINEM UNGLAUBEN« (BWV 109) Je öfter man den Eingangschor hört, desto tiefer ist man beeindruckt. »Ein Wunder polyphoner Deklamation«, sagt Albert Schweitzer. Bach hat den Text »Ich glaube, lieber Herr, hilf meinem Unglauben« in zwei Teile zerlegt. Den Text vor dem zweiten Komma unterlegte er mit schönen, großen Intervallen, den Text dahinter interpretierte er als Schreckensruf, als Stoßgebet um Hilfe. Immer wieder klingt der Schrei durch das »Ich glaube« hindurch. Schmerzlich und ergreifend. In der Tenor-Arie »Wie wanket mein geängstigt Herz« hat er die Qual vertont. In der Stimmung verwandt mit der gequälten Musik des Petrus aus der *Johannes-Passion* und mit dem verzweifelten Duett »Mein letztes Lager will mich schrecken« aus der Kantate BWV 60. So weit meine musikalischen Kenntnisse reichen, wird ein solcher Seelenschmerz – echte Verzweiflung und Zerrissenheit – musikalisch nur selten adäquat wiedergegeben. Gewiß, die Elvira in Mozarts *Don Giovanni*, aber das ist eher Liebeskummer als echte Seelenqual. Man muß schon bis zur Klage des Amfortas in *Parsifal* warten, um solch heftige Seelenpein in Töne gefaßt zu hören. Meiner Meinung nach ist es bemerkenswert, wie sehr Wagner, vor allem in der Verwandlungsmusik im ersten Akt des *Parsifal*, sich dieser Arie von Bach nähert.

Kantate »UNSER MUND SEI VOLL LACHENS« (BWV 110) Vgl. Seite 120

Kantate »WAS MEIN GOTT WILL, DAS GESCHEH ALLZEIT« (BWV 111) Ich bin jedesmal erneut begeistert über das gewaltige Duett in dieser Kantate. In meiner Aufsatzsammlung *Du holde Kunst* (1994) schrieb ich bereits, daß Wörter wie »laufen«, »schreiten«, »eilen« oder »wandeln« Bach immer wieder inspirierten. Hier lautet der Text: »So geh ich mit beherzten Schritten.« Zwar ist bei Aussagen über Text und Musik nach wie vor Vorsicht geboten, denn Bach ordnete bemerkenswert oft einen neuen Text einer schon vorhandenen Musik zu. Dennoch dürfte in diesem Fall die Musik aus dem Text entstanden sein. Das beherzte Schreiten ist hervorragend musikalisch nachgebildet.

Kantate »DER HERR IST MEIN GETREUER HIRT« (BWV 112) Über den Eingangschor schreibt Whittaker: »Die Fantasia ist eines der wunderbarsten, schönsten Stücke, die Bach jemals geschrieben hat.« Daraufhin habe ich jahrelang nach einer Aufnahme dieser Kantate Ausschau gehalten. Endlich erschien eine unter der Leitung von Hans Grischkat bei dem wenig bekannten Label »Joker«. Vom ersten Takt an hörte ich verwundert zu. War das Bach, dieser liebliche Hörnerschall, diese entzückend ansteigende Tonfolge? Konnte Bach auch so etwas komponieren, so eine schwingende und mitreißende Musik? Eine an

Tschaikowsky erinnernde Melodie? Natürlich wurde ich durch die hyperromantische Einspielung Grischkats auf eine falsche Fährte gelockt. Trotzdem bin ich ihm dankbar, denn ich habe noch keine andere Wiedergabe gehört, die dieser wunderbaren Musik besser gerecht wird. (Rillings Interpretation gefällt mir gar nicht.) Nun hoffe ich, daß vielleicht Koopman oder Suzuki einmal eine beispielhafte Aufnahme zustande bringen. Doch mir ist dabei bang ums Herz. Whittaker sagt: »So schlicht die Komposition meistenteils ist, eine perfekte Aufführung ist schwierig; vom Orchester werden höchste Zurückhaltung, Zartheit und Subtilität verlangt.« Wie in einer Symphonie von Mozart. Als hätte Bach in diesem Stück schon eine Vorahnung des Genies aus Salzburg gehabt. Oder vielleicht eher des großen Joseph Haydn. Wenn man die Partitur betrachtet, sieht man, wie einfach Bach das Notenbild gestaltet hat. Kaum Modulationen, fallende Tonleiterfiguren. Viele Takte verharrt er in G-Dur, was etwas heißen will bei Bach, der meistens geradezu darauf erpicht ist, in eine andere Tonart zu modulieren.

Kantate »HERR JESU CHRIST, DU HÖCHSTES GUT« (BWV 113) Vestdijk sagt über den Eingangschor: »Schön, was aber vor allem der Wirkung der Terzen im 9. und 11. Takt zu verdanken ist.« Das finde ich ziemlich pedantisch und auch ein bißchen töricht. Daß es ein schöner Chor ist, steht fest. Whittaker sagt über die Tenor-Arie: »Eine der entzückendsten Flötenmelodien von Bach.« Mir scheint jedoch, daß hier allzu offensichtlich an einen Flötenvirtuosen appelliert wird: all die Girlanden aus Zweiunddreißigsteln in rascher Folge. Meines Erachtens hat Bach schon schönere Flötenmelodien komponiert.

Kantate »MACHE DICH, MEIN GEIST, BEREIT« (BWV 115) In seinem Bach-Buch sagt Hubert Parry: »Die Kantate ›Mache dich, mein Geist, bereit‹ ist besonders wegen ihrer Sopran-Arie

›Bete, bete!‹, eine der schönsten Soli der Kantaten überhaupt, hervorzuheben.« Vestdijk sagt zu diesem Stück: »Subtile Zweistimmigkeit, wobei jeweils in Sequenzen Nonen-Akkorde verschiedener Art entstehen, außergewöhnlich schön.« Ich möchte hinzufügen: Das ist eines jener Stücke, um derenthalben man sein Leben lang vor Bach auf den Knien liegt.

Kantate »DU FRIEDEFÜRST, HERR JESU CHRIST« (BWV 116)
Sogar Murray Young behauptet noch in seinem 1989 veröffentlichten Buch, hier handele es sich um Bachs letzte Kantate aus dem Jahr 1744. Auch Spitta und Schweitzer glaubten das aufgrund des letzten Rezitativs, dessen Text lautet: »Wohlan, so strecke deine Hand / Auf ein erschreckt geplagtes Land, / Die kann der Feinde Macht bezwingen / Und uns beständig Friede bringen.« Das könnte sich auf die preußische Invasion beziehen: Friedrich der Große fiel 1744 in Sachsen ein. Dennoch hat Alfred Dürr bereits lange vor 1989 nachgewiesen, daß das Werk aus dem Jahr 1724 stammt. Ein monumentaler Chor, eine prächtige Alt-Arie, doch der anrührendste Teil der Kantate ist das sublime Terzett für Sopran, Tenor und Baß.

Kantate »SEI LOB UND EHR DEM HÖCHSTEN GUT« (BWV 117)
Vgl. Seite 112

Kantate »O JESU CHRIST, MEIN'S LEBEN LICHT« (BWV 118)
Vgl. Seite 119

Kantate »GOTT, MAN LOBET DICH IN DER STILLE« (BWV 120)
Die Alt-Arie am Anfang hat eine prächtige Atmosphäre, aber die Sängerin muß eine solche Unmenge von Noten singen, daß die große Linie zum Teil verlorengeht. Der Chor ist jedermann bekannt: Der Anfang kehrt im Credo der h-moll-Messe wieder. Besonders schön auch die Sopran-Arie.

Kantate »CHRISTUM WIR SOLLEN LOBEN SCHON« (BWV 121)
Das freudige Hüpfen des Johannes des Täufers im Schoß seiner

betagten Mutter inspirierte Bach zu einer seiner hinreißendsten Arien (vgl. auch Seite 89). Niemand hat die Arie schöner gesungen als Dietrich Fischer-Dieskau. Übrigens hüpft das ungeborene Baby Johannes auch in der Kantate BWV 147, aber längst nicht so beeindruckend wie hier.

Kantate »LIEBSTER IMMANUEL, HERZOG DER FROMMEN« (BWV 123) »Die Epiphaniaskantate ›Liebster Immanuel‹ gehört zu den herrlichsten Werken Bachscher Musik. Ihr erster Chor erinnert sehr an den aus der Kantate ›Du Hirte Israel, höre‹ (Nr. 104)«, sagt Albert Schweitzer. Deshalb sehnte ich mich danach, die Kantate zu hören. Fast 25 Jahre mußte ich warten. Es war eine der letzten Kantaten, die ich kennenlernte. Meiner Ansicht nach hat der schöne Eingangschor kaum Ähnlichkeit mit dem aus der Kantate BWV 104.

Kantate »MEINEN JESUM LASS ICH NICHT« (BWV 124) Ein lieblicher Eingangschor. Die Tenor-Arie mit der heftigen Stakkato-Begleitung und der gefälligen Oboenmelodie (Seufzer nach vier Sechzehnteln) entspringt dem wunderlichen Text »Und wenn der harte Todesschlag«.

Kantate »MIT FRIED UND FREUD ICH FAHR DAHIN« (BWV 125) Der Eingangschor entfaltet sich wie jener der *Matthäus-Passion* aus einem e-moll-Akkord; die Taktart ist ebenfalls dieselbe. Auch in anderer Hinsicht gibt es eine enge Verwandtschaft mit dem Eingangschor der *Matthäus-Passion*. Und doch welch ein Unterschied! Dieser Chor ist strenger, grimmiger. Eine phantastische Komposition. Unmittelbar auf den Eingangschor folgt eine verblüffende Alt-Arie. Murray Young sagt darüber: »Wahrscheinlich die außergewöhnlichste Arie, die er je komponierte.« Unglaubliche Dissonanzen. Musik des 20. Jahrhunderts. (Man spricht von einer auffallenden Ähnlichkeit mit dem Duett von Mutter und Tochter aus der Oper *Das Buch mit sieben Siegeln* von Franz Schmidt.) Was für ein Schmerz äußert sich hier in Tönen!

Kantate »ERHALT UNS, HERR, BEI DEINEM WORT« (BWV 126) Gewaltige Baß-Arie. »Stürze zu Boden, schwülstige Stolze!« lautet die Anfangszeile. Wer soll zu Boden stürzen? Die Ungläubigen. Dann wird ihnen noch Schlimmeres gewünscht: »Laß sie den Abgrund plötzlich verschlingen.« Das alles will Bach hörbar machen. In der Einspielung von Karl Richter mit Dietrich Fischer-Dieskau wird der Zuhörer tatsächlich zu Boden geschmettert. Einer der erstaunlichsten Wutausbrüche Bachs.

Kantate »HERR JESU CHRIST, WAHR' MENSCH UND GOTT« (BWV 127) Vgl. Seite 118

Kantate »AUS DER TIEFEN RUFE ICH, HERR, ZU DIR« (BWV 131) Eine der frühesten Kantaten. Der jugendliche Bach, ach, wäre doch mehr von ihm bewahrt geblieben!

Kantate »EIN HERZ, DAS SEINEN JESUM LEBEND WEISS« (BWV 134) Enthält eines der herrlichsten Duette Bachs. Hinreißende, innige, festliche, fast verliebte Musik. Und außerdem ein wunderbar langes Stück. Großartig.

Kantate »ACH HERR, MICH ARMEN SÜNDER« (BWV 135) Schlicht, düster, straff, feierlich; weihevoller Eingangschor. Whittaker spricht von einem »besonders schönen Chor«.

Kantate »LOBE DEN HERREN, DEN MÄCHTIGEN KÖNIG DER EHREN« (BWV 137) Sehr schöner Eingangschor. Die Alt-Arie ist die ursprüngliche Fassung des Adventsliedes »Kommst du nun, Jesu, vom Himmel herunter auf Erden«. Begleitfiguren, ursprünglich für Violine komponiert, deshalb ist die Orgelversion so schwierig. Vgl. auch Seite 111

Kantate »WACHET AUF, RUFT UNS DIE STIMME« (BWV 140) Vgl. Seite 118

Kantate »WIR MÜSSEN DURCH VIEL TRÜBSAL« (BWV 146) Vgl.
Seite 120

Kantate »HERZ UND MUND UND TAT UND LEBEN« (BWV 147)
Vgl. Seite 109

Kantate »MAN SINGET MIT FREUDEN VOM SIEG« (BWV 149)
Ich habe die Sopran-Arie schon früher erwähnt (vgl. Seite 122),
will aber nochmals darauf hinweisen. Alfred Dürr spricht zu
Recht von einem »Streichersatz von bezaubernder Lieblichkeit«.
Und diese friedliche, tröstende, liebliche Musik kommt am besten zur Geltung in der Aufnahme mit Elly Ameling und dem
Dirigenten Wolfgang Gönnenwein.

Kantate »NACH DIR, HERR, VERLANGET MICH« (BWV 150)
Eine sehr sonderbare Kantate. Ein frühes Werk, dessen Echtheit oft angezweifelt wird. Doch wer außer Bach hätte beispielsweise den unglaublichen Schlußchor in Gestalt einer Chaconne
komponieren können? (Brahms verwendete das Thema für seine Chaconne in der Vierten Symphonie.) Und von wem sonst als
von Bach könnte das erstaunliche Terzett sein, in dem das Rauschen der Zedern im Wind so schön vom Baß geschildert wird?

Kantate »SÜSSER TROST, MEIN JESUS KÖMMT« (BWV 151) Über
die Sopran-Arie der Kantate sagt Dürr: »Die Eingangsarie, der
bekannteste Satz der Kantate, gehört zu den glücklichsten Eingebungen Bachs.« Fast eine Untertreibung. Whittaker sagt:
»Dem Sopran kommt hier eine der absolut schönsten Arien aus
der Reihe der Kantaten überhaupt zu.« Es ist nicht nur eine Arie,
es ist ein ganzes Flötenkonzert. Ich kann nicht verstehen, daß
ein Stück wie dieses nicht weltberühmt und wie *Die vier Jahreszeiten* von Antonio Vivaldi in Dutzenden Einspielungen erhältlich
ist. Ich erinnere mich noch genau an den Tag, als endlich eine
Nonesuch-Aufnahme der Kantate herauskam. Ich habe sie drei
Wochen lang jeden Tag etwa zehnmal gehört. Vgl. auch Seite 122

Kantate »SCHAU, LIEBER GOTT, WIE MEINE FEIND« (BWV 153)
Laut Albert Schweitzer gehört »die Altaria zu Bachs schönsten
lyrischen Stücken«. Meiner Ansicht nach eine besonders schöne
Arie, aber zu den schönsten Alt-Arien aus den Kantaten BWV
33, 34, 117 und 170 würde ich sie nicht zählen.

Kantate »MEIN LIEBSTER JESUS IST VERLOREN« (BWV 154)
Vestdijk ist sehr angetan von der Alt-Arie im 12/8-Takt, doch
meiner Meinung nach hat Bach noch schönere Alt-Arien in dieser Taktart komponiert (u. a. die erste Arie der Kantate BWV 170
und die »Erbarme dich«-Arie aus der *Matthäus-Passion*). Vestdijk
sagt leider nichts über das besonders schöne Duett, benotet es
aber hoch.

Kantate »MEIN GOTT, WIE LANG, ACH LANGE« (BWV 155) Das
Duett, mit einem schier endlosen Fagottsolo, ist eines der eigen-
artigsten Stücke Bachs.

Kantate »ICH STEH MIT EINEM FUSS IM GRABE« (BWV 156)
Von Anfang bis Ende ein Wunder. Vgl. auch Seite 120

Kantate »KOMM, DU SÜSSE TODESSTUNDE« (BWV 161) Eine der
frühen Kantaten Bachs. Über den Tod. Ein außergewöhnliches
Stück. Der Chor »Wenn es meines Gottes Wille« ist unglaublich,
ein typisches Stück des jungen Bach, wie er es später nie mehr
komponiert hat. Hier läßt er sich noch gehen, läßt die Musik um-
herschweifen, aber oh, wie schön ist das.

Kantate »ACH! ICH SEHE, ITZT, DA ICH ZUR HOCHZEIT GEHE«
(BWV 162) In der Baß-Arie, mit der die Kantate beginnt, läßt
Bach, wie in Kantate BWV 112, Hörner erklingen. Herrlich be-
schwingte Musik.

Kantate »NUR JEDEM DAS SEINE« (BWV 163) Die Steuerkantate!
Der Text handelt vom Geld, vom Bezahlen, vom Zoll und von
den Steuern. Bemerkenswert, daß Bach mit dem albernen Text
soviel anzufangen wußte. Die Baß-Arie, die von zwei konzertie-

renden Celli begleitet wird, hat einen eigenartigen Klang. In der Mitte eine ungewöhnliche, stampfende Passage; der Baß singt »Komm, arbeite, schmelz und präge«. Als würde Bach einen Vorgeschmack geben von der Schmiede-Szene in Wagners *Siegfried*.

Kantate »IHR MENSCHEN, RÜHMET GOTTES LIEBE« (BWV 167) Eine jener besonderen Kantaten, deren Schlußchoral mit instrumentaler Begleitung versehen ist. Parry gibt dazu in seinem Bach-Buch, wie auch zu Kantate BWV 22, einen säuerlichen Kommentar. In diesem Fall ist es nicht so sehr die »anmutige und fließende Sechzehntelfigur«, die seinen Zorn erregt, auch nicht, daß die Figur »ständig präsent« ist, sondern daß »die Oboen zur Verdoppelung der Geigen da sind«. Und dann sagt er: »Nur ein kurzer Augenblick des Nachdenkens hätte gezeigt, daß der Einsatz dieser Instrumente die Wirkung ruiniert.« Parry hat offensichtlich nicht bedacht, daß zur Zeit Bachs die Oboen viel heller, viel weniger durchdringend klangen. In der schönen Aufnahme von Suzuki (vgl. auch Seite 124) klingt der Schlußchoral großartig. Keine Rede davon, daß die Oboen die Wirkung verderben. Sehr bedauerlich ist allerdings, daß Suzuki ein so schnelles Tempo wählt. Im allgemeinen gilt, daß die rasenden Tempi bei historischen Aufführungen unheimlich viel verderben. Bachs Musik braucht vor allem Ruhe, Geduld, langsame Tempi. Seine ebenso robuste wie stark polyphone musikalische Gedankenwelt vermag man nicht zu erfassen, wenn seine Eingebungen nur so vorbeirasen.

Kantate »VERGNÜGTE RUH, BELIEBTE SEELENLUST« (BWV 170) Vgl. Seite 115

Kantate »ICH LIEBE DEN HÖCHSTEN VON GANZEM GEMÜTE« (BWV 174) Vgl. Seite 120

Kantate »ICH RUF ZU DIR, HERR JESU CHRIST« (BWV 177) Grandioser Eingangschor.

Kantate »SIEHE ZU, DASS DEINE GOTTESFURCHT NICHT HEU-
CHELEI SEI« (BWV 179) Einer der erstaunlichsten, gewagtesten
Eingangschöre.

Kantate »SCHMÜCKE DICH, O LIEBE SEELE« (BWV 180) Whittaker sagt über den Eingangschor: »Er erreicht nicht die gleiche
Qualität wie das Präludium«, nämlich das Vorspiel für Orgel mit
demselben Namen (BWV 654). Nun gehört dieses Choralvorspiel zweifellos zu Bachs tiefsinnigsten Eingebungen, doch den
Eingangschor zähle ich ebenfalls zu Bachs besten Kompositionen. Wieder ein Stück, das schier endlos weitergeht, und doch
bedauert man nach zehn Minuten sehr, wenn es plötzlich endet.
Vgl. auch Seite 116

Kantate »ÄRGRE DICH, O SEELE, NICHT« (BWV 186) Vgl. Seite
124

Kantate »MEINE SEELE RÜHMT UND PREIST« (BWV 189) Vgl.
Seite 115

Kantate »NUN DANKET ALLE GOTT« (BWV 192) Eine kurze
Kantate, zwei Chöre, eine Arie. Wie in den Kantaten BWV 198
und 206 ist der Schlußchor auf einer typischen Bach-Melodie im
12/8-Takt aufgebaut.

Kantate »HÖCHSTERWÜNSCHTES FREUDENFEST« (BWV 194)
Zur Einweihung der Orgel in dem Dörfchen Störmthal bei
Leipzig schrieb Bach eine kolossale zweiteilige Kantate. Besser
gesagt: Er arbeitete vermutlich eine Instrumentalsuite zu der
Kantate um. Warum? Niemand weiß die Antwort darauf. Es ist
ein großangelegtes Werk. Das bezauberndste Stück der Kantate ist die fröhlich beschwingte Sopran-Arie in der Gestalt einer
echten Gavotte.

Kantate »DER HERR DENKET AN UNS« (BWV 196) »Keine tiefe
Empfindung«, sagt Whittaker. Zugegeben, wohl aber eine
frische, lebendige, funkelnde Musik des jungen Bach.

Kantate »LASS, FÜRSTIN, LASS NOCH EINEN STRAHL« (BWV 198) Vgl. Seite 112

Kantate »MEIN HERZE SCHWIMMT IM BLUT« (BWV 199) Obwohl ich jedesmal wegen des widerwärtigen Titels schlucken muß, von Anfang bis Ende eine gewaltige Komposition.

Kantate »Bekennen will ich seinen Namen« (BWV 200) Vgl. Seite 119

Kantate »GESCHWINDE, IHR WIRBELNDEN WINDE« (BWV 201) Phantastisch schöner Eingangschor. Wie eine Windhose. Wunderschöne Arien für Phoebus und Mercurius, begleitet von zwei Flöten.

Kantate »WEICHET NUR, BETRÜBTE SCHATTEN« (BWV 202) Der Anfang ist so großartig, daß er alle Tanzstücke, die nach ihm kommen, in den Schatten stellt. Trotzdem: Was für eine atemberaubende Schlußgavotte.

Kantate »SCHLEICHT, SPIELENDE WELLEN« (BWV 206) Sublimer Eingangs- und Schlußchor. Am schönsten ist vielleicht die kurze Stelle im Schlußchor, wo Sopran- und Altstimmen auf einen Text über bemooste Kanäle einen Kanon singen. Von Mozartscher Anmut, Lieblichkeit und Gefälligkeit. Vgl. auch S. 119

Kantate »WAS MIR BEHAGT, IST NUR DIE MUNTRE JAGD« (BWV 208) Enthält die schönste Melodie, die uns aus Bachs Jugendjahren überliefert ist, die Arie »Schafe können sicher weiden«. William Walton und viele andere haben sich daran vergriffen. Man muß sie in der ursprünglichen Version hören, mit zwei Flöten und einem hellen, knabenhaften Sopran.

Kantate »O HOLDER TAG, ERWÜNSCHTE ZEIT« (BWV 210) Die zweite Sopran-Arie im 12/8-Takt ist ein Wunder.

Kantate »SCHWEIGT STILLE, PLAUDERT NICHT« (BWV 211) Die entzückende *Kaffee-Kantate*. Das hinreißende Stück läßt erkennen, daß an Bach ein großer Opernkomponist verlorengegangen ist. Vgl. auch Seite 123

Kantate »MER HAHN EN NEUE OBERKEET« (BWV 212) Wahrscheinlich die letzte Kantate, die Bach komponiert hat, die *Bauern-Kantate*. Sie stammt aus dem Jahr 1742. Bach dürfte sich schon damals ganz vergeistigt mit stark abstrakter Musik beschäftigt haben: Goldberg-Variationen, erste Ansätze zur *Kunst der Fuge*. Die Kantate soll uns daran erinnern, daß Bach damals auch kurzweilige, irdische, keineswegs abstrakte Musik zu schreiben verstand. Außerdem zitiert er darin die Melodie des frivolen Liedchens »Mit dir und mir ins Federbett, mit dir und mir ins Stroh«. (Daß er, der unbekümmert zwanzig Kinder gezeugt hat, über die Freuden im Federbett sehr wohl Bescheid wußte, versteht sich von selbst.) Ich glaube nicht so recht daran, daß Bach, sich von der Welt abwendend, seit 1742 nur noch in den höheren Regionen des Geistes verkehrte. Schließlich hatte er schon lange, bevor er nach Leipzig ging, einige sehr abstrakte, vergeistigte Fugen im ersten Teil des *Wohltemperierten Klaviers* komponiert (Fuge in cis-moll, in es-moll, in b-moll, in h-moll).

Kantate »LASST UNS SORGEN, LASST UNS WACHEN« (BWV 213) Die schönsten Stücke aus dieser Kantate übernahm Bach später in das Weihnachtsoratorium.

Kantate »TÖNET, IHR PAUKEN! ERSCHALLET, TROMPETEN!« (BWV 214) Auch aus dieser Kantate wurden die schönsten Stükke in das Weihnachtsoratorium aufgenommen.

Kantate »PREISE DEIN GLÜCKE, GESEGNETES SACHSEN« (BWV 215) Der Eingangschor kehrt in der h-moll-Messe wieder: Hosianna!

»Kommt, ihr Töchter, helft mir klagen«
Oder: »Wie ich das erste Mal
die *Matthäus-Passion* hörte«

Interviewer: »Stimmen Sie mir zu, daß die *Matthäus-Passion*
das größte Werk in der Musikgeschichte ist?«
Pablo Casals: »Da stimme ich Ihnen tausendmal zu.«

Zeitlebens war ich mir keinen Augenblick lang unsicher,
wenn man mich fragte, welche Bachs ergreifendste Komposition sei. Ohne jeden Zweifel die *Matthäus-Passion*. Weder an
Umfang noch an Tiefe oder bewegender Kraft gibt es ein Werk,
das sich damit vergleichen läßt. Außer der Chaconne natürlich,
dem kürzesten Meisterwerk, das Bach komponiert hat, und der
Sarabande aus der Fünften Cellosuite (BWV 1011). Nur neunzehn Takte, aber von unübertroffener Ausdruckskraft. In *Music
Forum 2* fand ich 1970 die Übersetzung eines Artikels von Heinrich Schenker aus dem Jahr 1926, *Das Meisterwerk in der Musik*.
Darin gibt er eine sorgfältige Analyse der Sarabande.
Manche Menschen betrachten die Messe in h-moll als Bachs
größtes Werk. Robert Marshall spricht von seiner »letzten und
größten Kirchenmusik«. Nach heutigen Erkenntnissen war es
tatsächlich die letzte Komposition, an der Bach arbeitete, nachdem er *Die Kunst der Fuge* ganz oder größtenteils vollendet hatte. Schon aus diesem Grund sollte man seine erhabenste, nobelste, vollendetste Komposition zu seinem größten Werk erklären.
Was mich davon abhält, ist der Umstand, daß die h-moll-Messe

keine Komposition, sondern eine Kompilation ist. Bereits Marshall sagte: »... die meisten, wenn nicht gar alle Solosätze und nachweislich drei der vier Chorsätze aus dem ›Gloria‹ sind keine neuen Kompositionen, sondern Parodien von verlorengegangenen Originalen.« Vielleicht gilt dies auch für alle Chorstücke. Weitaus mehr Teile, als man früher glaubte – man beachte das großartige Buch von Klaus Häfner über Bachs *Parodieverfahren* –, stammen aus kirchlichen oder weltlichen Kantaten. Häfner vertritt die Meinung, nur das bereits 1724 entstandene »Sanctus«, das »Credo in unum Deum«, das »Confiteor unum baptisma« und das später geschriebene »Et incarnatus est« seien zum vorhandenen Text komponiert worden. Zwar sind von den 27 Teilen, aus denen die h-moll-Messe besteht, nur von sieben Teilen frühere Versionen bekannt, doch Häfner weist plausibel nach, daß auch viele andere Teile auf frühere Arbeiten zurückgehen. Mich dünkt: Wie meisterhaft auch Bach die früheren Stücke zu Bestandteilen der Messe umarbeitete (man denke nur an das »Crucifixus«, das auf dem Hauptteil des Chors »Weinen, Klagen, Sorgen, Zagen« aus der Kantate BWV 12 basiert), ist es doch nicht angebracht, die h-moll-Messe als Bachs größtes Werk zu bezeichnen. Dann gehörte zum Beispiel auch der Eingangschor der Kantate BWV 12 dazu.

Die h-moll-Messe ist ein unvergängliches Monument, aber die *Matthäus-Passion* ist viel dramatischer, bewegender, menschlicher. Ich habe auch nie die Diskussionen über die Frage begriffen, welche Passion schöner ist, die des Matthäus oder des Johannes. Unlängst fand ich in einem Brief von Robert Schumann an Moritz Hauptmann vom 8. Juni 1851 folgende Passage: »Es scheint mir kaum zweifelhaft, daß die *Johannes-Passion* die *später*, in der Zeit höchster Meisterschaft, geschriebene ist; in der anderen spürt man, dächte ich, mehr Zeiteinflüsse, wie auch in ihr der Stoff überhaupt noch nicht bewältigt erscheint. Aber die Leute denken freilich, die Doppelchöre machen's.«

Daß Schumann sich in den Entstehungsdaten der beiden Werke irrt – er konnte noch nicht wissen, daß die *Johannes-Passion* (Fassung 1) 1724 entstand, die *Matthäus-Passion* einige Jahre später –, ist weniger von Belang als seine Meinung über die Werke. Doch ob er wohl jemals eine gute Aufführung der *Matthäus-Passion* gehört hat? Es liegt nahe, daß die viel kürzere *Johannes-Passion* in der damaligen Zeit öfter und besser aufgeführt wurde als die dreieinhalb Stunden dauernde *Matthäus-Passion*.

Soviel ist sicher: Bach selbst hat die *Matthäus-Passion* höher geschätzt als jedes andere Werk von seiner Hand. Das schließe ich nicht nur daraus, daß er den schönsten Chor der *Johannes-Passion* »O Mensch, bewein dein Sünde groß« – den ursprünglichen Eingangschor jener Passion – in die *Matthäus-Passion* übernommen hat, wo er jetzt bekanntlich den Schlußchor des ersten Teils bildet, sondern auch daraus, daß er 1736 das ganze Werk noch einmal sauber abschrieb. Dem »verdanken« wir, wie Emil Platen in seinem profunden Buch über die *Matthäus-Passion* sagt, »die Existenz einer der prachtvollsten Handschriften Bachs«.

Als diese Handschrift später aus unerklärlichen Gründen so beschädigt wurde, daß die Ränder der ersten zwölf Partiturseiten abbröckelten, hat Bach die Stellen mit neuen Papierstreifen überklebt und darauf die fehlenden Takte nachgetragen. So sehr lag ihm dieses Meisterwerk am Herzen!

Wir können von Glück sagen, daß wir die *Matthäus-Passion* noch besitzen. In seinem 1754 verfaßten Nekrolog berichtet Carl Philipp Emanuel Bach, daß sein Vater fünf Passionen komponiert habe. Wenn das stimmt – und warum sollte sich sein Sohn in einem so wesentlichen Punkt irren? –, sind demnach mindestens drei Passionen verschollen. Von einer Passion wissen wir mit Sicherheit, daß sie existiert hat: der *Markus-Passion*. Von den beiden anderen fehlt jede Spur. Vielleicht dürfen wir uns der vagen Hoffnung hingeben, daß Carl Philipp Emanuel die in Bachs Handschrift überlieferte *Lukas-Passion* mitgezählt hat. (Übrigens sind Teile der *Lukas-Passion* in der Handschrift von Carl Philipp Emanuel Bach erhalten geblieben.) Diese kann jedoch nicht von Bach geschrieben worden sein. »Wenn er die komponiert hat«, so Brahms, »dann zu jener Zeit, als er noch ins Bett näßte.«

Als nach Bachs Tod sein Nachlaß verteilt wurde, erhielt Carl Philipp Emanuel die beiden großen Passionen und Wilhelm Friedemann aus rein praktischen Gründen – er konnte an seinem Wohnort Halle die großen Passionen nicht aufführen – die anderen. Leider ist Wilhelm Friedemann mit den Partituren seines Vaters nicht so sorgfältig umgegangen wie sein Bruder, so daß die drei kleineren Passionen wahrscheinlich verlorengingen. Hätte Wilhelm Friedemann die *Matthäus-Passion* bekommen, so wäre wahrscheinlich auch dieses Werk verschollen.

Wilhelm Friedemann ist wegen des nachlässigen Umgangs mit den Werken seines Vaters viel und hart gescholten worden, doch Michael Heinemann und Hans-Joachim Hinrichsen verteidigen ihn in ihrem Buch *Bach und die Nachwelt*. Das Leben Wilhelm Friedemanns war eine Tragödie. Peter Schleuning berichtet: »Wilhelm Friedemann scheint vom Tod des Vaters so getroffen gewesen zu sein, daß er sofort durch Unregelmäßigkeiten im Amt den Grundstein für sein unstetes Leben zu legen begann.« Alkohol und Armut haben Wilhelm Friedemann gebrochen. Aus Geldmangel sah er sich gezwungen, die Partituren seines Vaters für gutes Geld zu verkaufen. So wurde sein Teil des Nachlasses in alle Winde zerstreut, darunter möglicherweise auch die drei Passionen.

Wann wurde die *Matthäus-Passion* zum erstenmal aufgeführt?

Carl Friedrich Zelter schrieb im Vorwort des Programmheftes zur berühmten Aufführung der *Matthäus-Passion* unter Leitung des zwanzigjährigen Felix Mendelssohn Bartholdy 1829 in Berlin: »So ward auch diese Musik, in zwei Theilen, zwischen welchen die Nachmittagspredigt statt fand, zur Charfreitagsvesper im Jahre 1729 in der Thomaskirche zu Leipzig aufgeführt, und begeht mit der heutigen Wiederholung ihre Sekularfeier.«

Der Text von Picander (Pseudonym für Christian Friedrich Henrici) wurde laut Titel »Anno 1729« veröffentlicht und bestätigt dieses Datum. Aber seit 1950 sind Zweifel aufgekommen. Im Aufführungsmaterial zum »Sanctus«, das später in die h-moll-Messe übernommen wurde, gibt es einige Takte der Arie »Mache dich, mein Herze, rein«. Dieses »Sanctus« stammt aus den Jahren 1726–1727; manchmal wird es sogar noch früher datiert. Wie dem auch sei: Wenn die Musik, die heute der Arie »Mache dich, mein Herze, rein« zugeordnet wird, von Anfang an für diesen Text bestimmt war und Bach demzufolge schon damals an der *Matthäus-Passion* arbeitete, muß die Jahreszahl 1729 überprüft werden. Doch bedenkt man, wie Bach beim Komponieren vorging, ist es keineswegs ausgeschlossen, daß die paar Takte Musik ursprünglich für ein anderes Werk bestimmt waren. Häfner verweist sogar auf mögliche Originalquellen. Aus der Tatsache, daß sich anderthalb Takte im Aufführungsmaterial des »Sanctus« finden, darf man keine Schlußfolgerung ziehen. Doch es gibt noch weitere Hinweise dafür, daß die *Matthäus-Passion* früher als 1729 datiert werden muß. Nach den Analysen von Joshua Rifkin und Eric Chafe sind heute fast alle Bach-Kenner der Meinung, daß die *Matthäus-Passion* bereits 1727 zum erstenmal erklungen sei, möglicherweise schon für 1725 geplant war. Klaus Häfner dagegen bringt in seinem Buch über das *Parodieverfahren* Argumente für das Entstehungsjahr 1729. Ich möchte mich nicht in die Diskussion einmischen, sondern nur darauf hinweisen, daß Robin A. Leaver in seinem Artikel *The Mature Vocal Works and their Theological Context* in *The Cambridge Companion to Bach* diese Entstehungsprobleme sehr exakt behandelt. Ob Bach die *Matthäus-Passion* 1727 oder erst 1729 zum erstenmal aufführte, scheint ein akademisches Problem zu sein. Dennoch ist es das nicht. Wenn die *Matthäus-Passion* 1727 ganz oder größtenteils fertig war, hat Bach, als er 1729 Musik aus der Passion in die Trauermusik für den verstorbenen Fürsten Leopold von Anhalt-Köthen (BWV 244a) übernahm, die *Matthäus-Passion* parodiert. Dann wurde die Musik der Passion durch den Text von Picander inspiriert. Wenn aber die *Matthäus-Passion* erst nach der Köthener Trauermusik entstand, kann Picanders Text nicht Teile von Bachs ergreifendstem Werk inspiriert haben. (Vgl. auch Seite 98 ff.)

Ich halte es aus rein praktischen Erwägungen für das Wahrscheinlichste, daß Bach 1729 noch an der *Matthäus-Passion* arbeitete, als er sich Hals über Kopf in ein anderes großes Werk stürzen mußte. Deshalb übertrug er die Musik, die er kurz zuvor komponiert hatte, in die Trauermusik für seinen Fürsten. In diesem Fall ist die Frage, welcher Text die Musik inspirierte, weniger relevant. Bach arbeitete gleichzeitig an zwei großen Kompositionen, wobei dem Text eine untergeordnete Bedeutung zukam. Hans Brandts Buys formuliert es in seinem Buch über die Passionen von Bach so: »Als Bach mit der Komposition der *Matthäus-Passion* beschäftigt war, starb sein Freund Leopold von Cöthen. Bach wurde gebeten, für die Trauerfeier (am 24. März 1729, drei Wochen vor der Aufführung der *Matthäus-Passion*) eine Trauerode zu schreiben. Er plünderte seine *Matthäus-Passion*, da er offensichtlich nicht imstande war, zwei große Werke gleichzeitig zu schreiben und einzustudieren.« Obwohl mir das Wort

»plündern« übertrieben vorkommt, erscheint mir – im Widerspruch zu den Überlegungen von Rifkin und Chafe – diese Erklärung am plausibelsten.

Jedenfalls hat Bach in der Köthener Trauermusik den Eingangschor der *Matthäus-Passion* nicht verwendet. Nichts im Œuvre von Bach läßt sich mit diesem Chor vergleichen. So meisterhaft manche andere Chöre auch sind – ich denke da an das »Sanctus« der h-moll-Messe, den Eingangschor der Trauerode, an die Eingangschöre der Kantaten BWV 105, 104, 180, 96, 109 und an die Motette »Singet dem Herrn ein neues Lied« –, die Größe des Eingangschores der *Matthäus-Passion* ist mit nichts anderem zu vergleichen. Er ist einfach das schönste Chorwerk Bachs. Am nächsten kommt ihm noch der Eingangschor der Kantate »Mit Fried und Freud ich fahr dahin« (BWV 125). Dieselbe Tonart, dieselbe Taktart, dieselbe Struktur, ein vergleichbarer Aufbau, nur daß der Eingangschor der Kantate BWV 125 nicht doppelchörig ist.

Hans Brandts Buys sagt dazu: »Aus den vorgefundenen Elementen des Chorals hat Bach das motivische Material des gesamten Chors gestaltet.« Der zitierte Choral ist »O Lamm Gottes, unschuldig«, gesungen von einem Knabenchor. Brandts Buys zeigt anhand von Notenbeispielen, daß »aus dem Tetrachord, geschmückt mit einer Sekunde, die beiden Hauptthemen entstanden sind«. Das scheint mir nicht abwegig, denn Bach ging oft so vor – man denke an die Art, wie er die unvergängliche Melodie des »Wohl mir, daß ich Jesum habe« aus dem gleichnamigen Choral ableitete –, doch Nikolaus Harnoncourt schreibt in seinem Buch *Der musikalische Dialog*: »Es ist interessant, daß Bach sich zum Thema des Eingangschores offenbar von einem Tombeau (Trauermusik) von Marin Marais, dem Hofgambisten Ludwigs XIV., inspirieren ließ – die Übereinstimmung ist unverkennbar.« Leider gibt Harnoncourt kein Notenbeispiel aus dem Werk von Marais, und weil er nicht präzise angibt, um welche Trauermusik von Marais es sich handelt, kann man seine Behauptung nicht nachprüfen. In dem Buch von Martin Geck über die *Johannespassion* ist dagegen ein anderer Vergleich mit einer Tombeau-Komposition von Marais vermerkt: »Das [...] *Tombeau de Mr. Meliton*, das Marais 1686 veröffentlichte, enthält übrigens neben einem weiteren Anklang an das Motiv ›Es ist vollbracht‹ [aus der *Johannes-Passion*] verblüffende Parallelen zum Eingangschor und zur Arie ›Komm süßes Kreuz‹ der *Matthäus-Passion*.« Du meine Güte, da sollen ja die ganze *Johannes-* und *Matthäus-Passion* schon in dem Stück von Marais enthalten sein! Geck meint, daß die Stücke von Marais Bach »durchaus bekannt gewesen sein könnten«.

Mittlerweile stimme ich dem zu, was Dürr in seinem Buch über das *Wohltemperierte Klavier* sagt: »Nun ist die Frage ›Woher hat Bach das?‹ eine Lieblingsbeschäftigung der Forschung.« Von vielen Themen liest man in der zeitgenössischen Bach-Literatur, er habe sie von anderen übernommen. Zu Recht sagt Dürr: »Gleichwohl sollte darum die Möglichkeit nicht ausgeschlossen werden, daß Bach auch eigene Einfälle hatte.«

Ich halte es für unwahrscheinlich, daß Bach das Hauptthema des Eingangschores dem Werk von Marais entnommen hat. Man kann sich kaum ein charakteristischeres Bach-Thema vorstellen als diese schwermütige, sich aus der Tonart e-moll entwickelnde Melodie. So oder so: Bach hatte Mut. Gleich an den Anfang stellte er das Beste, was er zu geben hatte. Doch auch alles, was anschließend folgt, macht einen tiefen Eindruck.

Über die *Matthäus-Passion* brauche ich nicht in extenso zu schreiben. Wer sich die Mühe macht, mein Buch zu lesen, kennt das Werk genausogut wie ich. Soll man auf die wunderschön har-

monisierten Choräle hinweisen? Brandts Buys hat vortrefflich
darüber geschrieben. Soll man die Aufmerksamkeit auf die hin-
reißenden Streicherpassagen beim Brot und Wein des Abend-
mahls lenken? Soll man sagen: Beachte doch das herrliche Duett
von Sopran und Alt »So ist mein Jesus nun gefangen«, die Chorstücke und die Überleitung zu »Sind Blitze, sind Donner in Wol-
ken verschwunden«? Soll man darauf hinweisen, daß Bach,
wenn er, wie im Schlußchor des Ersten Teils, mit Tonwiederholungen arbeitet, immer in Höchstform ist? Soll man den
12/8-Takt der »Erbarme dich«-Arie besonders erwähnen? In
dieser Taktart hat Bach nahezu alle seine schönsten Kompositionen geschrieben: den Eingangschor der *Matthäus-Passion*, den
zweiten Satz des Doppelkonzerts, die Sopran-Arie der Kantate
»Süßer Trost, mein Jesus kömmt« (BWV 151), das Pastorale aus
dem Weihnachtsoratorium usw. Soll man zu verstehen geben,
daß ein solch klischeehaftes Element der Musik wie der verminderte Septakkord bei Bach eine gewaltige Wirkung hervorruft,
wenn der Chor »Barrabam« ruft? Soll man auf die vielen wunderschönen Ariosi hinweisen? Für mich sind die Höhepunkte
»Am Abend, da es kühle war« und »Ach Golgatha, unselges Golgatha!«.

Ich weiß noch gut, wie ich das erste Mal die *Matthäus-Passion* hörte. Am Palmsonntag, in meinem Dachstübchen in Maassluis, in
einer Übertragung aus dem Concertgebouw in Amsterdam unter der Leitung von Eugen Jochum. Ich mußte das Ohr fest an
den Radioapparat drücken, denn ich durfte ihn nicht laut auf-
drehen. Wenn ich das tat, kam sofort meine Mutter nach oben
gerannt, um mich schroff zu ermahnen: »Stell um Himmels willen das Ding sofort leiser, uns dröhnen da unten die Ohren.«
Damals, beim erstenmal, mußte ich mich zuerst in dieser Wunderwelt zurechtfinden, denn vieles sprach mich noch nicht an.

Eine Arie bewegte mich sehr: »Sehet, Jesus hat die Hand, / Uns zu fassen, ausgespannt.« Ich fand das so ausnehmend schön, die beiden Oboen in ruhigem Duett, die Triller, die Chorpassagen: »Wohin? Wohin? Wohin?« In den historischen Aufführungen unserer Tage wird die Arie meist zu schnell ausgeführt. Ich bedauere das sehr, denn für mich kann das Tempo nicht langsam genug sein. Wir haben es hier doch mit einer innigen Meditation zu tun.

Wenn jemand zu mir sagt: »Aber die *Johannes-Passion* ist doch auch ein Wunderwerk«, dann stimme ich ihm sofort zu. Es ist eine meisterhafte Komposition, heftiger, bewegter, konzentrierter, dramatischer als die *Matthäus-Passion*. Außerdem enthält sie jenes unvergängliche, zarte Arioso »Betrachte, meine Seel, mit ängstlichem Vergnügen«. So etwas Wunderbares findet man weder in der *Matthäus-Passion* noch in einer Kantate. Wir brauchen uns aber nicht zwischen *Matthäus-* und *Johannes-Passion* zu entscheiden und sollten innig dankbar dafür sein, daß immerhin diese beiden Passionen erhalten geblieben sind. Unser Dasein wäre viel kühler und kahler, wenn wir diese sublimen Wunderwerke entbehren müßten.

Ich begreife allerdings nicht, wie jene Zehntausende, die jahrein, jahraus in die Aufführungen dieser Passionen eilen, sich im allgemeinen in der Wunderwelt der Kantaten so schlecht auskennen. Wer sich für die *Matthäus-Passion* begeistert, möchte doch mehr solche Musik hören. Warum sich nicht auch den Kantaten »Mit Fried und Freud fahr ich dahin« (BWV 125) oder »Jesu, der du meine Seele« (BWV 78) zuwenden, in denen die gleiche ernsthafte Atmosphäre herrscht wie in der *Matthäus-Passion*? So prächtig die vielen Arien der Passion auch sind, Bach hat viele Arien mit vergleichbarer Ausdruckskraft geschaffen. In den Kantaten finden sich Arien, die der »Erbarme dich«-Arie in nichts nachstehen. Trotzdem: Wenn in tausend Jahren noch Musik von Bach erklingen sollte, dann hoffe ich, daß es die *Matthäus-Passion* sein wird.

»… und ich eile zur Grote Kerk in Maassluis« Die Orgelwerke

So stelle ich mir den Himmel vor. Es ist November. Es ist windstill, es fällt milder Nieselregen, es ist später Nachmittag, es wird allmählich dunkel, und ich eile zur Grote Kerk in Maassluis. Kalt ist es nicht, etwa zwölf Grad, und in der Kirche ist es mit sechzehn Grad noch etwas wärmer. Genau die richtige Temperatur zum Orgelspielen. Neben der Orgel befindet sich ein kleiner Schrank. Darin stehen die neun Peters-Bände mit Orgelwerken. Außerdem Bände mit den *Kleinen Präludien und Fugen*, den *Zwei-* und *Dreistimmigen Inventionen*, den *Französischen* und *Englischen Suiten*, den *Partiten*, die beiden Teile des *Wohltemperierten Klaviers* und ein kleines Bändchen mit den *Vier Duetten für Orgel*, denn sonderbarerweise findet man diese in keinem der neun Peters-Bände.

Außer den Orgelwerken lassen sich nämlich auch alle Klavierwerke mit einer ausgeklügelten Registrierung sehr zufriedenstellend auf einer echten Barockorgel interpretieren. Für mich brauchte in dem Schränkchen neben der Orgel nichts anderes stehen. Was Bach komponiert hat, überragt turmhoch die Werke anderer Komponisten. Nur für die zwei Peters-Bände mit den Orgelwerken von César Franck würde ich einen Platz frei lassen. Hin und wieder könnte man dann zur Abwechslung zu Prélude, Fugue et Variation greifen, zu einem der drei sublimen Choräle oder zum friedlichen Pastorale. Noch zwei weiteren Stücken würde ich einen Platz einräumen: dem Präludium und der Fuge in A-Dur von Franz Schmidt und der Air von Samuel Wesley.

Über Bach als Organist hat Friedrich Blume in seinem aufsehenerregenden Vortrag *Umrisse eines neuen Bach-Bildes* einige sehr beherzigenswerte Bemerkungen gemacht. Er sagt: »Niemand weiß in Wirklichkeit, wann und wo Bach Klavier oder Orgel spielen gelernt hat [...], niemand, wo er sich die später so gefürchtete Kenntnis des Orgelbaus zugelegt hat, die er schon als Achtzehnjähriger besessen haben muß [...], niemand, wann, wo, bei wem er die Orgelimprovisation und Orgelkomposition gelernt hat. Wir wissen nur, daß er 1703 in Weimar, dann in Arnstadt und in Mühlhausen ein fertiger Meister des Orgelspiels und der Orgelkomposition gewesen sein muß. Aber stimmt es denn überhaupt, daß Bach eine Vorliebe für die Orgel besessen hat? Daß er ein enormer Könner, Virtuos und Techniker gewesen ist, darin allen Zeitgenossen, Vorgängern und Nachfolgern turmhoch überlegen, besagt ja noch nicht, daß ihm die Orgel mehr gewesen ist als das Instrument zur Entfaltung dieses Könnens. Hat Bach eine Herzensbeziehung zur Orgel gehabt? Kaum. Seine letzte amtliche Funktion als Organist ist seine Mühlhausener Stelle gewesen, die er 1708, also mit 23 Jahren, aufgab. In Weimar hat er dann teils Organistendienste, teils andere höfische Musikdienste verrichtet, und seit 1716/17 hat Bach zeitlebens amtlich nichts mehr mit der Orgel zu tun gehabt. Er unterrichtete, improvisierte, konzertierte, spielte für Freunde und hohe Persönlichkeiten, prüfte und begutachtete Instrumente, aber als kirchlicher Organist ist er nie wieder tätig gewesen. Hätte Bach sich der Orgel urverbunden gefühlt, so wäre es ihm doch gewiß nicht schwergefallen, eines der bedeutenden Organistenämter zu übernehmen, an denen Deutschland damals noch so reich war. Aber nie hört man ein Wort davon, daß er sich darum bemüht hätte.« Blume zieht daraus die Schlußfolgerung, daß von einer Urverwandtschaft Bachs mit der Kirchenorgel nicht die Rede sein kann.

Mir scheint, dagegen ist nichts einzuwenden. Der größte Orgelkomponist aller Zeiten hatte keine größere Affinität zur Orgel als beispielsweise zur Violine, für die er schließlich sein schönstes Stück komponiert hat: die Chaconne. Und neben den Stücken, die wahrscheinlich verlorengingen, noch drei großartige Konzerte, die Konzerte in a-moll und E-Dur und das Doppelkonzert in d-moll.

Demnach kann man nicht von einer Urverwandtschaft mit der Orgel sprechen: Wie seltsam also, daß Bach, obwohl seit 1708 nicht mehr in der Funktion als Organist tätig, gerade für dieses Instrument viele seiner unvergänglichen Werke schrieb.

Das kolossale Orgel-Œuvre Bachs – im *Verzeichnis der musikalischen Werke Bachs*, herausgegeben von Wolfgang Schmieder, umfaßt es die Werke BWV 525–771, also insgesamt fast 250 Stücke – läßt sich in zwei Kategorien aufteilen: die Choralbearbeitungen und die anderen Orgelstücke. Unter den letzteren finden wir die Bearbeitungen der Kompositionen anderer Meister, Jugendwerke voll Bravour, darunter sein berühmtestes Orgelwerk, die Toccata und Fuge in d-moll (BWV 565), deren Echtheit allerdings »angezweifelt« wird, seit Peter Williams ziemlich überzeugend nachgewiesen hat, daß dieses Stück nicht von Bach sein könne (Die große Frage ist nur: Von wem denn sonst? Gab es zu jener Zeit ein zweites Genie, von dem wir weiter nichts wissen?), außerdem die größeren, reiferen Orgelwerke. Unter ihnen das Beste, was der menschliche Geist hervorgebracht hat: die Passacaglia in c-moll (BWV 582), die Präludien und Fugen in e-moll (BWV 548), in c-moll (BWV 546), in h-moll (BWV 544), in Es-Dur (BWV 552), in C-Dur (BWV 547) und die Fantasia und

Fuge in g-moll (BWV 542). Außerdem die Toccaten in F-Dur und in C-Dur (BWV 540 und 564) sowie die Dorische Toccata (BWV 538). Im Grunde nur eine Handvoll Kompositionen, aber welch eine unglaubliche Musik!

Die Passacaglia und die dazugehörige Fuge bilden zusammen ein Wunderwerk sondergleichen. Als habe Bach den Organisten ein Pendant zu seiner Chaconne als vergleichbares Meisterwerk schenken wollen.

Im Präludium e-moll höre ich schon die herbe Klage des Amfortas aus Wagners *Parsifal* vorweggenommen, die kolossale Fuge jedoch hat nichts Herbes, sondern ist ein durchweg erschütterndes Stück.

Das Präludium c-moll mit seinen einleitenden Akkorden, die wie die Schritte eines Dinosauriers tönen, ist großartig, majestätisch und weckt abgrundtiefe, schwer zu beschreibende Gefühle. Die Fuge hält nicht dasselbe Niveau.

Im Präludium h-moll wird eine ruppige, scharfe, in ihrer Bösartigkeit an Hitchcock erinnernde Schattenwelt heraufbeschworen, als hätte Bach das Elend des 20. Jahrhunderts vorausgeahnt. Die Fuge schließt sich an die überwältigende Bosheit nahtlos an.

Das majestätische Es-Dur-Präludium habe ich einmal von Jean Langlais spielen hören, es war unglaublich und gehört zu meinen größten musikalischen Erlebnissen. Die Tripelfuge ist ebenfalls phantastisch, wobei man wirklich nicht zu wissen braucht, daß sie möglicherweise etwas mit der Heiligen Dreieinigkeit zu tun hat.

Wunderschön finde ich auch das Präludium C-Dur (BWV 547, hier ist die Nummer des BWV erforderlich, da es mehrere C-Dur-Präludien gibt). Bach schreitet darin majestätisch voran und beschwört die Atmosphäre eines Universums, in dem man sich sicher geborgen weiß. Phantastisch auch die darauffolgende Fuge, die so innig und verträumt beginnt und in der die Pedalstimme so lange auf sich warten läßt. Als läge man, ein ängstliches Kind, nachts in seinem Kämmerchen, wo – so sparsam die Eltern sonst sind – dennoch ein Lämpchen brennen darf.

Bachs gewaltigste Fantasia dürfte die der *Chromatischen Fantasie und Fuge* (BWV 903) sein, oder ist es doch die g-moll-Fantasia für Orgel? Wie dem auch sei, auch letztere gehört zu den besten Werken, die Bach uns hinterlassen hat.

Von den Toccaten finde ich die in F-Dur am schönsten. Was für eine gewaltige Komposition! Als führe ein Orkan in eine Kirchenorgel. Die Dorische Toccata hat etwas Verbissenes, etwas Gräuliches, ist aber ein gewaltiges Stück, wenn man es selbst spielt. Der eigensinnigen Toccata C-Dur folgt ein Adagio. Mit hoher Wahrscheinlichkeit ein Jugendwerk, die sublime Musik eines Jugendlichen und als solche das Gegenstück zur unvergänglichen Musik eines anderen Jugendlichen: dem Andante der Symphonie A-Dur (KV 201) von Mozart. (Man beachte: derselbe punktierte Rhythmus.)

Natürlich verdienen auch die anderen großen Orgelwerke erwähnt zu werden: Präludium und Fuge a-moll (BWV 543), Präludium und Fuge f-moll (BWV 534), Präludium und Fuge A-Dur (BWV 536) und noch sehr viele andere Orgelwerke. Meines Erachtens jedoch hat Bach in den zuvor erwähnten Werken den Gipfel seiner Kunst erreicht. Einige Organisten würden vielleicht auch noch Präludium und Fuge in G-Dur (BWV 541) dazuzählen. Eine entzückende Komposition, um sie selbst zu spielen, doch mich erstaunt immer wieder, daß Bach in der Tonart G-Dur so wenig moduliert und uns leichte Unterhaltungsmusik ohne viel Tiefgang bietet. Nur in der Kantate »Der Herr ist mein getreuer Hirt« (BWV 112) hat er einen Eingangschor in G-Dur geschaffen, der, obwohl Bach auch hier wenig moduliert und mit einfachen Tonleiterfiguren arbeitet, dennoch atemberaubend ist.

Für denjenigen, dem die ganze Orgelgewalt mit einem Plenum, natürlich samt Mixturen, des Guten zuviel ist, seien die sechs hochgelobten Triosonaten BWV 525–530 empfohlen. Drei zarte Stimmen, die mit Oberwerk, Hauptwerk und Pedal eine zauberhaft leichte, tänzerische Welt heraufbeschwören. Was sind das doch für unfaßbar prächtige Stücke! Das schönste ist vielleicht die fünfte Triosonate mit dem ersten Satz, in dem Bach einfach nicht mehr aufhören will, und dem herrlichen zweiten Satz, in dem er so verblüffend viele Noten untergebracht hat. Doch auch die erste Triosonate ist immer ein Fest, sowohl für den Zuhörer (es war das erste Stück, das ich bei meinem ersten Orgelkonzert zu hören bekam; ich war davon so beeindruckt, daß ich die anderen Stücke kaum wahrgenommen habe) als auch für den, der sie spielt – schade nur, daß die Sonaten so tierisch schwer sind. Ich habe sie übrigens oft mit meiner Frau Hanneke gespielt. Sie übernahm mit ihrer Querflöte die Oberstimme, so daß es mir nicht mehr so schwer fiel, die beiden Unterstimmen zu spielen. Auch wenn Bach nur diese sechs Triosonaten geschaffen hätte, würde man ihn zu den größten Orgelkomponisten zählen.

Einmal machte ich Urlaub in London, lief ziellos, von Heimweh geplagt, herum und betrat deprimiert eine Kirche. Dort übte ein mittelmäßiger Organist den langsamen Satz aus der zweiten Triosonate. Bach beginnt darin mit einer wunderschönen, von Tonwiederholungen durchsetzten Melodie, die im weiteren Verlauf sonderbarerweise nicht wiederkehrt. Doch wenn jemand ein solches Stück längere Zeit hindurch übt, wiederholt sich die Melodie zwangsläufig. Eine Stunde lang habe ich atemlos, mit meinen Tränen kämpfend, zugehört. Als hätte Bach gewußt, daß ich ihn in diesem Augenblick dringend brauchte.

Doch es gibt noch soviel mehr als diese Wundersonaten. Auch in der Welt der Choralvorspiele kann man sich völlig verlieren. Die Choralvorspiele lassen sich in 56 kürzere Stücke aufteilen, die zusammen das sogenannte *Orgel-Büchlein* bilden (Bach wollte das *Orgel-Büchlein* übrigens viel umfangreicher gestalten), und in die längeren, kunstvolleren Choralvorspiele. Die beiden schönsten Stücke aus dem *Orgel-Büchlein* sind vielleicht »Ich ruf' zu dir, Herr Jesu Christ« (das der Pianist Dinu Lipatti in einer Klavierbearbeitung zu spielen pflegte) und »O Mensch, bewein' dein Sünde groß«. (Immer, wenn ich das »Ich ruf' zu dir, Herr Jesu Christ« spiele, denke ich: Noch nie wurde Jesus eindringlicher gerufen. Trotzdem ist nicht bekannt, daß er jemals zurückgerufen hätte.)

Unumstrittener Höhepunkt der *Achtzehn Choräle* (BWV 651–668) ist »Nun komm, der Heiden Heiland« (BWV 659). Ausnehmend schön sind auch die Choralvorspiele »An Wasserflüssen Babylon« (BWV 653) und »Schmücke dich, o liebe Seele« (BWV 654). Das letztere war eines der Lieblingsstücke von Felix Mendelssohn Bartholdy. Unter den achtzehn Choralbearbeitungen finden sich auch drei Trios (BWV 655, 660 und 664). Sie sind schwer zu spielen, doch erfreulicherweise gibt es neben den sechs Triosonaten noch eine Anzahl vergleichbarer Kompositionen. Ich selbst habe eine Schwäche für »Von Gott will ich nicht lassen«, das mein Orgellehrer zu monoton fand. Wenn man das Stück mit einem Sechzehn-Fuß-Register unterlegt, klingt es unerwartet schwermütig durch die Kirche. Glänzend auch die Fantasia »Komm, Heiliger Geist«. Wieder solch ein Stück, in dem Bach nicht aufhören kann.

Bei den einundzwanzig Choralbearbeitungen aus dem dritten Teil der *Clavier-Übung* greife ich am liebsten zum Choralvorspiel »Christ, unser Herr, zum Jordan kam« (BWV 684). Wie herzerwärmend: das Murmeln des Wassers in der linken Hand, die Choralmelodie im Pedal und die großen Intervalle in der Oberstimme. Prächtig auch »Dies sind die heilgen zehen Gebot« (BWV 678), ebenfalls mit schönen, großen Intervallen in der Oberstimme. Und was für ein unglaubliches Stück ist das absolut unspielbare »Vater unser im Himmelreich« (BWV 682).

Neben jedem großen Choralvorspiel der Sammlung steht ein einfaches Choralvorspiel mit derselben Melodie. Bach fügte vier Duette hinzu. In Wirklichkeit sind es aber vier sehr lange Inventionen, vier Stücke, die zu Unrecht wenig beachtet werden. Obwohl für Orgel geschrieben, kann man sie sehr gut auf dem Klavier wiedergeben. Vier Prachtstücke!

Nach 1746 oder 1748 veröffentlichte Bach die *Sechs Choräle von verschiedener Art* (Schübler-Choräle). Manche vermuten: aus Geldmangel. Mir scheint das weniger wahrscheinlich. Echte Armut hat Bach, im Gegensatz zu Mozart, nie gekannt. Fünf der sechs Choräle sind Orgelbearbeitungen von Teilen der Kirchenkantaten. Die Vermutung liegt nahe, daß der zweite Choral, »Wo soll ich fliehen hin«, aus einer verschollenen Kantate herrührt. Obwohl die sechs Choräle allesamt Geschenke für jeden Organisten sind, erwecken die Originalkompositionen aus den Kantaten einen nachhaltigeren Eindruck. So prächtig »Kommst du nun, Jesu, vom Himmel herunter« auf der Orgel klingt, es bleibt ein Stück für Solo-Violine, was die spielenden Finger verflixt gut merken. Dasselbe gilt für »Wachet auf, ruft uns die Stimme«. Diese glänzende Perle im Œuvre Bachs kommt am besten in seiner ursprünglichen Fassung in der gleichnamigen Kantate (BWV 140) zur Geltung.

Kurz vor seinem Lebensende komponierte Bach noch ein besonders schönes Werk für Orgel: *Canonische Veränderungen über das Weihnachtslied »Vom Himmel hoch, da komm ich her«.* Als wollte Bach noch einmal allen Generationen von Komponisten nach ihm zeigen, daß sie ihn niemals übertreffen werden.

»Mein tägliches musikalisches Brot«
Das *Wohltemperierte Klavier*

Kürzlich fiel mir in einem Antiquariat das Buch *The Bach Manuscripts of Johann Peter Kellner and His Circle* von Russell Stinson in die Hände. Neu für mich war darin, daß bereits kurz nach Bachs Tod verschiedene deutsche Organisten Bach-Programme in den Niederlanden gespielt haben. Johann Peter Kellner, ein Schüler Bachs, verbrachte ein Jahr (1762–1763) in Den Haag und außerdem vier Wochen in Amsterdam, während Leonard Frischmuth, ein Schüler Kellners, vermutlich von 1760 bis zu seinem Tod im Jahr 1764 in Amsterdam wohnte, wo er regelmäßig Werke von Bach zu Gehör brachte. Ein anderer Schüler Kellners, Johann Ernst Rembt, besuchte 1768 die Niederlande und führte dort ebenfalls Werke von Bach auf. »Mit großem Erfolg«, meint Stinson und weist außerdem nach, daß es bereits Ende des 18. Jahrhunderts in den Niederlanden eine »Bach-Tradition« gegeben habe. So schrieb der Groninger Organist Jacob Wilhelm Lustig 1756 über Bach: »Der Fürst der Orgelspieler seiner Zeit, so ein vornehmer Mann er war und solche Mühe er sich gab, konnte doch keiner guten Orgel habhaft werden; wogegen manchem, der mit all seiner Kunst keine Katze hinter dem Ofen hervorlocken kann, ein solches Amt geradezu ins Maul fliegt.« Lustig übersetzte auch mehrere Berichte über Bach aus dem Deutschen ins Niederländische. Daß Bach nach seinem Tod vergessen und erst dank der Aufführung der *Matthäus-Passion* durch Mendelssohn Bartholdy wiederentdeckt wurde, kann man also aufgrund der Bach-Aufführungen in den Niederlanden aus der Musikgeschichte streichen.

Wie sehr das Gedenken an Bach, zumindest als Instrumental-Komponist, nach seinem Tode weiterlebte, zeigt sich auch in der enormen Verbreitung von Abschriften des *Wohltemperierten Klaviers* in der zweiten Hälfte des 18. Jahrhunderts. Chopin wurde mit diesem Werk erzogen, Beethoven hat daraus gespielt – lange vor jener denkwürdigen Aufführung der *Matthäus-Passion*. Den ersten Teil des *Wohltemperierten Klaviers* habe ich 1965 gekauft. Ich hatte damals seit drei Jahren Unterricht, spielte erbärmlich und war noch längst nicht weit genug für das *Wohltemperierte Klavier*, aber ich wollte es mir zumindest ansehen. Nachdem ich den ersten Teil durchgeblättert hatte, versuchte ich vorsichtig, das Präludium in E-Dur zu spielen. (Es gehört zu Bachs vielen sympathischen Eigenschaften, daß sogar seine schwierigsten Werke Passagen enthalten, die auch ein Anfänger spielen kann. Kaum eines seiner Werke für Klavier stellt höhere Anforderungen an den Interpreten als die Goldberg-Variationen, doch auch darin findet man Stellen, die man fast vom Blatt spielen kann. Deshalb hat man auch als Amateur das Gefühl, von Bach ernstgenommen zu werden. Er lüftet den Schleier ein wenig, man wird ein bißchen eingeweiht und darf mitmachen – nicht nur als fünftes Rad am Wagen.) Als ich mich dann zögernd an das allererste Präludium wagte, fuhr mir durch den Kopf: Ich muß auch den zweiten Teil haben. Am 11. Mai 1965 erwarb ich vom Stipendium für mein Biologiestudium den zweiten Teil.

Vierunddreißig Jahre später ist nun erwiesen, daß kein anderes Werk, nicht einmal die Bibel, so eng mit meinem täglichen Dasein verwoben ist. Jeden Tag schlage ich mehrmals in einer der drei Ausgaben nach, die ich mittlerweile vom *Wohltemperierten Klavier* besitze, und spiele auf dem Klavier einige Präludien mit Fuge aus dem ersten oder zweiten Teil. Das *Wohltemperierte Kla-*

vier ist mein tägliches musikalisches Brot. Seit ich Unterricht habe, übe ich für jede Klavierstunde eines der *fortyeight*, wie das *Wohltemperierte Klavier* in England genannt wird.

Es ist für mich immer wieder unfaßlich, daß ein solches Werk einen Menschen das ganze Leben lang begleiten kann. Und zwar nicht nur begleitet, sondern täglich von neuem ermuntert und herausfordert und ihm täglich von neuem bewußtmacht, daß die Musik das größte Wunder in unserem Leben ist, daß sie uns jeden Tag den unmittelbaren Kontakt zu dem springlebendigen, wunderbaren Geist von Johann Sebastian Bach erlaubt.

In ihrem hervorragenden Buch über *Die Goldberg-Variationen* erwähnen Ingrid und Helmut Kaussler die »tiefe innere Zufriedenheit, womit der jugendliche Schüler, auch der weniger begabte, seinen Bach auf dem Klavier studiert«. Ich gehöre zweifellos zur Kategorie der »weniger Begabten«, und es ermutigt mich sehr, wenn beide Autoren bereitwillig zugeben, daß die »tiefe innere Zufriedenheit« auch dem unbeholfen spielenden Amateur zuteil werden kann. Mein ehemaliger Lehrer Henk Brier behauptete stets, es sei nicht möglich, den wahren Wert des Gespielten zu erfassen, wenn man es nicht fehlerlos beherrscht. Der erste Teil des *Wohltemperierten Klaviers* – wir dürfen annehmen, daß Bach es vollendet hatte, bevor er nach Leipzig ging – enthält eine viel buntere Sammlung von Präludien und Fugen als der zweite Teil. Man kann endlos darüber debattieren, welcher der beiden Teile vorzuziehen sei, immerhin ist in Teil I viel erhalten geblieben von »dem zauberhaften Glanz und der Frische genialer Jugend«, wie Heinrich Besseler sich ausdrückt. Er fährt fort: »Wer den Mächten romantischer Verzauberung und Phantasiekunst nachspürt, wird immer wieder von jenen Durchbruchswerken des jungen Bach magisch angezogen.« Die

Worte sind mir aus dem Herzen gesprochen, doch wenn ich sie (nochmals) lese, überkommt mich eine große Traurigkeit. Von dem jungen Bach ist leider nur sehr wenig erhalten geblieben. Nun, im *Wohltemperierten Klavier* Teil I steckt gottlob viel von seinem jugendlichen Übermut, seinem Elan, seiner Courage, seiner Kühnheit, seiner Verspieltheit, seiner Unberechenbarkeit. Doch gleichzeitig scheint sich bereits der späte Bach zu manifestieren: in der vielgepriesenen Fuge in cis-moll, im Präludium in es-moll und in der Fuge, die Bach in einer seiner Lieblingstonarten geschrieben hat, der Fuge in h-moll.

Im Laufe der Jahre sind mir manche Stücke immer mehr ans Herz gewachsen. Auch in schwierigsten Phasen muntert mich die Fuge in Cis-Dur immer wieder auf, die hinten in meiner Peters-Ausgabe gottlob auch in Des-Dur abgedruckt ist. Ihre Besonderheit verdankt die Fuge vor allem ihrem bezaubernden Thema. Zu Beginn einige, einen zentralen Ton umspielende Sekunden, dann plötzlich größere Intervalle und wieder vier Sekunden. Zum Schluß drei gewagte Sextsprünge. Das Thema kehrt immer wieder und scheint, insbesondere mit der großen Terz, dir zuzurufen: »Kopf hoch!« Tatsächlich verstößt Bach in diesem atemberaubenden Stück gegen die strengen Regeln der Fuge. Er läßt sich in den Zwischenspielen gehen und überrascht den Zuhörer mit einer echten Reprise – die in einer Fuge überhaupt nichts zu suchen hat. Nach der Fuge in Cis-Dur folgt ein schlichtes, weihevolles, meditatives Präludium in cis-moll, das auf einer Kirchenorgel genauso schön klingt wie auf einem Cembalo und das mit der unendlichen Melodie und dem punktierten Rhythmus in der zweiten Hälfte des ersten Taktes eindeutig Wagner vorwegnimmt. (Bei Wagner finden sich viele Takte, die dem ersten Takt dieses cis-moll-Präludiums erstaunlich ähnlich sind.)

Meiner Meinung nach haben wir es in der Fuge D-Dur sowie im Präludium B-Dur mit dem ganz jungen Bach zu tun. Es sind verspielte Stücke, die vor allem den Virtuosen ansprechen. Da sie aber als Beispiele für den jungen Bach gelten können, habe ich trotzdem eine Vorliebe für sie. Könnte nicht auch eines der phantastischsten Stücke aus dem ersten Teil, Präludium und Fuge in es-moll, schon vom jungen Bach komponiert worden sein? Soviel ist sicher: Wagner hat sich jenes Präludium in es-moll so sehr zu eigen gemacht, daß man dessen Notenbild überall in den Opern Wagners erkennen kann: vorn im Takt eine lange Note, danach ein paar kürzere mit unterschiedlichen Notenwerten, wie sie für Wagner charakteristisch sind.

Überhaupt hat man, wenn man das *Wohltemperierte Klavier* studiert, den Eindruck, als seien viele Präludien und Fugen Vorwegnahmen der Werke jener großen Komponisten, die erst nach Bach hervorgetreten sind. Ich erinnere mich noch, wie ich in den ersten Jahren meiner Verliebtheit in das *Wohltemperierte Klavier* dem Präludium in f-moll verfallen war. So langsam man es auch spielt, es bleibt schön, wundersam traurig und lieblich nach der Art Chopins. An die überraschende Fuge, deren Thema – bis auf drei – alle Töne einer Zwölftonleiter enthält, habe ich mich in meinen frühen WTK-Jahren noch nicht gewagt. Das kam erst später, doch die Fuge gehört zu den Stücken, die ich bis heute nicht ganz bewältigt habe.

Das Präludium und die Fuge in Fis-Dur sind vielleicht die schönsten Stücke aus dem ersten Teil. Das Präludium: welche Leichtigkeit, welcher Frohsinn! Als hätte Johann Sebastian Bach seinen Zeitgenossen Domenico Scarlatti mit dessen eigenen Waffen schlagen wollen – was ihm mühelos gelungen ist, denn ein so beschwingtes, kunstreiches, vollkommenes, vergeistigtes Stück hat selbst Scarlatti nie geschrieben. Und dann die Fuge:

Harmonisch unkompliziert und frei von kontrapunktischen Glanzleistungen, ist sie dennoch eines der herrlichsten Stücke, die Bach komponiert hat, wobei er auch hier unbekümmert gegen die strengen Regeln der Fugenkunst verstieß. Erst im siebten Takt führt Bach ein Kontrasubjekt mit Tonwiederholungen ein, das fortan die ganze Fuge beherrscht. Hätte er dieses Kontrasubjekt nicht schon im dritten Takt einführen müssen? Die zwei schönsten Takte der Fuge sind die beiden vor der Schlußnote. Zeitlebens bringe ich es nicht übers Herz, mich von der Fuge zu verabschieden, wenn ich sie zu Ende gespielt habe. Ich wiederhole die beiden Takte immer wieder, und obwohl ich sie schon so oft gespielt habe, treten mir noch immer die Tränen in die Augen. Ich glaube, das ist der schönste Schluß, den ich von Bach kenne. Er ist alles zugleich: schwungvoll und elegant, betrübt und schmerzlich, lieblich und vollkommen.

Ein unglaubliches Stück ist die Fuge in fis-moll. Das Thema schreitet behutsam, einen Sekundschritt nach dem anderen immer höher, geht hin und wieder einen Schritt zurück, als müßte es Mut fassen. Dann weiter im Kontrapunkt Tonwiederholungen – bei Bach aus dem einen oder anderen Grund immer das Signal: Gleich erreichen wir das höchste Niveau (man denke an die Tonwiederholungen im Chor »O Mensch, bewein dein Sünde groß« der *Matthäus-Passion*) –, die zusammen mit dem großartigen Thema Abgründe der Tragik offenlegen und behutsam wieder zudecken.

Wie der Vorbote eines Sturms fegt das Präludium in G-Dur über einen hinweg, ein Sturm, der sich in der Fuge entfesselt. Welch ein grandioses Stück! Der junge Bach in Höchstform. Brausend vor Energie, funkelnd vor Übermut.

In einem Heft für Anfänger, das ich in den ersten Unterrichtsstunden benutzte, stand ganz hinten das Präludium in As-Dur.

Mein erster Lehrer schlug die Seite häufig auf und sagte dann: »Wenn du das fehlerlos spielen kannst, hast du ausgelernt.« Ich glaube nicht, daß ich das Stück jemals ohne Fehler gespielt habe (also habe ich noch nicht ausgelernt), was vielleicht daher kommt, daß es eher einem Orchesterstück ähnelt als einem Stück für Klavier. Der erste Takt erinnert sofort an das Cembalokonzert in A-Dur (BWV 1055), und auch danach bewegt man sich unter der wohlig warmen Sonne Bachscher Konzertstücke. Die Fuge ist phantastisch, obwohl kaum ein Thema erkennbar ist. Als wollte Bach uns zeigen, daß man Fugen auch ohne Thema komponieren kann, was ihm hervorragend gelungen ist.

Das gis-moll-Präludium und die gis-moll-Fuge gehören ebenfalls zu den besten Stücken des ersten Teils. Eigenartig, daß auf ein solch liebliches, verspieltes Stück wie das Präludium eine so ergreifende Fuge folgt, in der die Tonwiederholungen schon im Thema auftreten!

Eine der längsten Fugen aus dem ersten Teil, die Fuge in a-moll, muß ursprünglich für die Orgel gedacht gewesen sein. Andernfalls läßt sich nicht erklären, warum man in den Schlußtakten nicht ohne Pedal auskommt. Auch dieses Stück beherrsche ich noch nicht ganz.

Reiner, echter, tiefer, ernsthafter Bach – das Präludium und die Fuge in b-moll. Bach greift zurück, Bach haucht einer fast schon archaisch gewordenen Form neues Leben ein, Bach stapelt Akkord auf Akkord, Bach schreitet in Sekunden fort, Bach benutzt Tonwiederholungen. Und doch erklärt dies alles noch nicht, warum wir hier, wie Alfred Dürr zu Recht bemerkt, ein so »ungemein ausdrucksvolles Präludium« vor uns haben. Meines Erachtens bilden diese beiden Stücke den Höhepunkt in Teil I. Daß wir hier wahrscheinlich dem jungen Bach begegnen, läßt sich möglicherweise aus der Verwandtschaft zwischen dem Präludium und der Sonatina aus dem *Actus Tragicus* (Kantate BWV 106) herleiten. Im Brief an die Römer 8, 22 schreibt Apostel Paulus: »Denn wir wissen, daß alle Kreatur sehnt sich mit uns und ängstiget sich noch immerdar.« Es ist, als hätte Bach diesen Text in den beiden b-moll-Stücken musikalisch geschildert.

Auf soviel Schmerz folgt die Leichtigkeit und der Frohsinn des H-Dur-Präludiums. Dennoch verabschiedet sich Bach im ersten Teil des *Wohltemperierten Klaviers* mit zwei ernsthaften Stücken: mit der für ein Begräbnis höchst geeigneten Musik des Präludiums in h-moll und der »weltentrückten Meditation« (Vestdijk) der vierstimmigen Fuge. Neben ihren besonderen Qualitäten erhält die Fuge noch eine zusätzliche Dimension dadurch, daß Bach, fast zwei Jahrhunderte vor Schönberg und diesem vorgreifend, hier ein Zwölftonthema einführt. Außerdem zeigt Bach, daß man mit einem solchen Thema, im Gegensatz zu Schönberg und den ihm nachfolgenden Zwölftonkomponisten – außer Alban Berg –, auch richtig komponieren kann.

Was den ersten Teil des *Wohltemperierten Klaviers* anbelangt, so sollte noch auf eine Kuriosität hingewiesen werden. Es ist nicht ausgeschlossen, daß Bach Teile des *Wohltemperierten Klaviers I* im Gefängnis komponiert hat. Als er sich 1717 anschickte, Weimar zu verlassen, wollte sein Brotherr ihn nicht ziehen lassen. Bach aber beharrte auf seinem Entschluß, nach Köthen zu gehen, woraufhin er am 6. November »wegen seiner Halßstarrigen Bezeügung v. zu erzwingender *dimission*, auf der LandRichter-Stube *arrêtir*et« wurde. Bis zum 2. Dezember war er eingesperrt. Konrad Küster schreibt in seinem hervorragenden Buch: »Vermutlich ist übrigens sogar diese Zeit für Bach produktiv gewesen: Ernst Ludwig Gerber, Sohn von Bachs Schüler Heinrich Nicolaus Gerber, berichtet 1790 in seinem Musikerlexikon, Bach habe ›nach einer gewissen [= sicheren] Tradition, sein

Temperirtes Klavier […] an einem Orte geschrieben, wo ihm Unmuth, lange Weile und Mangel an jeder Art von musikalischen Instrumenten diesen Zeitvertreib abnöthigte‹.« Laut Küster paßt das »mit jener Haftsituation gut zusammen; gemeint ist der erste Teil des ›Wohltemperierten Klaviers‹.«

Die Frage ist, ob Bach wirklich geplant hat, dem ersten Teil des *Wohltemperierten Klaviers* einen zweiten folgen zu lassen. Wir besitzen zwar eine zweite Sammlung aus 24 Stücken, doch Bach selbst hat diese nie als *Wohltemperiertes Klavier Teil II* bezeichnet. Wie dem auch sei: De facto gibt es einen solchen zweiten Teil. Aber wie sehr unterscheidet er sich im Charakter vom ersten! Er ist weniger launisch, weniger ungestüm, weniger verspielt. Dennoch würde ich, wenn ich wählen müßte, mich jederzeit für den zweiten Teil entscheiden, denn er enthält unglaublich schöne Stücke.

Gleich das erste Präludium in C-Dur führt uns in die Schatzkammer des Johann Sebastian Bach. Zu Recht hat Siegfried Hermelink das Stück als »Organistenpräludium« bezeichnet. Auch Hermann Keller war der Ansicht, das Werk erinnere an ein »Präludium pro Organo pleno«. Allein schon wegen der am Anfang und am Ende auftretenden, lang ausgehaltenen Baßtöne (Orgelpunkte), die am besten auf dem Pedal gespielt werden können, kommt das Stück auf der Orgel viel besser zu seinem Recht als auf dem Cembalo. Außerdem gibt es auch in der Oberstimme so viele lang ausgehaltene Töne, die hindurchklingen müssen, daß das Stück auf dem Klavier gar nicht richtig zur Geltung kommt. Dafür war es natürlich auch nicht gedacht, aber nicht einmal auf dem Cembalo klingt es so phantastisch wie auf einer Kirchenorgel. Es ist ein gewaltiges Präludium – streng, gut durchkomponiert, gelehrt, kräftig, wie aus Granit gemeißelt.

Viel leichter, jugendlicher klingt das Präludium in c-moll, dem eine entzückende Fuge folgt. Noch schöner ist die Fuge in Cis-Dur, in der Bach abermals demonstriert, daß man kaum ein Thema braucht, um eine Fuge zu komponieren. Das Präludium und die Fuge in cis-moll (letztere wie eine Gavotte) habe ich leider selbst noch nie richtig einstudiert. Ein Meisterstück ist das D-Dur-Präludium. Als ob man, allein an einem Cembalo, wie bei der niederländischen Lyrikerin M. Vasalis einen ganzen Fanfarenzug imitieren dürfte: »Mit festen männlichen Gebärden / werden die Hörner ergriffen, / und lauthals, ohne jede Scheu, / hallt die Musik zwischen den Bäumen; / heldenhaft, stolz. Unverblümte, / für jeden verständliche Musik, / die dem atemlosen Publikum / jedes Gefühl mit Namen nannte.« Ob übrigens in diesem hochgelobten D-Dur-Präludium »jedes Gefühl mit Namen« genannt wird, steht dahin. Bach hob seine schmerzlichen Gefühle für andere Stücke auf. Bemerkenswert, daß die Fuge einen so ganz anderen Charakter hat. Ein außergewöhnlich streng durchkomponiertes und dennoch sehr ergreifendes Stück.

Sonderbarerweise überrascht uns Bach im zweiten Teil des *Wohltemperierten Klaviers* mit echten, unbekümmerten, vermutlich in einer früheren Lebensphase entstandenen virtuosen Stücken. Vielleicht hatte er noch derartige Kompositionen in der Schublade und erhielten dann einen Platz in der Sammlung. Beim d-moll-Präludium kann man ein leichtes Gefühl der Enttäuschung kaum unterdrücken, obwohl die Finger dankbar dafür sind, daß sie so fröhlich über die Tasten hüpfen dürfen. Ganz anders dagegen die Fuge mit ihrem langen Thema, das mit einer Sechzehnteltriolen-Kette beginnt, der eine Reihe Achtel folgen. Als finge jemand an zu rennen, besänne sich dann aber, daß er schon etwas älter ist und besser ein Wandertempo einschlagen sollte. Das Es-Dur-Präludium scheint eher für Laute als für Cembalo geschrieben zu sein und erinnert an eines der schönsten Stücke von Bach, das Es-Dur-Präludium für Laute (BWV 998). Da dieses Stück wie eine Steigerung des siebten Präludiums aus Teil II des *Wohltemperierten Klaviers* anmutet, bin ich immer ein wenig enttäuscht, wenn ich dieses Präludium spiele, und greife danach unweigerlich zu BWV 998. Die Fuge in Es-Dur kommt nur auf der Kirchenorgel angemessen zur Geltung. Warum Bach im zweiten Teil das achte Präludium und die achte Fuge in dis-moll notierte, während er im ersten Teil das Präludium in es-moll setzte, ist mir nicht klar. Hat er dis-moll als eine andere Tonart empfunden als es-moll, obwohl man bei der temperierten Stimmung dieselben Tasten anschlägt? Wie dem auch sei: Die Fuge ist wunderbar, aber verflixt schwer zu spielen.

Es ist nicht leicht, sich zu entscheiden, welches das schönste Präludium in Teil II des *Wohltemperierten Klaviers* ist, doch soviel ist sicher: Das E-Dur-Präludium gehört zum Schönsten, was Bach uns hinterlassen hat. Ein phantastisches Stück! Ich habe es Hunderte Male gespielt, und jedesmal spüre ich bei den letzten vier Sechzehnteln der rechten Hand in Takt siebzehn einen Kloß im Hals. Warum mich die großen Intervalle plötzlich so ergreifen, weiß ich nicht, doch ihretwegen gehe ich vor Bach in die Knie. Auch der Schluß ist atemberaubend. Und wenn man den Doppelstrich erreicht hat, verbirgt sich dahinter ein zweiter Teil, in dem die ganze wundersame Atmosphäre des ersten nochmals mit einer anderen Farbpalette heraufbeschworen wird. Das Stück klingt prächtig auf dem Klavier, großartig auf dem Cembalo und geradezu gewaltig auf dem Oberwerk einer großen Kirchenorgel. Dann schwebt es ganz hoch zum Himmel hinauf und steigt dank dem Erzengel Bach zu uns herab. Die archaisierende, ergreifende Fuge in E-Dur kommt am besten auf einer Kirchenorgel zur Geltung.

Das Präludium in e-moll ist wiederum ein leichtes, musikantisches Stück, das mich der Tonart wegen ziemlich erstaunt. In e-moll stehen oft die schmerzlichsten Kompositionen Bachs: der Eingangschor der *Matthäus-Passion*, der Eingangschor der Kantate »Mit Fried und Freud ich fahr dahin« (BWV 125), das große Präludium für Orgel BWV 548. Die Fuge in e-moll fällt durch ihr irrsinnig langes Thema auf. Doch auch damit kommt Bach hervorragend zurecht.

Das Präludium in F-Dur erweist sich durch die vielen lang ausgehaltenen Töne gleichfalls als ein typisches Orgelstück. Dennoch kann es auch auf dem Klavier sehr befriedigend klingen, wenn es jemand wie Swjatoslaw Richter spielt. Jedenfalls eines der gewaltigsten Stücke des gesamten *Wohltemperierten Klaviers*, so gewaltig, daß die darauffolgende gavotteartige Fuge, obwohl schön und meisterhaft komponiert, doch ein wenig enttäuscht. In Präludium und Fuge f-moll hat Bach gezeigt, daß er sich auch mit seinen Söhnen messen konnte, deren empfindsamen Stil er ebenfalls beherrschte. Dieser Bach ist mir weniger lieb als der des F-Dur-Präludiums, doch ich kenne begeisterte Bachliebhaber, die ihn gerade deswegen hoch verehren.

Das Fis-Dur-Präludium des zweiten Teils, auch ein virtuoses Stück, stellt das Fis-Dur-Präludium aus dem ersten Teil zwar nicht in den Schatten, doch die Fuge mit dem Zitat aus dem Duett der Kantate »Liebster Jesu, mein Verlangen« (BWV 32) ist phantastisch. Oder sollte Bach zuerst die Fuge komponiert und sie danach in der Kantate zitiert haben?

Mir kommt es immer vor, als ließe sich die ganze musikalische Wunderwelt von Franz Schmidt in gerader Linie von dem fis-moll-Präludium herleiten. Was hätte wohl Bach selbst bei solch einem Stück empfunden? Hätte er erkannt, daß dieses meditative, unvergängliche Musikstück ein Seelentrost für Tausende von Menschen sein würde? Wenn es zutrifft, daß die Traurigen getröstet werden sollen, dann besonders jene Trauernden, die sich vom fis-moll-Präludium aus dem zweiten Teil des *Wohltemperierten Klaviers* trösten lassen. Worte reichen nicht aus, um dieses Wunder zu beschreiben. Was immer man darüber sagt, spiegelt nur schwach wider, was man empfindet, wenn man diese Musik selber interpretieren darf. Bemerkenswert finde ich bei der nachfolgenden Tripelfuge, daß man etwa ab Takt 57 plötzlich an das unvergleichliche Choralvorspiel »Christ, unser Herr, zum Jordan kam« erinnert wird. Ich habe in der Bachliteratur nirgends einen Hinweis darauf gefunden, obwohl es ganz offensichtlich ist.

Warum hat Bach in Präludium und Fuge G-Dur plötzlich einen Riesenschritt rückwärts gemacht? Unbekümmerte, virtuose Musik ohne viel Tiefgang. Alfred Dürr sagt zu Recht: »Ich persönlich bedauere es zutiefst, daß der schöne Satz BWV 902/1 nicht ins *Wohltemperierte Klavier II* aufgenommen wurde.« Das Präludium BWV 902 ist ein schönes Stück in G-Dur. Bach hat auch in G-Dur phantastische Stücke komponiert (z. B. den Eingangschor der Kantate »Der Herr ist mein getreuer Hirt«, BWV 112), doch fühlte er sich bei dieser Tonart anscheinend oft irgendwie gehemmt: Von den großen Orgelwerken sind Präludium und Fuge (BWV 541) am wenigsten beeindruckend.

Das g-moll-Präludium mit seinem allgegenwärtigen punktierten Rhythmus finde ich persönlich ein wenig eintönig, aber die g-moll-Fuge ist ein meisterhaftes Stück, das auf der Orgel sehr viel besser klingt als auf dem Klavier.

Ein herrliches Stück ist das As-Dur-Präludium. Welch sonnige, muntere Sommerstimmung wird in der As-Dur-Fuge festgehalten. Dann folgt das nächste Mirakel: das gis-moll-Präludium, und dann ein noch größeres, geheimnisvolleres Wunder, die gis-moll-Fuge. Dieses Präludium habe ich geübt und geübt, bis ich fast umfiel, doch es hat mich nie auch nur eine Sekunde gelangweilt. Es ist, als schaute schon ein hochtalentierter Strawinsky um die Ecke: Bachs *Le sacre du printemps*! Laut Keller muß die Fuge »mit anderen Maßstäben gemessen [...] werden als die meisten anderen Fugen Bachs«. Dürr hält »ein gewisses Understatement« für die Ursache. Über die Fuge selbst bemerkt er: »... fast möchte ich behaupten, das Auffälligste an ihr sei ihre Unauffälligkeit.« Stimmt das so? Ich halte gerade diese für eine der schönsten Fugen Bachs. Das Thema: Als irrte ein Mensch mutterseelenallein auf einer ausgedehnten Steppe umher. Nichts gibt dem Auge Halt, rundherum nur Verlassenheit. Dann kommt der Kontrapunkt – nur ein paar chromatisch auf- und absteigende Töne: Die Isolation bekommt schärfere Konturen, und man erkennt, daß hier ein einzelner tapfer versucht, aufrecht stehen zu bleiben. Könnte Bach das Stück nach dem Tode eines seiner drei Kinder komponiert haben, die im Alter von wenigen Jahren starben? Ich stimme völlig mit Hubert C. Parry überein, der die Fuge beschreibt als ein »einzigartiges Mysterium, das man für einen weit entfernten Vorläufer des letzten Satzes von Chopins b-moll-Sonate halten könnte«. Hans Brandts Buys dagegen meint in der Fuge nicht Chopin, sondern Debussy zu hören: »Daß der chromatisch absteigende Quartgang auch heutzutage noch Lebenskraft zu besitzen scheint, zeigt ein Vergleich zwischen dem Thema des *Prélude à l'après-midi d'un faune* von Debussy und dem zweiten Thema dieser Fuge.«

Sonderbarerweise macht sich Bach gelegentlich selbst Konkurrenz. Das Präludium in A-Dur erinnert an die Sinfonia, die den zweiten Teil des Weihnachtsoratoriums eröffnet. Nun ja, sie ist so wunderbar, daß dagegen das viel steifere Präludium nicht ankommt. Für die Fuge hege ich eine Vorliebe, denn sie ist die erste Fuge aus dem zweiten Teil des *Wohltemperierten Klaviers*, die ich bewältigt habe.

Nach Gottesdiensten habe ich gelegentlich das Präludium in a-moll mit den schärfsten Vier-Fuß-Registern gespielt. Die Musik, die dann entsteht, klingt so unglaublich modern, daß die Kirchgänger Hals über Kopf davoneilen. Es ist kaum zu fassen, daß Bach um 1740 ein solches ins späte 20. Jahrhundert passendes Stück schreiben konnte. Auch die Fuge ist verblüffend.

Das B-Dur-Präludium erscheint fast wie eine Apotheose derjenigen Bach-Stücke, in denen ausschließlich Triolen das Sagen haben. Seltsamerweise folgt dem entzückenden Stück eine etwas steife, aber doch beeindruckende Fuge.

Viele Bach-Kenner halten die Fuge in b-moll für den Höhepunkt des ganzen *Wohltemperierten Klaviers*. Sonderbar erscheint mir dabei, daß jene Momente, in denen man das Gefühl hat, dem Innern eines Mitmenschen zu nahe zu treten, ganz ohne Fugen-Thema sind. Das bezieht sich auf die Takte 25 und 26 sowie auf die Takte 84, 85 und 86. Es ist, als hörte man den späten Beethoven (insbesondere die Bagatelle Opus 119, Nr. 11).

Das H-Dur-Präludium ist ein liebliches Stück. Die Fuge läßt dank des Themen-Beginns schon etwas von der *Kunst der Fuge* erahnen. Der zweite Teil des *Wohltemperierten Klaviers* endet grandios: mit Präludium und Fuge in h-moll, Bachs bevorzugter Tonart. Doch so großartig Präludium und Fuge auch sind: Bach hat selbst gezeigt, daß man mit vergleichbarem Material noch viel höhere Gipfel erklimmen kann. Keines seiner Orgelwerke übertrifft Präludium und Fuge in h-moll (BWV 544).

Ich bin innig dankbar dafür, daß es, obwohl man des *Wohltemperierten Klaviers* niemals überdrüssig wird, noch eine Handvoll anderer Kompositionen gibt, bei denen eine Fuge mit einem Präludium oder einer Fantasia einhergeht. Insbesondere natürlich die vielgepriesene *Chromatische Fantasie und Fuge* in d-moll (BWV 903), aber auch ein solches Wunderwerk wie die Fantasie und Fuge in a-moll (BWV 904). Zwei gewaltige Stücke! Wie ernst und feierlich ist die Fantasie, wie aufrüttelnd die Fuge, in deren Mitte Bach chromatisch absteigende Töne einführt, um dann kühn den Weg fortzusetzen, den er in den ersten 36 Takten eingeschlagen hat. Die kolossale c-moll-Fantasie (BWV 906) ist so überwältigend und herzerquickend, daß es nichts ausmacht, wenn ihr nur eine halbe Fuge folgt. Und welch ein merkwürdiges Stück ist BWV 944 – eine Fantasie aus zehn Takten mit lauter Akkorden und eine Fuge von schwindelerregenden Ausmaßen.

Jeden Rahmen sprengen das erstaunlichste Präludium und die erstaunlichste Fuge: BWV 894 in a-moll. Sonderbar, daß Bach dieses Stück zum Konzert für Querflöte, Violine, Cembalo und Orchester (BWV 1044) umgearbeitet hat. In der Fuge, die eigentlich keine echte Fuge, sondern ein beschwingtes Stück in Triolen ist, tauchen plötzlich zwei Takte auf (Takt 90 und 91), bei denen ich immer denke: Gleich beginnt die Choralbearbeitung »Wohl mir, daß ich Jesum habe« aus der Kantate BWV 147. Das Präludium in F-Dur (BWV 901) gehörte eigentlich in das *Wohltemperierte Klavier*, und die dazugehörige Fughetta scheint eine Vorstudie zur As-Dur-Fuge im *Wohltemperierten Klavier* Teil II zu sein. BWV 902 wurde schon bei dem Präludium G-Dur in Teil II erwähnt. Vielleicht hat Bach das außergewöhnlich schöne Stück nicht in das *Wohltemperierte Klavier* aufgenommen, weil es zu lang war. Es hätte nicht nur ausgezeichnet hineingepaßt, sondern wäre eines der Glanzstücke gewesen. Angenommen, es gibt den Himmel und man darf dort Bach ein paar Fragen stellen: Ich würde ihn fragen, warum er dieses G-Dur-Präludium nicht in die Sammlung jener Stücke aufgenommen hat, die heutzutage den zweiten Teil des *Wohltemperierten Klaviers* bilden.

Bach selber spielen oder:
»Ganze Nachmittage in höchster Glückseligkeit ...«

Tatsächlich hat man, wenn man ein Tasteninstrument spielen lernt, mit Bach genug zu tun. Nachdem man sich die ersten Grundprinzipien des Klavierspiels angeeignet hat, warten auf den Schüler in der bekannten Peters-Ausgabe die *Kleinen Präludien und Fugen*. Ich habe anders angefangen. Meine ersten Schritte auf diesem Gebiet tat ich anhand von *Allerlei voor Harmonium*, Teil 2, 100 Orgelstücke in der 2., völlig neu überarbeiteten Ausgabe von J. A. de Zwaan und K. Veldkamp. Das Buch hatte ich bei meinem Onkel, der Harmoniumverkäufer war, auf dem Dachboden gefunden. Obwohl in dem sonderbaren Album die unterschiedlichsten Komponisten vertreten waren – Rinck, Zöllner, Gerber, Muffat, Hesse, Roch, Sachs, Anacker, Kittel, Vierling, Trutschel, Cunze –, vermochte mich keiner von ihnen zu begeistern. Erst auf Seite 22 stieß ich auf eine Komposition, bei der mir der Atem stockte. Darüber stand: *Gavotte aus der 6. Violoncellosuite, J. S. Bach*. Es war eine Klavierbearbeitung der entzückenden Gavotte aus der sechsten Cellosuite. Auf der Seite daneben stand eine andere Gavotte von Bach. Woher sie stammte, war nicht angegeben. Ein paar Seiten weiter fand ich eine Musette und ein Präludium von Bach, noch etwas weiter ein zweites Präludium. Seite 43 enthielt das Choralvorspiel »Herr Jesu Christ, dich zu uns wend'«, vier Seiten weiter prangte eine Invention. In dieses Stück habe ich mich verliebt und es bis zum Umfallen geübt. Die Fughetta, zwei Seiten weiter, gefiel mir ebenfalls, doch es war vor allem die Invention, die mein Herz verzauberte. Erst Jahre später kam ich dahinter, daß es die erste aus der Sammlung von *Fünfzehn zweistimmigen Inventionen* war.

Warum war gerade dieses von den hundert Orgelstücken für mich eine solche Offenbarung? Mein ganzes Leben lang frage ich mich nun schon: Was ist so Besonderes an Bachs Stücken, daß sie nicht nur Liebe auf den ersten Blick erwecken, sondern daß diese Liebe niemals vergeht? Neben der Invention auf Seite 46 war ein Andante von Händel abgedruckt. Das Notenbild ist nahezu identisch mit dem von Bachs Invention. In Aufbau und Ausarbeitung ähneln sich die beiden Kompositionen wie zwei Tropfen Wasser. Und doch ist das Stückchen von Händel todlangweilig, verglichen mit der ersten Invention von Bach. Woran liegt das? Was macht Bachs Stück zu etwas Besonderem? Die gefällige Polyphonie? Der immer wieder vollkommene Wechsel zwischen den kleinen Stimmen in der linken und rechten Hand? Die Melodieführung? Doch in der ersten Invention kann von einer Melodie kaum die Rede sein.

Es bleibt ein Rätsel, warum Bach unvergleichlich ist. Ein Rätsel, das aber fast niemandem rätselhaft erscheint. Denn wie eine Naturerscheinung wird es als eine Selbstverständlichkeit hingenommen. Wie kommt es, daß man, kaum hat man ein Stück von Bach zu Ende gespielt, es sofort noch einmal spielen möchte? Während man bei Beethoven oft schon nach der ersten Hälfte denkt: Eigentlich möchte ich jetzt aufhören. Aber vielleicht geht es nur mir so.

Mein erster Orgellehrer sagte, als ich das Orgelalbum zum Unterricht mitbrachte: »Kauf dir die zwei- und dreistimmigen Inventionen.« Ich kaufte sie und machte die ersten Schritte in der Welt Bachs. Jede der *Fünfzehn zweistimmigen Inventionen* war eine kleine Offenbarung, vor allem die sechste mit der rhythmischen

Gegenläufigkeit der linken und rechten Hand, die prächtige dreizehnte in a-moll mit den großen Intervallen und die vierzehnte mit den bezaubernden Zweiunddreißigsteln. Nachdem ich alle studiert hatte, wagte ich mich an die *Dreistimmigen Sinfonien.* Alle sind überraschend schwere Stücke, trotzdem habe ich sofort die dritte für den Unterricht üben dürfen und halte sie noch immer für ein wunderschönes Stück. Vor allem der Schluß, der so anmutig auf den Beginn zurückweist, ist wunderbar. Als ob sich eine gerade Linie plötzlich als Kreis herausstellt. Übrigens sind alle fünfzehn Sinfonien ausnehmend schön. Für die dreizehnte habe ich eine besondere Vorliebe, weil in Takt 33 der Baß plötzlich eine Anspielung macht auf den Gesang der Erwählung: »Aller Ruhm ist ausgeschlossen.« Takt 49 enthält den ganzen Anfang (als könnte man sich für einen Augenblick ohne Frustration in die Wirren seiner Jugendjahre zurückbegeben). Auch die verspielte zwölfte Sinfonie (die in leichter Registrierung so schön auf der Kirchenorgel klingt) habe ich ins Herz geschlossen, doch dürfte kein Zweifel aufkommen, welche die schönste ist: die Nummer 9 in f-moll. Man hört nicht nur das berühmte cis-moll-Prélude (Opus 3, Nr. 2) von Rachmaninow schon vorweg, es sind darin ganze Welten des Schmerzes und der Verzweiflung enthalten. In dem Roman *Bevrijdingsfeest* von Simon Vestdijk findet man dazu mehrere tiefgründige Bemerkungen, unter anderen diese: »Wenn man zuhört, ist es, als würde sehr langsam und geduldig eine Welt geboren.«

Hört man in der wunderbaren neunten Sinfonia schon Rachmaninow vorweg, so scheint es in der siebten, als würde ab Takt 14 von der linken Hand der Trauermarsch aus dem Adagio der Sechsten Symphonie von Anton Bruckner angekündigt. Bis zum 14. Takt sind es Achtel, danach wird das Hauptthema von den Sechzehnteln der linken Hand wunderbar umspielt. Ein paar Takte später wird der Gang der Sechzehntel kurz unterbrochen durch zwei schlichte Takte mit lauter Achteln; dann führt Bach mit Sechzehnteln zuerst in der linken, dann auch in der rechten Hand das sublime Stück seinem Ende zu. Eine wunderschöne Sinfonia, schlicht, lieblich, resigniert und doch, wenn auch Niedergeschlagenheit überwiegt, von verhaltener Heiterkeit. Merkwürdig, daß Bach in diesem in e-moll komponierten Stück nicht nach E-Dur, sondern nach D-Dur moduliert. Strahlt es deshalb diese heitere Ergebenheit aus?

Ein prächtiges Stück ist auch die fünfte Sinfonia. Bach nimmt darin das cis-moll-Präludium aus dem zweiten Teil des *Wohltemperierten Klaviers* vorweg. Sonderbar allerdings, daß wir es hier nicht mit einem echten dreistimmigen Stück zu tun haben: Eine Stimme ist nicht ausgearbeitet. In seinem *Revisionsbericht* zu den Inventionen sagt Ludwig Landshoff: »Wir haben hier eine zweistimmige italienische ›aria‹ vor uns, deren Gesang nach dem Zeitgeschmack mannigfaltig und reich ausgeziert werden mußte.«

Von den *Zweistimmigen Inventionen* zu den *Dreistimmigen Sinfonien* ist es eigentlich ein Riesenschritt. Aus klavierpädagogischer Sicht läge es näher, nach den *Zweistimmigen Inventionen* mit den *Sechs Französischen Suiten* zu beginnen. Ich habe das nicht getan und mich den *Französischen Suiten* erst zugewendet, als ich Klavierunterricht nahm. Anfangs hegte ich Widerwillen gegen die Suiten und Partiten Bachs. Aus der Literatur wußte ich, daß alle Stücke Tänze waren. Und vor Tänzen hatte man mich von frühester Kindheit an so ausdrücklich gewarnt, daß ich nicht begreifen konnte, warum Bach – dieser protestantische Komponist reinster Prägung – so viele Tänze geschrieben hatte, geschweige denn, daß ich diese Tänze gewürdigt hätte – und das, obwohl ich längst von der Harmoniumbearbeitung der Gavotte aus der sechsten Cellosuite begeistert war. Wie nützlich war mir deshalb die Lehre der *Französischen* und *Englischen Suiten* und der *Partiten*!

Wenn irgend etwas eine Antwort auf die Frage liefern kann, warum der strenge, gelehrte, polyphon denkende, von Fugen besessene Bach trotzdem ein richtiger, herzhafter Musikant war, dann ist es das Phänomen des Tanzes. Eine fürstliche Komposition wie der Eingangschor der Kantate »Herr Christ, der einge Gottessohn« (BWV 96) ist eine einfache Gigue, der Schlußchor der *Matthäus-Passion* und der Eingangschor der Kantate »Bleib bei uns, denn es will Abend werden« (BWV 6) sind Sarabanden. Das »Gratias agimus tibi« aus der h-moll-Messe ist ein Menuett, dasselbe gilt für das »Et exultavit« aus dem *Magnificat* und den Schlußchor der *Johannes-Passion*. »Quia fecit mihi magna« aus dem *Magnificat* ist eine Gavotte, ebenso wie die prächtige Arie »Hilf, Gott, daß es uns gelingt« aus der Kantate BWV 194. In allen Werken Bachs, im *Wohltemperierten Klavier*, in den Kantaten, den Passionen, den Konzerten – überall tauchen Tanzformen auf. Sogar in seinen Orgelwerken tanzt Bach. Die Orgelfugen in c-moll (BWV 537) und in g-moll (BWV 542) sind Bourréen, der erste Satz der Triosonate in G-Dur (BWV 1039) ist eine Gavotte. Das Präludium in F-Dur (BWV 556) ist ein Menuett. Die Fuge in E-Dur (BWV 566) ist eine Gigue, desgleichen die Fugen in G-Dur (BWV 577), in a-moll (BWV 543), in C-Dur (BWV 564) und die Pastorale in F-Dur (BWV 590). Sogar das Präludium in C-Dur (BWV 547) ist im Grunde eine Gigue.

Strenge, doch nie schulmeisterliche Polyphonie, äußerst gewagte Harmonisierungen, eine einzigartige, launische, kühne Melodiebildung: das alles kombiniert mit der leichten, manchmal sogar frivolen Anmut der rhythmisch immer stark profilierten Tanzform.

Ist die Allemande aus der zweiten Französischen Suite nicht ein charakteristisches Beispiel dafür? Von allen Allemandes aus den *Französischen Suiten* ist diese vielleicht die subtilste, ernsthafteste. Prächtig auch die Allemande der vierten Suite. Als stiege eine Nymphe aus dem Meer herauf, die immer wieder durch eine Brandungswelle dem Blick entzogen wird. Wie entzückend verspielt und lieblich ist die Allemande der fünften Suite, während die der sechsten Suite in der hellen Tonart E-Dur ein sprödes Profil zu umreißen scheint. Von den Sarabanden ist die aus der ersten Suite vielleicht am ausgewogensten – wie ernst, nobel und erhaben ist diese Melodie, als sei sie eigentlich für den Schluß chor einer Passion gedacht, die Bach nie geschrieben hat. Peter Cornelius machte mit Hilfe von Psalm 88 einen Bußpsalm daraus.

Über die Sarabande der fünften Suite schrieb Simon Vestdijk in *Keurtroepen van Euterpe*: »Vielleicht die schönste Melodie, die Bach geschrieben hat.« Ich vermute, daß er das Œuvre Bachs noch nicht gut genug kannte, als er dies niederschrieb. Gewiß, eine sublime Melodie, aber die schönste, nein, die schönste Melodie des gesamten Œuvres ist vielleicht doch die Alt-Arie aus der Kantate »Sei Lob und Ehr dem höchsten Gut« (BWV 117). Die Sarabande jedenfalls ist die längste aus den *Französischen Suiten* und kommt, wie ich selbst wiederholt feststellen konnte, auch auf einer Kirchenorgel ausnehmend gut zur Geltung. Wenn man die Oberstimme auf dem Rückpositiv spielt und die Unterstimmen mit dem Prestantenchor auf dem Hauptwerk, klingt es wie ein herrliches Choralvorspiel.

Es ginge zu weit, die insgesamt vierzig Stücke der *Sechs Französischen Suiten* besprechen zu wollen. Von den Couranten ist mir die aus der fünften Suite am liebsten (wobei auch die aus der zweiten Suite nicht vergessen werden darf); dasselbe gilt für die

Gigues. Die Gavotte aus der fünften Suite ist vielleicht die spritzigste von allen sechs. Was die Menuette betrifft: Obwohl das Menuet der zweiten Suite eine typische Bach-Komposition darstellt, ist für mich rätselhaft, warum Bach, der wie zu der ersten Suite auch hier ein Menuet II komponiert hat, dieses nicht nachträglich in die zweite Französische Suite aufgenommen hat. Deshalb findet man das kleine Menuet in einer bunten Sammlung von *Suiten, Sonaten, Capriccios, Variationen*, die Georg von Dadelsen im Henle-Verlag, München 1975, in einer Urtext-Edition herausgegeben hat.

Warum hat Bach das Menuet II nicht in die zweite Französische Suite aufgenommen? Es ist ein solch wunderschönes Stückchen Musik. Nach dem ersten Wiederholungszeichen moduliert Bach plötzlich nach Es-Dur. Bei dieser Wendung schmelze ich jedesmal förmlich dahin. Ich habe das Menuet einmal während einer Filmaufnahme vor einem Team abgebrühter Popliebhaber gespielt. Als ich aufhörte, riefen sie: »Können wir das noch einmal hören?« Ich spielte es noch vier-, fünfmal, sie eilten zur Orgel und summten alle mit, während der Regisseurin bei der wunderbaren Wendung nach Es-Dur jedesmal Tränen in die Augen stiegen.

Müßte man einer Suite den Vorrang geben, würde man natürlich die fünfte wählen, unter den Stücken natürlich die Allemande der zweiten Suite, unter den Menuetten das kleine Wundermenuet, das Bach beiseite legte, und wenn man für ein Begräbnis ein Stück aus den *Französischen Suiten* wählen müßte, dann natürlich die Sarabande aus der fünften Suite.

Mit den *Sechs Englischen Suiten* betritt man eine ganz andere Welt. Den eigentlichen Tänzen ist jeweils ein kolossales Präludium vorangestellt. Einige Präludien schießen weit über das Ziel hinaus. Vor allem bei den Präludien der fünften und sechsten Suite scheint Bach kein Ende finden zu wollen, aber wie wunderbar, daß er nicht aufhören will. Mit dem Präludium der fünften Suite kann man, wenn der Regen gegen die Scheiben prasselt und es draußen allmählich dunkel wird, ganze Winternachmittage in höchster Glückseligkeit beim Üben verbringen. Dasselbe gilt für das Präludium der sechsten Suite, das so großzügig, feierlich, mit erhabener Heiterkeit beginnt. Die Präludien der zweiten und dritten Suite sind gefällige, kräftige, männliche Stücke. Nur das Präludium der vierten Suite scheint mir etwas zu lang, doch es bereitet immer wieder ein großes Vergnügen, die Takte zu spielen, in denen die linke Hand Sechzehntel über das Klavier streut, während die rechte Akkordwiederholungen in Achteln spielt. Das Prélude der ersten Suite ist ein pastorales Stück; es ähnelt sehr dem Präludium in A-Dur aus dem *Wohltemperierten Klavier II* und auch dem Präludium für Laute in Es-Dur (BWV 998), besitzt aber nicht die Kraft jenes phantastischen Lautenstücks. In Takt 27 taucht plötzlich kurz der Eingangschor der *Matthäus-Passion* auf, als wollte Bach mal eben an eines seiner größten Werke erinnern.

Für die schönste Allemande halte ich die der dritten Suite. Nach dem wilden Kraftakt des Präludiums plötzlich der Zauber einer lieblich beschwingten Elfenmusik. Als tanze ein Mädchen in gläsernen Pantoffeln.

Peter Cornelius schuf aus der Sarabande der dritten Suite seine Version von Psalm 137: »An Babels Wasserflüssen«. Bemerkenswert, wie eng sich die Sarabanden dieser *Englischen Suiten* an den Schlußchor der *Matthäus-Passion* und an den Eingangschor der Kantate »Bleib bei uns, denn es will Abend werden« (BWV 6) anlehnen.

Abgesehen von den phantastischen Präludien sind die Giguen vielleicht die schönsten Stücke der *Englischen Suiten*. Jede einzelne ist ein Wunderwerk, doch stellen sie an das Spiel extrem hohe Anforderungen. Die wohl interessanteste Gigue aus der fünften Suite ist gottlob am leichtesten zu spielen. Ein erstaunliches Stück. Nach dem Doppelstrich schiebt Bach alles, was bislang links stand, plötzlich nach rechts hinüber. Dadurch tritt die zarte Melodie, die sich in der ersten Hälfte des Stücks in den Takten 21 bis 24 noch im Baß versteckte, in den Takten 68 bis 72 zunehmend in der rechten Hand hervor. Warum ich das so schön finde, weiß ich nicht, doch wenn ich es spiele, ist mir immer, als öffne sich der Himmel und Bach schaute freudig lächelnd herab. Bach hat das Stück im 3/8-Takt notiert statt im 6/8, als wolle er sagen: Es ist ja kein echter Tanz.

1731 wagte Bach einen großen Schritt und gab einige Kompositionen heraus. Unter dem Titel *Clavier Übung bestehend in Praeludien, Allemanden, Couranten, Sarabanden, Giguen, Menuetten, und anderen Galanterien, Denen Liebhabern zur Gemüths Ergoetzung verfertiget*, veröffentlichte er seine *Sechs Partiten*. Er muß sich sehr wohl bewußt gewesen sein, daß die *Partiten* die *Französischen* und *Englischen Suiten* an Schönheit weit übertreffen. Als die Öffentlichkeit zum erstenmal gedruckte Werke von Bach zu Gesicht bekam, war das erste Stück, das jeder Käufer der *Clavier-Übung* aufschlug, das Präludium der ersten Partita. Raffiniert setzte Bach eines seiner schönsten Stücke an den Anfang. Es fehlen die Worte, um die Anmut, Gefälligkeit, Lieblichkeit, Zärtlichkeit, Verspieltheit und Einzigartigkeit des ersten Präludiums zu beschreiben. Beim Spielen kommt es mir vor, als hätte Bach schon vor langer Zeit gewußt, daß ich einst auf der Welt sein würde. Das Stück fügt sich den Fingern, als hätte er es allein für mich komponiert. Hinreißend, wie es sich anmutig seinem Ende zuneigt – ein Mirakel. Daran schließt sich spielerisch die Allemande, bei der die Hände wie Flügel über den Tasten schweben, dann folgen die übermütige, lebenslustige, beschwingte Corrente, die ernste Sarabande, das herrliche kleine Menuet und schließlich die Gigue, bei der linke und rechte Hand sich in bezaubernden Wirbeln abwechseln.

Auch die zweite Partita gehört zu Bachs grandiosen Schöpfungen. Der Anfang der Sinfonia mit dem Grave Adagio erweckt den Anschein, als würde gleich Beethovens Sonate Pathétique erklingen, bis die zierlichen Arabesken des Andante die Beethoven-Reminiszenz wieder vollständig auslöschen. Die darauf folgende Allemande zählt zu den schönsten, die Bach komponiert hat. In seltsamer Lieblichkeit entwickelt sie sich aus drei fallenden Tönen.

Die Fantasia zu Beginn der dritten Partita erinnert mich immer an die Choralbearbeitung »Christ lag in Todesbanden« (BWV 695). Ein kräftiges, männliches Stück, angenehmer zu spielen als zu hören. Die folgende großzügige Allemande ertrinkt fast in den eigenen Zweiunddreißigsteln, aber die sperrige Courante drosselt das Tempo. Die Gigue gleicht einer strengen Fuge, die gut in das *Wohltemperierte Klavier* gepaßt hätte.

Auch wenn der erste Satz der vierten Orchestersuite ein meisterhaftes Stück ist, muß ich doch gestehen, daß ich kein ausgesprochener Liebhaber der Ouvertürenform bin, die Bach in seinen Orchestersuiten, in einzelnen Kantaten (u. a. BWV 61) und auch in seiner zweiten *Clavier-Übung* praktizierte. So auch im Eingangsstück der vierten Partita. Vielleicht stößt mich die launische Rhythmik der ersten Takte ab, ich weiß es nicht. Ich weiß nur, daß ich die auf diese Ouvertüre folgende Allemande als kostbaren Schatz hege. Ein herrliches Stück, das sich festlich aus dem Anfangsakkord entfaltet und zunehmend komplizierter und kühner wird. Triolen, Zweiunddreißigstel, es will nicht aufhören und wird doch nie zuviel. Auch die Courante ist großartig, während die Sarabande zur feierlichen Atmosphäre der Allemande zurückkehrt. Und auf ein anmutiges Menuet folgt eine wundersame Gigue, wie nur Bach sie komponieren konnte.

Es scheint übrigens, als würde die Atmosphäre der *Partiten* sich ab der vierten vergeistigen, als erreiche jede ein höheres Maß an Abstraktion und als wolle Bach den Ausführenden mit jeder Partita weiter in schwindelerregende Fernen führen. Die fünfte Partita mit dem großzügigen Praeambulum, der Triolen-Allemande, der lieblichen Corrente (als dürfte man für kurze Zeit in die Welt der *Kleinen Präludien und Fugen* zurückkehren), der Terzen-Sarabande, dem halsbrecherischen Menuett, dem kuriosen Passepied und der für einen Amateur fast unspielbaren Gigue nimmt gewissermaßen einen Anlauf zur letzten, am meisten vergeistigten Partita.

Die sechste Partita, vielleicht die interessanteste von allen, beginnt mit einer gewaltigen Toccata. Die äußerst komplizierte Allemanda ist kaum noch als solche erkennbar. Die Corrente mit der rhythmischen Gegenläufigkeit der linken und rechten Hand gleicht mehr der sechsten Zweistimmigen Invention als einem Tanz. Dann dürfen wir während der scheinbar so einfachen Air kurz Atem holen, bevor wir uns der kompliziertesten Sarabande überlassen, die Bach komponiert hat. Nicht nur die Gavotte ist als solche kaum erkennbar. Das gilt noch viel mehr für die wunderbare, grandiose, eigenartige Gigue, die schon ein wenig von der *Kunst der Fuge* ahnen läßt.

Als *Zweyter Theil der Clavier-Übung* veröffentlichte Bach 1735 das hochgelobte *Concerto nach italiänischem Gusto* (BWV 971) und die *Ouverture nach französischer Art* (BWV 831). Eigentlich ist die *Ouvertüre* mit ihren Tänzen eine siebte Partita. Eine Allemande fehlt, doch die schöne Courante und die schlichte Sarabande gleichen den Mangel aus. Dennoch erreicht Bach in diesem Werk meiner

Meinung nach nicht dasselbe hohe Niveau wie in den sechs unvergänglichen *Partiten*.

Neben den *Französischen* und *Englischen Suiten* und den *Partiten* gibt es noch verschiedene andere Suiten – manchmal Jugendwerke, unausgereifte Kompositionen, und dennoch, wo Bachs Geist weht, kann unerwartet ein Wunder geschehen. So ein Wunder ist zum Beispiel die Courante aus der Suite in Es-Dur (BWV 819), ein fürstlich virtuoses Stück, das auf einer Kirchenorgel phantastisch klingt.

In seinem Aufsatz *On Bach's Universality* sagt Robert L. Marshall: »Ich möchte die Vermutung wagen, daß alle, die heute wie in der Vergangenheit Bach am meisten bewundern, ihre Bewunderung für oder eigentlich ihr physisches Bedürfnis nach seiner Musik nicht dadurch entwickelten, daß sie sie hörten (egal ob als Plattenaufnahme oder im Konzert), sondern dadurch, daß sie sie selber spielten oder vielleicht sangen und dabei aktiv in eine ästhetische, besonders erhabene und transzendentale Sphäre eintauchten.«

Meine Erfahrungen stimmen mit Marshalls Äußerung völlig überein. Leidenschaftliche Bach-Anhänger spielen oder singen seine Musik selbst. Dennoch gab es auch in ihrem Leben eine Zeit, in der sie Bachs Werke noch nicht singen oder spielen konnten. Wem verdanken sie den Entschluß, sich gerade seiner Musik zuzuwenden? Oder ist eines Tages, als sie im Unterricht ein Stück von Bach durchnahmen, spielenderweise die Liebe zu Bach entstanden?

Bei mir war es anders. Seit meiner frühesten Jugend habe ich mich leidenschaftlich danach gesehnt, selbst auf einer Kirchenorgel Bach spielen zu dürfen. Meine Eltern kamen gar nicht auf den Gedanken, daß es sich vielleicht lohnen könnte, mir Stunden geben zu lassen. Das kostete Geld, und Geld war keines da. Hinzu kam, daß ich alle Psalmen und Kirchenlieder auf dem Harmonium auswendig spielen konnte. Wozu dann noch Unterricht? Das einzig Notwendige an Musik kannte ich ja schon. Erst als ich zu studieren begann, konnte ich von meinem Stipendium den Musikunterricht bezahlen. Erst dann konnte und durfte ich zum erstenmal Bach spielen, wonach ich mich so lange gesehnt hatte. Bevor ich also »in eine ästhetische, besonders erhabene und transzendentale Sphäre« eintauchen konnte, war ich schon ein »Bewunderer«. Seltsam – ich war mir damals schon ganz sicher, daß ich nichts lieber wollte, als selbst am Spieltisch einer großen Kirchenorgel zu sitzen, um die Triosonaten zu spielen. Seltsam auch, daß es nie mein Ziel war, gut spielen zu lernen, sondern immer nur, Bach gut spielen zu lernen.

»Und jetzt das *Allegro ma non tanto*...«
Die Kammermusik

Selber spielen kann man auf zweierlei Weise: allein oder mit anderen zusammen. Von Natur aus ein typischer Einzelgänger, habe ich mich nie danach gesehnt, mit anderen zu spielen, im Gegenteil, ich dachte mit Widerwillen daran. Wenn man jedoch in die Kammermusik Bachs eindringen möchte, so sieht man sich, die Kompositionen für Violine solo und Violoncello solo ausgenommen, zum Zusammenspiel gezwungen. Das kammermusikalische Werk ist nur klein, wahrscheinlich ist auf diesem Gebiet entsetzlich viel verlorengegangen. Geblieben sind uns drei Sonaten und drei Partiten für Violine solo (BWV 1001–1006), die sechs Suiten für Violoncello solo (BWV 1007–1012), die sechs Sonaten für Violine und Cembalo (BWV 1014–1019), die sechs Sonaten für Querflöte und Cembalo (BWV 1030–1035, wobei nur bei zwei Sonaten deren Echtheit nicht angezweifelt wird), die Partita für Flöte solo (BWV 1013), die drei Sonaten für Viola da gamba und Cembalo (BWV 1027–1029), die Sonate für zwei Querflöten und Cembalo (BWV 1039; diese Sonate ist identisch mit der Sonate G-Dur für Viola da gamba und Cembalo) sowie die Sonate für Flöte, Violine und Cembalo aus dem *Musikalischen Opfer* (BWV 1079). Außerdem gibt es noch einige andere Werke, deren Echtheit jedoch stark angezweifelt wird.
Die drei Sonaten und drei Partiten für Violine solo gehören zu den Prunkstücken in Bachs Œuvre. Man hört sie oft; es ist eine gewaltige Herausforderung für einen Geiger, sie zu spielen, und wenn sie einigermaßen adäquat interpretiert werden, ist es ein Genuß, sie zu hören. Ein bestürzendes Stück ist das Adagio am

Anfang der ersten Sonate in g-moll. Hier betreten wir eine Welt äußerster Introversion. Diese Musik kommuniziert nicht mit der Außenwelt, sondern mit den innersten Regungen der Seele. Wird das Stück gut aufgeführt, scheut man sich fast, ihm zuzuhören. Ich bedauere, daß ich nicht Geige spiele. Dieses Stück würde ich nur zu gern selber einstudieren und selber spielen. In dem Adagio sind zwar Taktstriche eingezeichnet, doch Bach hält sich im Grunde nicht daran. Diese Musik hat etwas Osteuropäisches. Das Notenbild – diese schwindelerregenden Notengirlanden – sieht man viel später im Intermezzo der Oper *Notre Dame* von Franz Schmidt wiederkehren. Auch dort die herbe magyarische Klangwelt. Ich halte es für nicht unwahrscheinlich, daß dieses wunderbare Intermezzo auf irgendeine Weise aus dem sublimen Adagio hervorgegangen ist.

Von der königlichen Fuga, die dem Adagio folgt, machte Bach eine Bearbeitung für Laute (oder ließ sie durch einen Schüler machen?), außerdem war er uns Organisten so wohlgesonnen, daß er auch eine prächtige Bearbeitung für Orgel daraus machte (BWV 539). Als hätte er gewußt, daß jeder Klavierspieler gelb vor Neid einem Geiger zuhört, weil Bach jenem das Beste geschenkt hat, was er zu geben hatte. Denn auch die folgende Siciliana im 12/8-Takt (bei Bach verbürgt diese Taktart immer die schönsten Eingebungen) und das Presto als Schlußteil sind Wunderwerke.

Die Partita in h-moll (eine von Bachs Lieblingstonarten) gehört ebenfalls zum Besten von Bach. Allein schon die Allemanda am Anfang – was für ein Stück! In Wirklichkeit ist es kaum noch eine Allemande, Bach hat hier ein ganz neues, ganz eigenes Genre geschaffen. Über die entzückende Bourrée sagt Hubert C. Parry: »Der Satz ist einer von Bachs anziehendsten und charakteristischsten Kompositionen für Solovioline.«

Die Sonata in a-moll öffnet mit einem Grave, in dem Bach wiederum mit seinem innersten Wesen spricht. Wieder die schwindelerregenden Notengirlanden, wieder die Vernachlässigung der Taktstriche, wieder ein Wunderwerk, in dem sich so etwas wie die Atmosphäre einer ungarischen Zigeunermusik zu manifestieren scheint. Auf das Grave folgen eine Fuga, ein Andante und ein Allegro. Da von der ganzen Sonate eine Bearbeitung für Klavier vorhanden ist (ob Bach diese selbst gemacht hat oder von einem Schüler machen ließ, wissen wir nicht; möglich, daß sie erst viel später, nach Bachs Tod, entstanden ist), kann man sie auch auf einer Kirchenorgel, einem Cembalo oder notfalls auch auf dem Klavier spielen. Das einleitende Grave ist ein so typisches Stück für Violine, daß es auf dem Klavier nicht gut klingt; die Fuga jedoch ist auch auf dem Klavier ein herrliches Stück, und das Andante klingt geradezu majestätisch auf einer Kirchenorgel – in all seiner Schlichtheit ein wunderschönes Stück. Da es nicht schwer zu spielen ist, habe ich es mehrmals auf einer Kirchenorgel oder auf einem Cembalo vor Publikum gespielt. Fast niemand scheint das Stück zu kennen, denn jedesmal kamen nach der Aufführung Menschen auf mich zu und fragten: »Was ist das für ein Prachtstück von Bach?« Auch den Schlußsatz kann man sehr gut auf dem Klavier spielen. Wer immer diese Bearbeitung gemacht hat – ich bin ihm sehr dankbar dafür.

Die zweite Partita in d-moll ist eine der erstaunlichsten Kompositionen im Œuvre Bachs. Wie konnte ihm nur einfallen, den vier reizvollen Tänzen – Allemanda, Corrente, Sarabanda und Giga – eine Chaconne hinzuzufügen? Alles, was ihr vorangeht, versinkt im Nichts vor dieser musikalischen Gewalt. Niemand hat die Chaconne so treffend beschrieben wie Johannes Brahms in seinem Brief vom Juni 1877 an Clara Schumann: »Die Chaconne ist mir eines der wunderbarsten, unbegreiflichsten Musikstücke. Auf ein System, für ein kleines Instrument schreibt der Mann eine ganze Welt von tiefsten Gedanken und gewaltigsten Empfindungen. Wollte ich mir vorstellen, *ich* hätte das Stück machen, empfangen können, ich weiß sicher, die übergroße Aufregung und Erschütterung hätte mich verrückt gemacht. Hat man nun keinen größten Geiger bei sich, so ist es wohl der schönste Genuß, sie sich einfach im Geist tönen zu lassen.«

Dennoch gab sich Brahms offenbar nicht damit zufrieden, sich das Stück »einfach im Geist tönen zu lassen«, denn er machte eine Klavierbearbeitung der Chaconne »für die linke Hand allein«. Er überfrachtete sie nicht, wie Busoni es tat, er änderte fast nichts daran und stellte damit im vorigen Jahrhundert eine Ausnahme dar. In den Dutzenden von Bearbeitungen, die von dieser wundersamen Komposition gemacht wurden, hat man sich fast immer an Bach versündigt. Brahms wollte sie offensichtlich nicht bearbeiten, er war nur eifersüchtig auf die Geiger, die das schönste Stück aller Schöpfungen Bachs geschenkt bekommen hatten. Er wollte sich das Stück nur aneignen und setzte es deshalb für die linke Hand allein. Wie dankbar ich Brahms dafür bin! Zwar bin ich nicht imstande, alle Takte dieser Bearbeitung mit der linken Hand allein zu spielen, aber ich kann immerhin, ab und zu mit schlechtem Gewissen beide Hände benutzend, das Stück selbst interpretieren. Gleich nachdem man die ersten paar Akkorde angeschlagen hat, fühlt man sich in eine Welt von tiefem Ernst und großer Wahrhaftigkeit aufgenommen und glaubt plötzlich zu erkennen, worauf es in diesem Leben wirklich ankommt.

Immer wieder überrascht mich, daß man, wenn man den ersten Akkord der Chaconne anschlägt (d-f-a), damit auch die ersten Töne vom Thema der *Kunst der Fuge* (d-a-f-d) erfaßt. Im zweiten Takt der Chaconne erklingt schon das Cis, das in der ersten Fuge der *Kunst der Fuge* im dritten Takt erscheint. So ist in der Chaconne schon die Wunderwelt der *Kunst der Fuge* als Keim enthalten.

In einem der schönsten Romane des 20. Jahrhunderts, in *Zeno Cosini* von Italo Svevo, spielt der Rivale des Titelhelden Bachs Chaconne. Zeno berichtet: »Dann tauchte der große Bach in eigener Person auf. Niemals, weder vorher noch nachher, habe ich die Schönheit dieser Musik in solchem Maße empfunden. Sie erstand unglaublicherweise aus diesen einfachen vier Saiten, wie ein Engel Michelangelos aus einem Marmorblock.«

Als skizzierte Bach in seiner Chaconne den Lebenslauf des Menschen: zuerst – ruhige Akkorde, Achtel – die Geburt; dann der Übermut, aber auch die Leiden der Jugend (zunächst in Sechzehnteln, später sogar in Zweiunddreißigsteln); dann eine kurze Zeit echten Glücks (ein Abschnitt in Dur) und schließlich Alter und Tod (der Schluß des Stücks wieder in Moll).

Unglaublich die zwei Takte, in denen Bach plötzlich von Moll nach Dur wechselt. Die schönsten und ergreifendsten Takte sind jene in der zweiten Hälfte des Dur-Teils, in denen die Tonwiederholungen (Sechzehntel) den Achteln weichen müssen. Als hätte Bach eine schwermütige Heiterkeit in Töne umsetzen wollen, als schluchzte jemand vor lauter Glück.

Auch vom Adagio der dritten Sonata in C-Dur gibt es eine Bearbeitung für Klavier. Bedauerlich ist es, daß es von der Fuga, vom Largo und vom Allegro assai keine Bearbeitungen gibt, doch nichts hindert den Pianisten, die Stücke selbst auf einem Tasteninstrument zu versuchen.

Den ersten Satz der Partita in E-Dur übernahm Bach auch in die Kantaten »Wir danken dir, Gott, wir danken dir« (BWV 29) und »Herr Gott, Beherrscher aller Dinge« (BWV 120a). Ein schönes, lebendiges Stück. Wenn man es in der Bearbeitung für Orgel und Orchester hört, kann man sich kaum vorstellen, daß es ursprünglich für Violine solo geschrieben wurde. Von der Partita gibt es eine weitere Bearbeitung für Laute (BWV 106a). Jedenfalls kann man die Bearbeitung auch mit großem Vergnügen auf dem Cembalo spielen.

Schade, daß die sechs Cellosuiten offenbar nicht für eine Bearbeitung geeignet sind, denn ich kenne keine bis auf die Gavotte der sechsten Suite in D-Dur. Es ist verständlich, warum es keine Bearbeitungen der Suiten gibt: Sie kommen eben auf dem Cello am besten zur Geltung. Sogar auf einer Bratsche – davon gibt es verschiedene Aufnahmen – wirken sie nicht. Ich beneide die Cellisten. Es ist eine große Freude, diese Musik zu hören, aber zweifellos ist die Freude unendlich viel größer, wenn man sie selber spielt. Und nur wer sie selber spielt, vermag das Buch von Anner Bijlsma, *Bach. The Fencing Master, Reading Aloud From the First Three Cello Suites* (1998), richtig einzuschätzen.

Wenn man das Glück hat, einen guten Geiger zu finden, kann man mit ihm zusammen die sechs Sonaten für Violine und Cembalo spielen. Erstaunlich, daß man die sechs Sonaten so selten hört, denn es sind allesamt glanzvolle Kompositionen. Im ersten Satz der ersten Sonate demonstriert Bach wieder einmal, wie eindrucksvoll er mit Tonwiederholungen umzugehen versteht. Der zweite Satz ist ein wunderbares Stück, doch mein Herz gehört dem dritten Satz, dem Andante. Welch eine herrliche Musik! Schwungvoll, fließend, lieblich, anmutig. Sogar wenn man ohne Geiger nur die beiden begleitenden Stimmen spielt, glaubt man, eine der schönsten Inventionen des Thomaskantors zu spielen. Übrigens sind die Begleitungen im allgemeinen so prachtvoll, daß man sie auch ohne Geiger mit dem größten Vergnügen übt. In die sechste Sonate (die in verschiedenen Versio-

nen überliefert ist) hat Bach sogar ein außergewöhnlich attrak-
tives Allegro für Cembalo solo aufgenommen. Wahrheitsgemäß
soll jedoch gesagt sein, daß man – hat man die Stücke gut einstudiert – viel mehr Vergnügen an ihnen hat, wenn man sie mit
jemandem zusammen spielt. Wie großartig ist zum Beispiel der
erste Satz der vierten Sonate, in dem Bach die Atmosphäre der
Arie »Erbarme dich« heraufbeschwört. Wie herrlich der erste
Satz der fünften Sonate, wo es unaufhaltsam wie das Schicksal
immer weitergeht. Ganz besonders gefällt mir auch das Adagio
der vierten Sonate, das an das vielgelobte *Andantino sostenuto e
cantabile* aus der Sonate in B-Dur für Violine und Klavier (KV
378) von Mozart erinnert. Bei Bach ist alles kräftiger, stolzer, un-
bekümmerter, bei Bach schmilzt man nicht gleich dahin wie bei
den ersten Takten von Mozarts *Andantino*, und doch sind die
Klangwelten miteinander verwandt.
Die Sonaten für Querflöte und Klavier haben Hanneke und ich
seit den frühen Tagen unserer Verlobung immer wieder zusammen gespielt. Doch es gibt nur zwei unter ihnen, deren Echtheit
nicht angezweifelt wird: die Sonaten in h-moll (BWV 1030) und
A-Dur (BWV 1032). Die Sonaten in Es-Dur (BWV 1031) und g-
moll (BWV 1020) wurden wahrscheinlich von Carl Philipp Emanuel Bach komponiert, die Sonate in C-Dur (BWV 1033) soll von
einem oder zwei Schülern Bachs stammen. Bleibt natürlich die
Frage, wer die Sonaten in e-moll (BWV 1034) und E-Dur (BWV
1035) geschrieben hat. Ich möchte mich nicht auf die faszinie-
renden, aber wenig fruchtbaren Diskussionen über das Echt-
heitsproblem einlassen. (Hans Eppstein schreibt ausführlich
darüber in *Studien über Johann Sebastians Bach's Sonaten für ein Melodieinstrument und obligates Cembalo*; Robert L. Marshall reagiert darauf im Kapitel *The Compositions for Solo Flute* in seinem Buch *The
Music of Johann Sebastian Bach*; auch Hans Vogt erwähnt das Pro-

blem in seinem Buch *Johann Sebastian Bachs Kammermusik.*) Ich möchte nur dazu bemerken, daß besonders die Sonate in e-moll ein Glanzstück ist, vor allem das Andante ist ergreifend. Es wundert nicht, daß diese Komposition früher Bach zugeschrieben wurde, wie übrigens all diese Werke mit einer einzigen Ausnahme ein sehr hohes Niveau haben. Auch die Sonaten in Es-Dur und g-moll sind respektable Stücke. Wenn der Sohn sie komponiert haben sollte, hat möglicherweise der Vater hier und da etwas nachgeholfen.

Doch die weitaus schönste Sonate für Flöte und Cembalo ist die meisterhafte Komposition in h-moll. Ein unvergängliches Stück! Schwer zu spielen, das stimmt, aber Hanneke und ich haben sie mit dem größten Vergnügen jahrein, jahraus geübt. Der erste Satz ist hinreißend, Bach will auch hier nicht aufhören. Der zweite ist ein Largo, wie man es auch bei Bach nur selten findet. Nicht zu fassen, was er darin in wenigen Takten auszudrücken vermag. Der dritte Satz fängt mit einem kräftigen Presto an und geht dann über in eine ungeheuer schwierige, aber grandiose, von Synkopen überwucherte Gigue. Welch ein irrsinnig schönes Werk!

Damit verglichen wirkt die A-Dur-Sonate viel alltäglicher. Trotzdem erweist sich das spielfreudige zweisätzige Werk als vortrefflicher Auftakt zur h-moll-Sonate, die nun mal einsame Höhen erreicht.

Leider bin ich nie einem Cellisten, geschweige denn einem Virtuosen auf der Viola da gamba begegnet, der mit mir die drei Sonaten für Viola da gamba und Basso continuo spielen wollte. Zum Glück gibt es von der schönsten der drei Sonaten auch eine Version für zwei Flöten und Cembalo (BWV 1039), eine Triosonate. Im Laufe der Jahre habe ich, während ich auf den zweiten Flötisten wartete, die Begleitung sehr gründlich einstudiert.

Als nun dieser zweite Flötist endlich auftauchte und gemeinsam mit Hanneke und mir die Sonate anstimmte, wußte ich nicht, wie mir geschah. Eine Plattenaufnahme des Stücks besaßen wir nicht, ich kannte nur die Begleitung. Ach, wie dann die beiden Flöten im ersten Satz (im 12/8-Takt natürlich, bei Bach »fast immer ein Hinweis auf etwas Außergewöhnliches«, wie Whittaker in seinem Buch über die Kantaten bemerkt) einander so wunderbar abwechselten, antworteten und ihre imitierenden Stimmen über meine Begleitung webten! In einem Menschenleben erweisen sich solche unerwarteten, unverhofften, unverdient glückhaften, »ewigen« Augenblicke jedesmal als überreiche Erfahrung. Und wie man sie erlebt? Man ist gerührt, ergriffen, darf sich aber diesem Gefühl nicht allzusehr hingeben, sonst beginnen die Finger zu zittern, und man greift daneben. Also spielt man tapfer weiter, während die ganze Zeit hindurch irgendwo im Gehirn ein Stimmchen stammelt: Bach, Bach, Bach – wie ein Verliebter den Namen seiner Geliebten flüstert. Und wenn man am Ende angelangt ist, möchte man nichts lieber, als die beiden Flötisten ans Herz drücken; aber das tut man nicht, man sieht einander nur an und sagt: »Und jetzt das *Allegro ma non tanto*. Aufgepaßt: *Ma non tanto*, also bitte nicht zu schnell.«

Außer dieser wunderschönen Triosonate für zwei Flöten und Basso continuo hat Bach noch eine andere für Flöte, Violine und Cembalo geschrieben: die Triosonate aus dem *Musikalischen Opfer*. Wiederum ein Stück, das man hundertmal zusammen mit zwei anderen Menschen spielen kann, ohne daß man sich jemals langweilt.

Die Vermutung liegt nahe, daß Bach in Köthen noch viele andere Werke für kleine Besetzung geschrieben hat. Vieles wird auch davon verschollen sein. Mit dem, was wir besitzen, einer Handvoll meisterhafter Kompositionen, kann man allein, zu zweit oder zu dritt ganze Nachmittage und Abende mit den Instrumenten höchst glücklich und zufrieden verbringen, erfüllt von grenzenloser Dankbarkeit für den Komponisten, der einem – spielt man selber – das überwältigende Gefühl schenkt, wir selbst würden beim Spielen komponieren.

»Die bewegendste musikalische Erfahrung meines Lebens« Die Konzerte

Ich war bei einem Studienkollegen zu Besuch. Er wohnte in einem ehemaligen Laden. Wir saßen im Schaufenster. Achtlos legte mein Gastgeber eine Platte auf, während er sich mit einem weiteren Studienkollegen unterhielt. Ich lauschte der kraftvollen, schnellen Musik. Es war ein Konzert für zwei Violinen und Orchester. Von Haus aus hatte ich nicht die geringste musikalische Bildung mitbekommen und kannte deshalb nur sehr wenige Musikstücke. Ich hatte nicht gesehen, was mein Studienkollege aufgelegt hatte. Dennoch gab es für mich keinen Zweifel: Was ich hörte, hatte Johann Sebastian Bach komponiert. Dann, während draußen der Regen niederprasselte und stets größere Tropfen an den Schaufensterscheiben herunterliefen, begann der zweite Satz. Wie finde ich die Worte, um zu beschreiben, was damals in mir vorging? Daß es die bewegendste musikalische Erfahrung meines Lebens war, steht fest. Nichts davor und nichts danach hat jemals einen so tiefen Eindruck auf mich gemacht. Während die beiden Violinen geduldig, fast behutsam, in dem öden Weltall, in dem wir leben, nach genau jenen Tönen suchten, die alle Schrecknisse beschwören, hielt mein Kollege plötzlich im Reden inne. Er sah mich an, legte einen Finger auf die Lippen und flüsterte unserem Kollegen zu: »Halt mal kurz den Mund.« Ich weiß noch, daß ich mich ein wenig schämte, weil, wie auf den Schaufensterscheiben, große Tropfen über meine Wangen liefen. Diesen beiden Tropfen folgten zwei andere, und so ging es weiter die ganze Zeit, solange die Musik dauerte.

Ich habe das Largo aus dem Konzert für zwei Violinen und Orchester (BWV 1043) später noch oft gehört. Wenn ich eine hervorragende Aufführung erlebe, kann ich mir manchmal jenen ersten Eindruck ins Gedächtnis zurückrufen. Vor einiger Zeit sah und hörte ich im Fernsehen Gidon Kremer mit einem Kollegen das Doppelkonzert spielen. Kremers Mund stand ein wenig offen, Speicheltröpfchen rannen an seinem Kinn entlang, es war, als wolle er während des Spielens durch das Schalloch in der Geige verschwinden. Er verschmolz mit der Violine und der Musik und spielte so überwältigend schön, daß es mir vorkam, als erlebte ich nochmals jene erste Begegnung mit dem Largo.

Was hat Bach empfunden, daß er eine solche Musik zu komponieren vermochte? Da er sie später für zwei Cembali bearbeitete, darf man schließen, daß die Musik ihm keineswegs so heilig war wie heute uns, seinen Verehrern. Vielleicht war es für ihn ganz selbstverständlich, ein solches Stück zu Papier zu bringen? Schließlich trug er noch so viel andere Musik in sich. Er schuf auch den unbegreiflich schönen Mittelsatz des Violinkonzerts in E-Dur (BWV 1042). Woher hatte er die Einfälle? Der Geiger muß ab Takt 28 einfache Tonleiterfiguren spielen, hinauf und hinunter. Einfacher geht es kaum, und doch läßt sich nur schwer Ergreifenderes denken als diese Passage. Auch an diesem Mittelsatz vergriff er sich, indem er ihn für Cembalo und Orchester umarbeitete. Bach schrieb ferner den unglaublich schönen Mittelsatz des Konzerts für zwei Cembali und Orchester in c-moll (BWV 1060), wahrscheinlich die Bearbeitung eines Konzerts für Oboe und Violine, das verschollen ist. Er schuf die Air der Dritten Suite, das Andante des *Zweiten Brandenburgischen Konzerts* und den langsamen Satz des f-moll-Konzerts (BWV 1056). Sollte jemand bei dieser Aufzählung den Eindruck bekommen, daß ich vor allem Bachs langsame Sätze bevorzuge, möchte ich hinzufügen, daß ich den ersten Satz des E-Dur-Konzerts für Violine als ebensolches Wunder empfinde wie den zweiten und daß der erste Satz des Cembalokonzerts in d-moll (BWV 1052) »das geneigte Ohr gewöhnt an allerhöchstes Bach-Niveau«, um mit Simon Vestdijk zu sprechen. Übrigens wird die Echtheit des d-moll-Konzerts manchmal angezweifelt. Doch wer außer Bach hätte solche meisterhafte Musik komponieren können? Wenn es nicht von ihm stammt, warum hat er dann sowohl den ersten als auch den zweiten Satz in der Kantate »Wir müssen durch viel Trübsal« (BWV 146) verarbeitet?

Unter der Rubrik »Konzerte« führt Wolfgang Schmieder 24 Konzerte auf (BWV 1041–1065). Von BWV 1045 besitzen wir nur ein Fragment, desgleichen von BWV 1059. Von den sechs *Brandenburgischen Konzerten* (BWV 1046–1051) nimmt man an, daß sie ursprünglich nicht zusammengehörten und in verschiedenen Lebensabschnitten Bachs entstanden sind. Wären sie als eine Einheit gedacht gewesen, so hätte Bach wohl nicht alle sechs in eine Dur-Tonart gesetzt. Außerdem stehen das erste und zweite Konzert in F-Dur, das dritte und vierte in G-Dur. Wer einen Zyklus aus sechs zusammengehörigen Konzerten komponiert, würde gewiß die Tonarten variieren. Wahrscheinlich ist das sechste Konzert als erstes entstanden. Wie wunderbar und apart die Instrumentierung. Keine Violinen. Über das sehr ausgereift klingende fünfte Konzert bemerkt Christoph Wolff: »Vielleicht etwas mehr als die Hälfte der *Brandenburgischen Konzerte* stammt aus der Köthener Zeit, und dasjenige, das für das modernste gehalten wird – nämlich das fünfte Konzert (mit obligatem Cembalo) –, entstand eventuell vor 1719.«

Die sieben Konzerte für *ein* Cembalo und Orchester sind, ausgenommen BWV 1057, wahrscheinlich Bearbeitungen zum Teil verlorengegangener Violinkonzerte. BWV 1057 ist nämlich eine Bearbeitung des *Vierten Brandenburgischen Konzerts*, BWV 1054 des Violinkonzerts in E-Dur, BWV 1058 des Violinkonzerts in a-moll. Die Cembalokonzerte in E-Dur, f-moll, d-moll und A-Dur kennen wir nicht in ihrer früheren Gestalt als Violinkonzert, mit der Einschränkung, daß Bach die zwei ersten Sätze des E-Dur-Konzerts auch in der Kantate »Gott soll allein mein Herze haben« (BWV 169) verwendete, die ersten zwei Sätze des d-moll-Konzerts in der Kantate »Wir müssen durch viel Trübsal« (BWV 146) und den mittleren Satz des f-moll-Konzerts in der Kantate »Ich steh mit einem Fuß im Grabe« (BWV 156). Das einzige Konzert, das wir ausschließlich in der Gestalt eines Cembalokonzerts kennen, ist das A-Dur-Konzert. Ich erinnere mich an einen polnischen Film. Wie so viele ein schrecklicher Film. In einem dunklen Mietshaus läuft ein Junge immer wieder eine Treppe hinauf und hinab, und jedesmal erklingt dabei der erste Satz des Cembalokonzerts in A-Dur. Ich hörte das Konzert damals zum erstenmal. Immer wenn der erste Satz erklang, machte ich die Augen fest zu und ließ mich von Johann Sebastian Bach entführen, weit weg aus dem Treppenhaus und der grenzenlosen Trostlosigkeit des Films.

Außer den Konzerten für ein Cembalo und Orchester gibt es drei Konzerte für zwei Cembali und Orchester (BWV 1060–1062), zwei für drei Cembali und Orchester (BWV 1063 und 1064) und eines für vier Cembali und Orchester (BWV 1065). Das letztere ist die Bearbeitung eines Konzerts von Antonio Vivaldi. Sehr faszinierend ist es nicht, obwohl Johann Sebastian in das blutleere Leitungswasser von Vivaldi einen kräftigen Schuß Bach-Whiskey gegossen hat.

Die beiden Konzerte für drei Cembali und Orchester hört man leider selten. Es sind großartige Stücke, wahrscheinlich Bearbeitungen anderer verschollener Tripelkonzerte. Bedauerlicherweise besitzen wir die Originalwerke nicht mehr. Wie gern würde ich insbesondere das C-Dur-Konzert in seiner ursprünglichen Form hören.

Von den drei Konzerten für zwei Cembali und Orchester ist das c-moll-Konzert (BWV 1062) eine Bearbeitung des Konzerts für zwei Violinen und Orchester (BWV 1043), die sich schwer beurteilen läßt. Die beiden anderen Konzerte sind vermutlich ebenfalls Bearbeitungen. Vielleicht würden wir ihnen, in Kenntnis der Originale, ebenfalls mit gemischten Gefühlen lauschen. Da sie gottlob nur in dieser Gestalt erhalten geblieben sind, dürfen wir unser Herz an dem entzückenden c-moll-Konzert und an dem majestätischen C-Dur-Konzert erfreuen.

Außer diesen Werken besitzen wir auch noch das merkwürdige Konzert in a-moll (BWV 1044), ein Werk für Querflöte, Violine, Cembalo und Orchester. Es ist eine Bearbeitung des kolossalen Präludiums und der virtuosen Fuge in a-moll (BWV 894). Der Mittelsatz stammt aus der Triosonate in d-moll für Orgel (BWV 527). Warum hat Bach diese Bearbeitung geschrieben? In ihrer ursprünglichen Form sind Präludium und Fuge solche Meisterstücke, daß man nur schwer einsehen will, warum sie auch noch in dieser Gestalt erscheinen mußten. Auch das Adagio paßt vollkommen in die Orgelsonate, und es ist befremdlich, daß Bach es nochmals an anderer Stelle verwendet hat. Trotzdem, wären uns die Originale nicht bekannt, wir würden unser Herz an das Tripelkonzert verlieren. Schade, daß man es so selten hört.

Über die vier Ouvertüren – die ich damals noch nicht gehört hatte, denn sie werden selten aufgeführt – las ich in *XYZ der Muziek* von Casper Höweler: »Wie kommt es, daß man die lebenslustige, muntere Seite von Bachs Genie so ärgerlich vernachlässigt? Leider müssen auch wir uns über diese köstliche Facette von Bachs Kunst kurz fassen, aus dem einfachen Grund, daß man für dieses reiche Spektrum der Freude keine Worte findet. Und doch begreift man das allumfassende Genie Bachs erst dann, wenn nicht nur die erhabene Tragik der Passionen und der tiefe Glaube der Kantaten, sondern auch die verspielte Freude von Bachs Tänzen unser Gemüt bewegt.« Woraufhin Höweler, obwohl er angeblich »keine Worte findet«, alle vier Orchestersuiten ausführlich bespricht. Seine schönste Bemerkung lautet: »Die vierte Suite leidet unter der Bevorzugung der zweiten. Allein schon wegen der zweiten Bourrée möchte man sie immer wieder hören.« Und natürlich auch, beeile ich mich hinzuzufügen, wegen der grandiosen Ouvertüre, die Bach später zu dem ebenso grandiosen Eingangschor der Kantate »Unser Mund sei voll Lachens« (BWV 110) umgearbeitet hat.

Wann sind die Konzerte und Ouvertüren entstanden? Bis vor kurzem glaubte man: in der Köthener Zeit. Neuerdings nehmen jedoch fast alle Bach-Experten an, daß die Werke – mit Ausnahme der *Brandenburgischen Konzerte* – erst in Leipzig entstanden sind. Einige Stücke, etwa die berühmte zweite Ouvertüre, für die alle Flötenvirtuosen so dankbar sind, datieren sogar aus den späteren Jahren. »Diese Komposition ist wahrscheinlich um 1738/ 39 entstanden«, sagt Werner Breig, »das Datum der frühesten Quelle ist in hohem Maße plausibel.« Gewiß, aber genau wissen wir es nicht. Robert L. Marshall sagt zu Recht in seinem Buch *The Music of Johann Sebastian Bach*: »Wir wissen beispielsweise immer noch so gut wie gar nichts – außer in groben Zügen – über die Entstehung der meisten Instrumentalwerke von Bach.«

Die Bearbeitungen der Violinkonzerte für Cembalo datieren jedenfalls aus den späteren Jahren, vielleicht auch die Violinkonzerte selbst. Das grenzt an eine Tragödie, denn es bedeutet, daß viele der in Köthen entstandenen Werke verlorengegangen sind. Dennoch würde es mich überraschen, wenn zum Beispiel das Doppelkonzert erst nach Bachs Einstellung als Direktor am Collegium musicum – ab 1729 – entstanden wäre. Es ist zweifellos ein Werk des jungen Bach.

Der bekannte niederländische Musikschriftsteller Bertus van Lier schrieb, der langsame Satz sei ein Dialog zwischen Jesus und der Seele. Dies ist zwar für einen Heiden wie mich, der nicht an Jesus glaubt und der mit dem Begriff »Seele« nur wenig anzufangen weiß, eine schwer verständliche Behauptung. Dennoch weiß ich Bertus van Liers verzweifelten Versuch, in Worte zu fassen, warum gerade diese Musik einen Menschen in seinem tiefsten Wesen bewegt, durchaus zu schätzen.

Empfohlen und kommentiert:
Literatur über Bach

Über Bach ist ungeheuer viel geschrieben worden. Die größten Bibliotheken in den Niederlanden enthalten, wie man dem Computer der Leidse Universiteitsbibliotheek entnehmen kann, insgesamt 752 Titel. Zum Vergleich: Über Wilhelm Friedemann Bach findet man nur zwei Titel.

Was kann man davon empfehlen? Was ungelesen lassen? Was ist unentbehrlich? Um mit letzterem zu beginnen: Jeder, der sich wirklich in Bach vertiefen will, muß sich als erstes das Buch *Thematisch-sytematisches Verzeichnis der musikalischen Werke von Johann Sebastian Bach*, herausgegeben von Wolfgang Schmieder, das *Bach-Werke-Verzeichnis* (BWV), besorgen. Die 1. Auflage erschien 1950 in Leipzig, eine 2., verbesserte und ergänzte Auflage 1990 bei Breitkopf & Härtel, Wiesbaden. Darin wurde die Echtheit mehrerer Werke angezweifelt, die in der 1. Auflage noch Bach zugeschrieben wurden. Auch in den folgenden Auflagen dürfte die Echtheit weiterer Werke angezweifelt werden. Noch zehn Auflagen, und kein Werk ist mehr von Bach. Der Erstdruck des BWV ist antiquarisch noch oft erhältlich. Ein sehr brauchbares Buch. In der 2. Auflage wurden viele Veränderungen vorgenommen, doch die Numerierung der Werke blieb unverändert.

Das BWV ist im Grunde eine Aufzählung von Bachs Werken. Von jedem Werk sind Titel und Besetzung angegeben, das Hauptthema oder die Hauptthemen werden mit Notenbeispielen erläutert, hinzu kommt eine kurze Entstehungsgeschichte des Werks. Außerdem gibt das BWV einen summarischen Überblick über die Literatur zu den einzelnen Werken.

Für gründliche Bachstudien unabdingbar sind außerdem die vier Bände der *Bach-Dokumente*, herausgegeben vom Bach-Archiv Leipzig, die von 1963 an in Kassel und Leipzig erschienen sind. Band I enthält alle Briefe Bachs, Empfehlungen für seine Schüler sowie Quittungen und andere Dokumente, die er geschrieben oder unterzeichnet hat, Band II fast alle erhaltenen Dokumente zu seiner Lebensgeschichte 1685–1750, Band III die Dokumente nach seinem Tod 1750 bis zum Jahr 1800, Band IV die Bilddokumente. Wenn man die vier Bände aufmerksam studiert, braucht man eigentlich keine zusätzliche Biographie, denn die *Bach-Dokumente* sind das Ausgangsmaterial für jeden Bach-Biographen.

1945 erschien *The Bach Reader* von Hans T. David und Arthur Mendel. Das Buch ist eine Fundgrube an Dokumenten. 1998 erschien eine völlig neue Ausgabe unter dem Titel *The New Bach Reader*, eine Alternative zu den vier Bänden *Bach-Dokumente*. *The New Bach Reader* enthält alle Briefe und Zettel von der Hand Bachs, frühe biographische Dokumente, die erste Bach-Biographie von Johann Nikolaus Forkel in englischer Übersetzung sowie Dokumente über Bach aus der zweiten Hälfte des 18. Jahrhunderts und der Zeit der Romantik. Da der *New Bach Reader* 1998 erschienen ist, finden sich darin viele Dokumente, die erst nach Erscheinen der *Bach-Dokumente* aufgetaucht sind, z. B. der erste Brief, den Bach 1726 an seinen Jugendfreund Georg Erdmann schrieb.

Die erste Biographie von Johann Nikolaus Forkel (1802) ist eigentlich keine richtige Biographie, sondern eine kurze Abhandlung *Über Johann Sebastian Bachs Leben, Kunst und Kunstwerke*. Forkel schreibt hauptsächlich über Bachs Instrumentalmusik und berichtet nur summarisch über sein Leben. Doch weil er seine Informationen hauptsächlich Carl Philipp Emanuel und Wilhelm Friedemann Bach verdankt, ist das Buch eine überaus wertvolle Quelle. Die zweite Biographie *Johann Sebastian Bachs Leben, Wirken und Werke* von Carl Ludwig Hilgenfeldt aus dem Jahr 1850 ist mir leider nie in die Hände gefallen, desgleichen die dritte Biographie von Carl Hermann Bitter, *Johann Sebastian Bach* (2 Bde. 1865). Daß diese Biographien heute kaum mehr zu finden, geschweige denn zu kaufen sind, ist der monumentalen Biographie von Spitta zuzuschreiben.

Die zweibändige Bach-Biographie von Philipp Spitta (1873 und 1880) ist ein hervorragendes Werk, wenn auch das darin geschilderte Bach-Bild als überholt gelten kann. Spitta sah in Bach einen frommen Protestanten, einen Kirchenmusiker par excellence, der, vor allem als Kantor an der Thomasschule in Leipzig, sein Leben dem Komponieren von Kirchenmusik widmete. Er glaubte, Bach habe die Kantaten über den gesamten Leipziger Aufenthalt gleichmäßig verteilt komponiert. Wolfgang Sandberger hat dazu eine fesselnde Dissertation über *Das Bach-Bild Philipp Spittas* (1997) mit dem Untertitel: *Ein Beitrag zur Geschichte der Bach-Rezeption im 19. Jahrhundert* geschrieben.

Albert Schweitzer stützte sich in seiner Bach-Monographie (1908) auf das Werk Spittas, auch er sah in Bach vor allem den Kirchenmusiker. Er zweifelte nicht an Spittas Datierung, was die Komposition der Kantaten betrifft, und verwies auf das mystische Element in den Werken Bachs. Er legte den Nachdruck auf die Beziehung zwischen Ton und Wort. Bei Schweitzer wird fast die gesamte Vokalmusik Bachs zur Programmusik. Obwohl viele seiner Behauptungen anfechtbar sind, ist sein Buch ein monumentales Werk über den Thomaskantor.

In England erschien 1928 eine fundierte Biographie über Bach von Charles Sanford Terry. Sie ist wie die von Spitta bezüglich der Datierung der Vokalmusik veraltet. Dasselbe gilt für die Biographien von Rudolf Steglich, *Johann Sebastian Bach* (1935), und von Karl Geiringer, *Johann Sebastian Bach. The Culmination of an Era* (1966; dt. 1971). Interessante Bücher, doch leider stark veraltet.

Neuere, gute Biographien sind die von Malcolm Boyd, *Johann Sebastian Bach* (1983; dt. 1984), und Friedemann Otterbach, *Johann Sebastian Bach. Leben und Werk* (1982). Wertvoll ist auch die Monographie von Martin Geck, *Johann Sebastian Bach mit Selbstzeugnissen und Bilddokumenten* (1993). Und ein besonders gutes Buch ist *Der junge Bach* von Konrad Küster (1996). Die jüngst erschienene große Biographie von Klaus Eidam, *Das wahre Leben des Johann Sebastian Bach* (1999) ist zwar gut geschrieben und enthält viele interessante Informationen über die Fürsten, bei denen Bach in Diensten stand, ist jedoch in Einzelheiten durchaus anfechtbar. Auch Eidams Bach-Bild – Bach soll in Leipzig sehr unglücklich und verbittert gewesen sein – ist meines Erachtens absolut unhaltbar. Bedauerlich außerdem, daß Eidam es für nötig hält, gegen verschiedene zeitgenössische Bach-Experten heftig zu polemisieren. Für Insider mag das interessant sein, aber wer eine Biographie liest, ist nicht unbedingt interessiert an Eidams bissigen Äußerungen, z.B. gegen den obengenannten Bach-Biographen Martin Geck.

Leider besitzen wir keine brauchbare Biographie Bachs auf niederländisch. Das Buch von Tim Dowley, in niederländischer Übersetzung bei Uitgeverij J.H. Gottmer, Haarlem, in der »Reihe der Komponisten« erschienen, ist einfach schlecht, und das Buch von Luc-André Marcel (1996), erschienen beim Contact Verlag, ist eines der übelsten Machwerke, das jemals über Bach geschrieben wurde. Ein Jammer, daß derart schlechte Bücher aus dem Englischen bzw. Deutschen übersetzt wurden, obwohl man aus diesen Sprachen genausogut die Werke von Boyd oder

Otterbach hätte übertragen können. Guido van Hoofs Buch (1995) ist gut lesbar und auf dem neuesten Stand, gehört aber zu den Biographien, in denen sich der Autor nicht nur an die bloßen Fakten hält. Tatsächlich besitzen wir auf niederländisch nur ein wirklich gutes biographisches Werk über Bach: Hans Brandts Buys, *Johann Sebastian Bach* (3. Auflage 1960). Antiquarisch noch oft erhältlich, doch leider veraltet, da die aufsehenerregenden Erkenntnisse Dürrs und von Dadelsens noch nicht berücksichtigt wurden, ist es dennoch ein einzigartiges Werk.

Über die Familie Bach gibt es ebenfalls mehrere ausgezeichnete Bücher. An erster Stelle sei das Buch von Karl und Irene Geiringer genannt: *Die Musikerfamilie Bach. Leben und Wirken in drei Jahrhunderten* (1958), ferner *Die Bachs. 1500–1850* von Percy M. Young (1978) sowie *Die Bach-Familie* von Christoph Wolff et al. (1993). Wolff ist z. Zt. einer der tonangebenden Bach-Spezialisten, und alles, was er über Bach schreibt, ist besonders lesenswert. Viele seiner Artikel sind in den Sammelband *Bach. Essays on His Life and Music* (1991) enthalten. Ein vergleichbares Buch hat Robert L. Marshall, *The Music of Johann Sebastian Bach. The Sources, the Style, the Significance* (8. Aufl. 1989), veröffentlicht.

Leider führen nicht alle Bach-Experten eine so gewandte Feder wie Friedrich Blume. Seine Aufsätze über Bach gehören zum Besten, was über den Komponisten zu finden ist. Viele (u. a. *Der junge Bach*) sind in zwei Bänden der *Syntagma musicologicum* (1963 und 1973) gesammelt. Darin finden sich übrigens u. a. auch sehr gute Aufsätze über Mozart, Haydn und Bruckner.

Viele Informationen sind auch in *The Cambridge Companion to Bach* aus dem Jahr 1997 enthalten, das von John Butt zusammengestellt wurde. Da wollte natürlich auch Oxford nicht zurückstehen, also erschien 1999 der *Oxford Composer Companion: Johann Sebastian Bach*, zusammengestellt von Malcolm Boyd. Der *Oxford*

Companion ist besser als Nachschlagewerk geeignet als *The Cambridge Companion*. Er ist außergewöhnlich gründlich, sehr brauchbar und auf dem neuesten Stand.

Auch in deutscher Sprache gibt es vergleichbare Ausgaben: *Lübbes Bach-Lexikon* (1982), herausgegeben von Walter Kolneder (der selber mehrere hervorragende Bücher über Bach publiziert hat), und das *Bach Compendium. Analytisch-bibliographisches Repertorium der Werke Johann Sebastian Bachs*, herausgegeben von Hans-Joachim Schulze und Christoph Wolff (1986 ff.).

Die Literatur zu den Kantaten habe ich schon in dem entsprechenden Kapitel (siehe Seite 121 ff.) behandelt. Ich möchte hier noch auf das Buch *Sämtliche von Johann Sebastian Bach vertonte Texte*, herausgegeben von Werner Neumann (1974), hinweisen, in dem alle von Bach vertonten Texte abgedruckt sind. Ein anderes Buch von Werner Neumann kann als Nachschlagewerk für die Kantaten dienen, das *Handbuch der Kantaten Johann Sebastian Bachs* (1947; 5. Auflage 1984).

Von Alfred Dürrs höchst brauchbarem zweibändigen Werk über *Die Kantaten von Johann Sebastian Bach* (1971) gibt es mittlerweile eine neu bearbeitete Auflage, die die kompletten Kantatentexte enthält. Die siebte Auflage erschien 1999 in der Reihe der »Bärenreiter Werkeinführungen«.

In der Reihe der *BBC Music Guides* erschien ein kleines Buch von Jack A. Westrup über die Kantaten (1966, mehrere Auflagen). Erstaunlich, als wie nützlich und informativ sich das Büchlein erweist.

Über die *Matthäus-Passion* gibt es eine unüberschaubare Menge an Literatur. Wer sich das großartige Buch von Emil Platen, *Die Matthäus-Passion von Johann Sebastian Bach. Entstehung, Werkbeschreibung, Rezeption* (1991), anschafft, findet im Anhang eine ausführliche Bibliographie der gesamten Literatur über die *Mat-*

thäus-Passion. Auch in niederländischer Sprache finden sich einige Werke über die *Matthäus-Passion.* Ein ausgezeichnetes Buch ist *De passies van Johann Sebastian Bach* von Hans Brandts Buys (1950). Man erhält es noch oft in Antiquariaten. Typisch orthodox ist die Auffassung von Willem J. Ouweneel in seinem Buch *Bach, Mattheus en het drama.*

Über die *Johannes-Passion* ist viel weniger geschrieben worden. Sehr brauchbar auch hier ein Buch, das 1988 in der Reihe der »Bärenreiter Werkeinführungen« erschienen ist: Alfred Dürr, *Die Johannes-Passion von Johann Sebastian Bach. Entstehung, Überlieferung, Werkeinführung,* natürlich mit ausführlicher Bibliographie. Ein weiteres wertvolles Buch zum selben Thema gibt es von Martin Geck (1991).

Von Walter Blankenburg gibt es »Bärenreiter Werkeinführungen« über das *Weihnachtsoratorium* (1982) und in die *h-moll-Messe* (1974). Auch Dürr hat (1967) eine Werkeinführung zum *Weihnachtsoratorium* geschrieben.

Neuere, gute englischsprachige Einführungen zur h-moll-Messe sind: John Butt, *Bach. Mass in B Minor* (1991) und George Stauffer, *Bach. The Mass in B Minor* (1997). Der Dirigent Helmuth Rilling hat eine Art Leitfaden zu dem Werk veröffentlicht: *Johann Sebastian Bachs h-moll-Messe* (1979).

Leider gibt es meines Wissens keine eigene Publikation über das vielgerühmte *Magnificat,* doch wer sich darüber ausführlich informieren will, dem sei ein Artikel von Robert L. Marshall empfohlen: *On the Origin of Bach's Magnificat: A Lutheran Composer's Challenge,* erschienen in den von Don O. Franklin herausgegebenen *Bach Studies* 3–17 (Cambridge 1989). Der Aufsatz wurde auch in Marshalls hervorragendes Buch *The Music of Johann Sebastian Bach* (1989) aufgenommen.

Über Bachs gewaltige Motetten ist eine besondere Studie erschienen: Daniel R. Melamed, *Johann Sebastian Bach and the German Motet* (1995).

Merkwürdig, daß sich in den Niederlanden, in denen es so viele Kirchenorgeln und Organisten gibt und wo schon seit der zweiten Hälfte des 18. Jahrhunderts eine Art »Bach-Kirchenorgel-Kultur« besteht, noch niemand berufen fühlte, aus der Sicht der täglichen Praxis des Spielens und Unterrichtens ausführlich über Bachs Orgelwerke zu schreiben.

Faszinierende Werke, doch über die Musik selbst erfährt man wenig. Das Buch von Albert Clement, *Der dritte Teil der Clavierübungen von Johann Sebastian Bach* (1999), ist ein erstaunlich gelehrtes, ursolides, meisterhaftes Buch, in dem die theologischen Hintergründe der Choralvorspiele aus dem dritten Teil der *Clavier-Übung* tiefgreifend erörtert werden, aber über die Musik selbst wird verhältnismäßig wenig gesagt.

Im Deutschen und Englischen hingegen ist eine Flut von Veröffentlichungen über die Orgelwerke erschienen. Das umfassendste Werk ist *Johann Sebastian Bachs Orgelwerke* von Peter Williams (3 Bde., 1996 ff.). Gut lesbar ist das Werk zwar nicht, aber sehr brauchbar. Wem ein so dickes dreibändiges Werk zuviel des Guten ist, kann sich mit dem kleineren Buch von Williams über die Orgelmusik behelfen, das in den *BBC Music Guides* erschienen ist. Williams hat für große Aufregung gesorgt, indem er die Echtheit von Bachs bekanntestem Orgelwerk BWV 565 in Zweifel zog. Dazu ist sogar eine besondere Studie erschienen: Rolf Dietrich Claus, *Zur Echtheit von Toccata und Fuge d-moll BWV 565* (1995). Sehr empfehlenswert ist das Buch von Russell Stinson über das *Orgel-Büchlein* (1996).

Gründlich und noch immer gut brauchbar ist das Buch von Hermann Keller, *Die Orgelwerke Bachs*. In einer Fußnote zur Einleitung heißt es: »Die Arbeit wurde 1941 abgeschlossen, der Erstdruck 1943 durch Kriegseinwirkung vernichtet.« Das Werk ist also schon älteren Datums, doch da Keller vor allem eine Analyse der Werke durchführt, keineswegs veraltet.

In dem gleichfalls sehr soliden Band *The Keyboard Music of Johann Sebastian Bach* (1992) behandelt David Schulenberg alle Stücke, die Bach für Cembalo und Klavichord geschrieben hat. Über die *Französischen* und *Englischen Suiten* und über die *Partiten* wurde viel veröffentlicht, aber Gesamtdarstellungen, wie man sie über das *Wohltemperierte Klavier* findet, kenne ich nicht. Das heißt: Es gibt ein gutes Buch von Meredith Little und Natalie Jenne, *Dance and the Music of Johann Sebastian Bach* (1991), in dem alle Tanzformen im Werk Bachs behandelt werden. Darin kommen natürlich auch alle Partiten und Suiten zur Sprache. Da sich das Buch aber nur mit den Tanzformen beschäftigt, fehlen Betrachtungen über die vielen Präludien. Ich verstehe übrigens nicht, weshalb die Autorinnen die Allemande außer acht lassen, meiner Meinung nach ist sie doch auch eine Tanzform. Über die Tanzformen in Bachs Vokalmusik schrieb Doris Finke-Hecklinger ein brauchbares Buch: *Tanzcharaktere in Johann Sebastian Bachs Vokalmusik*, Trossingen 1970 (Tübinger Bach-Studien 6).

Zur Urtextausgabe von Bachs Inventionen und Sinfonien schrieb Ludwig Landshoff einen *Revisionsbericht* (1933) von mehr als hundert engbedruckten Seiten, in dem er diese Perlen im Cembalo-Œuvre Bachs von allen Seiten beleuchtet bis hin zu den Verzierungen.

Über Bachs Cembalo-Toccaten besitzen wir ein Buch von Christian Eisert, *Die Clavier-Toccaten BWV 910–916 von Johann Sebastian Bach. Quellenkritische Untersuchungen zu einem Problem des Frühwerks* (1994).

Von allen Werken Bachs erfreute sich das *Wohltemperierte Klavier* schon gleich nach seiner Entstehung der größten Popularität. In der zweiten Hälfte des 18. Jahrhunderts kursierte es in zahllosen Abschriften. Beethoven hat aus einer solchen Abschrift gespielt. 1801 wurde das *Wohltemperierte Klavier* von drei verschiedenen Herausgebern auf den Markt gebracht. Bereits vorher hatte ein englischer Verlag die Edition geplant, sah aber davon ab, als er erfuhr, daß demnächst deutsche Ausgaben erscheinen würden. Der Popularität des *Wohltemperierten Klaviers* verdanken wir eine unglaubliche Menge an Literatur. Im Anhang von Alfred Dürrs Buch über *Das Wohltemperierte Klavier* (1998) findet man eine Aufzählung dieser Werke, die zum Teil schwer lesbar sind. In den Niederlanden besitzen wir ein ausgezeichnetes Buch über *Het Wohltemperirte Clavier van Johann Sebastian Bach* von Hans Brandts Buys (1942), das sich besser liest als beispielsweise das Buch von Hugo Riemann, *Handbuch der Fugen-Komposition (Analyse von J. S. Bachs »Wohltemperiertem Klavier« Bd. I/II und »Kunst der Fuge« Bd. III)* (1894). Knapp, klar und nützlich ist das Buch von Hermann Keller über *Das Wohltemperierte Klavier* (1965), auch das Buch von Alfred Dürr ist wie alles, was dieser Bach-Experte geschrieben hat, sehr empfehlenswert. Ein geradezu erstaunliches Buch über *Johann Sebastian Bach's Well-Tempered Clavier* ist das 1993 beim Verlag Mainer in Hongkong erschienene vierbändige Werk von Siglind Bruhn, die Dozentin an der Universität Hongkong ist. Stark auf die Praxis ausgerichtet, enthält es außer Informationen und Analysen der Präludien und Fugen sogar farbige Darstellungen der diversen Kompositionen, während sich der Leser die Fragen über die Stücke selbst ausdenken und beantworten soll. Ein sehr nützliches und lehrreiches, aber nicht leicht lesbares Buch. Allerdings war es auch nicht die Absicht dieser waschechten Pädagogin, ein lesbares Buch zu schreiben. Sie hatte ein typisches Benutzerhandbuch vor Augen, und die Ausführung ist ihr ausgezeichnet gelungen. Kein Aspekt bleibt unbesprochen, und nebenbei erfährt man in diesem Buch überraschend viel über Harmonielehre.

Wer glaubt, am Klavier oder am Cembalo nicht allein zurechtzukommen, findet in *Bach-Interpretationen. Die Klavierwerke Johann Sebastian Bachs* von Paul Badura-Skoda (1993) eine unerschöpfliche Quelle über Triller, Artikulation, Ornamentierung und viele andere Aspekte, wie Bach gespielt werden muß oder kann. Kein Buch zum vergnüglichen Lesen, wohl aber ein grandioses Nachschlagewerk. Etwas weniger anspruchsvoll ist Fernando Valenti, *A Performer's Guide to the Keyboard Partitas of Johann Sebastian Bach* (1989).

Ein interessantes Buch zu allen Bachschen Werken für kleine Besetzungen ist *Johann Sebastian Bachs Kammermusik* von Hans Vogt (1981). Geschrieben aus der Praxis, vorurteilsfrei und gut lesbar. Schade, daß es bereits an manchen Stellen veraltet ist (z. B. führt Vogt die Kantate BWV 15 noch als ein Werk von Bach an, während seit Jahr und Tag bekannt ist, daß sie von Johann Ludwig Bach geschrieben wurde). Sehr gut ist auch das Buch von Hans Eppstein, *Studien über Johann Sebastian Bach's Sonaten für ein Melodieinstrument und obligates Cembalo* (1966). Eppstein beschäftigt sich eingehend mit der Frage, welche Kammermusikwerke von Bach stammen und welche nicht. Vor allem über die Werke für Flöte und Cembalo gibt es dazu eine umfangreiche Literatur. Robert L. Marshall macht in seinem Buch *The Music of Johann Sebastian Bach. The Sources, the Style, the Significance* (8. Aufl. 1989) überlegenswerte Bemerkungen zu dieser Thematik.

Über die Cellosuiten schrieb Anner Bijlsma ein aufsehenerregendes Buch: *Bach. The Fencing Master, Reading Aloud From the First Three Cello Suites* (1998).

Über die Cembalokonzerte wurde verhältnismäßig wenig geschrieben, im Gegensatz zu den *Brandenburgischen Konzerten.* Das beste Buch stammt von Malcolm Boyd (1993). Absolut unlesbar ist das Buch von Michael Marissen, *The Social and Religious Designs of Johann Sebastian Bach's Brandenburg Concertos* (1995). Marissen will in den *Brandenburgischen Konzerten* nicht nur ein gewisses soziales Engagement, sondern hier und da auch religiösen Eifer entdeckt haben. Marissen hat außerdem ein bizarres und schwer lesbares Buch über die Frage, ob die *Johannes-Passion* antisemitische Elemente enthält, unter dem Titel *Lutheranism, Anti-Judaism and Bach's St. John Passion* (1998) verfaßt.

Unter dem Titel *Die Goldberg-Variationen von J. S. Bach* (1985) veröffentlichten Ingrid und Helmut Kaussler ein Werk von fast 300 Seiten, das wirklich alles enthält, was über die *Goldberg-Variationen* bekannt ist. Allerdings finden sich darin gewisse esoterische Interpretationen der einzelnen Variationen. Da sich die Autoren aber in der gesamten Bach-Literatur so gut auskennen und ihre Meinungen ganz bescheiden vorbringen, ist das Buch dennoch sehr brauchbar. Außerdem stellt der Band die aufsehenerregenden Behauptungen von Christoph Wolff über die *Goldberg-Variationen* in Frage. Wolff behauptet nämlich, daß die Variationen nicht für den an Schlaflosigkeit leidenden Grafen Keyserlingk bestimmt waren und auch nicht von Goldberg gespielt worden sein können, da Johann Gottlieb Goldberg erst zwölf Jahre alt war, als die *Goldberg-Variationen* 1742 entstanden. Robert Marshall pflichtet ihm bei und schreibt: »Die Glaubwürdigkeit der berühmten Geschichte, Keyserlingk habe das Werk für ›seinen Goldberg‹ in Auftrag gegeben – eine Anekdote, die Forkel als erster verbreitet hatte –, ist bestenfalls zweifelhaft.« Ingrid und Helmut Kaussler erklären jedoch glaubhaft, der junge Goldberg sei ein Wunderkind gewesen und habe die *Goldberg-Variationen* bereits in sehr jungen Jahren gespielt. Denkbar auch, daß Bach, eben weil der junge Goldberg das Cembalo so meisterhaft beherrschte, hier die Gelegenheit nutzte, seine Virtuosität an den berüchtigt schweren Variationen zu demonstrieren. Etwas ältere, ebenfalls wertvolle Bücher über die *Goldberg-Variationen* stammen von Heinz Hermann Niemöller (1985) und Andreas Traub (1983).

Über das *Musikalische Opfer* wurde ebenfalls erstaunlich viel veröffentlicht. Eine klassische Studie ist *Johann Sebastian Bach's Musical Offering. History, Interpretation and Analysis* von Hans T. David (1945). Neuere Literatur dazu findet sich in den Bach-Jahrbüchern und ähnlichen Publikationen. Der Band *Bach. Essays on His Life and Music* von Christoph Wolff (1991) enthält u. d. T. *New Research on the Musical Offering* einen ausgezeichneten Artikel über die neuesten Erkenntnisse zu diesem späten Meisterwerk.

Natürlich gibt es auch eine unüberschaubare Literatur zur *Kunst der Fuge*. Zu den lesbarsten Büchern gehört das von Peter Schleuning, *Johann Sebastian Bachs ›Kunst der Fuge‹. Ideologien. Entstehung. Analyse* (1993). Ein vielsagendes Zitat daraus über die hartnäckige Legende von Bachs sogenanntem Schwanengesang darf hier nicht fehlen, daß nämlich die *Kunst der Fuge* Bachs letztes Werk und unvollendet geblieben sei, weil er über der Arbeit gestorben sei. »Diese Mär hat sich im Bewußtsein der musikalischen Öffentlichkeit festgesetzt, unerschüttert durch die Mühen der Forschung, die inzwischen fast jedes Detail davon als unwahr nachgewiesen hat.« Gleichfalls empfehlenswert ist Walter Kolneders fünfbändiges Werk über *Die Kunst der Fuge. Mythen des 20. Jahrhunderts* (1977), obwohl darin manches an den Haaren herbeigezogen scheint. Immer noch gut brauchbar ist auch das alte Buch von Donald Francis Tovey, *A Companion to ›The Art of Fugue‹* (1931), desgleichen *Bachs ›Kunst der Fuge‹* von Hans Heinrich Eggebrecht (1984). Vieles von dem, was über die *Kunst der Fuge* geschrieben wurde, ist leider absolut unlesbar, wie zum Beispiel *Alles geordnet mit Maß, Zahl und Gewicht. Der Idealplan von Johann Sebastian Bachs ›Kunst der Fuge‹* von Hans-Jörg Rechtsteiner (1995). Sehr kurios ist das Buch von Paul Guggenheim, *The Riddle of Bach's Last Fugue, Contrapunctus XIX. Theologically Considered with a Conjectural Completion.* Da die letzte Fuge unvollständig überliefert ist, zieht Guggenheim weitgehende Schlußfolgerungen über Bachs Ehrfurcht vor der Heiligen Dreifaltigkeit. Da jedoch diese letzte Fuge aller Wahrscheinlichkeit nach vollendet wurde (vgl. dazu Christoph Wolff, *The Last Fugue: Unfinished?* in: *Bach. Essays on His Life and Music,* 1991), gibt es keinen Grund, um mit Guggenheim anzunehmen, Bach habe die Fuge wegen seiner besonders tiefen Gläubigkeit nicht zu Ende geschrieben. Ein Buch wie das von Guggenheim zeigt, daß Bachs Musik leider auch alle Arten von sonderbaren Käuzen anzieht, esoterische Narren, Zahlensymboliker, religiöse Fanatiker und dergleichen. Da viele dieser Leute publizieren, besitzen wir eine sehr umfangreiche Subliteratur über Bach und die Zahl. Wie mir scheint, hat Martin Geck recht, wenn er schreibt: »Es wäre jedoch unproduktiv, im Bachschen Werke immer aufs neue und ausschließlich nach Form- und Zahlengeheimnissen zu suchen. Dadurch wird Bach nicht frommer, und die Hörer werden vielleicht ehrfürchtiger und in ihrer Sinnsuche befriedigter, aber im Umgang mit Musik nicht reicher.«

In zwei hervorragenden Publikationen macht Ruth Tatlow mit einem großen Teil der Zahlenmystik kurzen Prozeß. Zuerst in ihrer Dissertation *Bach and the Riddle of the Number Alphabet,* Cambridge 1991 und dann in einem Artikel *Johann Sebastian Bach and the Baroque Paragram* in: *Music and Letters* 70, Nr. 2 (1989). Für mich steht allerdings fest, daß Bach beim Komponieren auch mit Zahlen spielte. Ein Thema, das Albert Clement, wie mir scheint, gelegentlich eingehend erörtern sollte.

Obwohl ich dazu neige, alles, was von theologischer Seite aus über Bach geschrieben wurde, mit einem gewissen Mißtrauen zu betrachten, findet man auch in dieser Literatur aufschlußreiche Ansichten. Sehr ansprechend ist z. B. das Buch von Jaroslav Pelikan, *Bach Among the Theologians* (1986). Die Studien von Robin A. Leaver über *Bachs Theologische Bibliothek* und über die *Calov-Bibel* (1985) sind ohne weiteres empfehlenswert. Albert Clement teilte mir in einem Brief mit, »es gäbe eine Publikation, der aufgrund späterer Untersuchungen noch viele Kommentare hinzuzufügen seien. So wurde u. a. mittels Protonenuntersuchungen festgestellt, daß tatsächlich alle Aufzeichnungen Bachs von seiner Hand stammen. (Ein Bericht über diese Untersuchung wurde übrigens 1985 von Howard H. Cox veröffentlicht.) Ausgezeichnet sind auch die zwei bislang erschienenen Bände von *Bach und die Nachwelt 1750–2000*, herausgegeben von Michael Heinemann und Hans-Joachim Hinrichsen (1997 ff.). Darin wird Bachs Einfluß auf Komponisten wie Mendelssohn, Schumann, Liszt und viele andere erschöpfend analysiert.

Ein anderes detailliertes Buch über Bach ist das Werk von Norman Carrell, *Bach the Borrower* (1967). Carrell befaßt sich darin mit allen Entlehnungen, die Bach aus dem eigenen Werk und aus den Werken anderer vornahm. Merkwürdigerweise hat Carrell, obwohl er ausführlich alle Fälle aufzählt, in denen Bach sich selbst zitiert, übersehen, daß das Hauptthema aus dem Duett in der Kantate »Liebster Jesu, mein Verlangen« (BWV 32) auch in der Fis-Dur-Fuge aus dem zweiten Teil des *Wohltemperierten Klaviers* aufklingt. Und das, obwohl schon Spitta darüber geschrieben hat.

Nach dieser keineswegs erschöpfenden Aufzählung von Werken, vor allem aus der jüngeren Literatur, möchte ich nachdrücklich darauf hinweisen, daß man, wenn man sich wirklich

in Bach vertiefen will, auch die *Bach-Jahrbücher* studieren muß.
Das *Bach-Jahrbuch* erscheint seit 1904, mit Ausnahme der Jahre
1939–1948. Außer diesen speziellen Jahrbüchern gibt es noch
zahlreiche andere Zeitschriften und Periodika über Bach, so z. B.
Bach. Journal of the Riemenschneider Bach Institute und die *Bach Perspectives*, die von der University of Nebraska Press herausgeben
werden. (Bisher sind drei Bände erschienen.)
In Leipzig erscheinen in unregelmäßigen Abständen die *Bach-
Studien*, außerdem die *Beiträge zur Bachforschung*, von 1982–1991
herausgegeben von der Nationalen Forschungs- und Gedenkstätte Johann Sebastian Bach der DDR, seit 1991 als *Leipziger Beiträge zur Bach-Forschung* vom Bach-Archiv Leipzig herausgegeben. In unregelmäßigen Abständen erscheinen außerdem die
Beiträge zur theologischen Bachforschung, die *Cöthener Bach-Hefte*, die
Tübinger Bach-Studien, ferner noch ein *Bulletin* der Internationalen
Arbeitsgemeinschaft für theologische Bachforschung.
Sehr nützlich sind auch die Festschriften, die von den tonangebenden deutschen Bach-Forschern mit großer Regelmäßigkeit
herausgegeben werden, wenn einer von ihnen ein Jubiläum
feiert. Zum 60. Geburtstag von Georg von Dadelsen erschien
eine solche Festschrift mit vielen lehrreichen Artikeln, zum 70.
Geburtstag die zweite. Weitere Festschriften erschienen, als
Alfred Dürr 60 und 65 Jahre alt wurde und als Werner Neumann
den 65. und 80. Geburtstag feierte. Die Artikel der obengenannten Bach-Experten sind ebenfalls in Sammelbänden erschienen.

Wie man sieht: Auch wenn man stocktaub ist, kann man sich
sein Leben lang mit Bach beschäftigen, so viel wurde über ihn
geschrieben. Ich gebe ehrlich zu: Alles, was über Bach erscheint,
findet in mir einen ebenso begierigen wie neugierigen Abneh-
mer. Aber wenn man sich wirklich in Bachs Leben und Werk

vertiefen will, gibt es nur eine Möglichkeit, in seiner Welt heimisch zu werden. Man muß sich an ein Spinett, ein Klavichord, ein Klavier, ein Cembalo oder an eine Kirchenorgel setzen und zum Beispiel das Andante (BWV 940) aus den *Fünf Kleinen Präludien* spielen. Nicht mehr als zehn Takte, aber wir erleben Bach in seiner ganzen unvergänglichen Größe.

Anhang

Benutzte Literatur

Acht kleine Präludien und Studien über Bach. Georg von Dadelsen zum 70. Geburtstag am 17. November 1988. Hg. vom Kollegium des Johann-Sebastian-Bach-Instituts Göttingen. Wiesbaden 1992

Bach, Carl Philipp Emanuel, Agricola, Johann Friedrich, und Mizler, Lorenz: *Nekrolog.* In: Lorenz Christoph Mizler: *Neu eröffnete musikalische Bibliothek* IV/1, S. 158–176. Leipzig 1754

Bach-Dokumente. Hg. vom Bach-Archiv Leipzig. Bd. I: *Schriftstücke von der Hand Johann Sebastian Bachs.* Hg. von Werner Neumann und Hans-Joachim Schulze. Kassel/Leipzig 1963; Bd. II: *Fremdschriftliche und gedruckte Dokumente zur Lebensgeschichte Johann Sebastian Bachs 1685–1750.* Hg. von Werner Neumann und Hans-Joachim Schulze. Kassel/Leipzig 1969; Bd. III: *Dokumente zum Nachwirken Johann Sebastian Bachs 1750–1800.* Hg. von Hans-Joachim Schulze. Kassel/Leipzig 1972; Bd. IV: *Bilddokumente zur Lebensgeschichte Johann Sebastian Bachs.* Hg. von Werner Neumann. Kassel/Leipzig 1979

Bach-Jahrbuch. Hg. von der Neuen Bach-Gesellschaft. Leipzig 1904–1939, 1948 ff.

Bach. Journal of the Riemenschneider Bach Institute. Ohio 1970 ff.

Bach Perspectives. Hg. von der University of Nebraska Press für die American Bach Society. Lincoln 1995 ff.

Bach-Studien. Leipzig 1922 ff.

Badura-Skoda, Paul: *Bach-Interpretationen. Die Klavierwerke Johann Sebastian Bachs.* Laaber 1993

Beiträge zur Bachforschung. Hg. von der Nationalen Forschungs- und Gedenkstätte Johann Sebastian Bach der DDR. Leipzig 1982–1991. Forts. u. d. T. *Leipziger Beiträge zur Bach-Forschung.* Hg. vom Bach-Achiv Leipzig. Leipzig 1991 ff.

Beiträge zur theologischen Bachforschung. Neuhausen-Stuttgart 1983 ff.

Besch, Hans: *Johann Sebastian Bach. Frömmigkeit und Glaube.* Bd. 1: *Deutung und Wirklichkeit. Das Bild Bachs im Wandel der deutschen Kirchen- und Geistesgeschichte.* Gütersloh 1938

Besseler, Heinrich: *Charakterthema und Erlebnisform bei Bach.* In: Kongreß-Bericht Lüneburg 1950. Kassel o. J., S. 7–32

Bijlsma, Anner: *Bach. The Fencing Master, Reading Aloud From the First Three Cello Suites.* Amsterdam 1998

Bitter, Carl Hermann: *Johann Sebastian Bach.* 2 Bde. Berlin 1865. Reprint: Leipzig 1978

Blankenburg, Walter: *Das Weihnachtsoratorium von Johann Sebastian Bach.* München/Kassel 1982 (Bärenreiter Werkeinführungen)

Ders.: *Einführung in Bachs h-moll-Messe.* Kassel 1950. 3. überarb. Aufl. 1974 (Bärenreiter Werkeinführungen)

Blume, Friedrich: *Der junge Bach.* In: Ders.: *Syntagma musicologicum II. Gesammelte Reden und Schriften 1962–1972.* Hg. von Anna Amalie Abert und Martin Ruhnke. Kassel 1973

Ders.: *Syntagma musicologicum. Gesammelte Reden und Schriften 1962–1972.* Hg. v. Anna Amalie Abert und Martin Ruhnke. 2 Bde. Kassel 1963 und 1973

Ders.: *Umrisse eines neuen Bach-Bildes.* In: *Musica* 16 (1962), S. 169–176

Boyd, Malcolm: *Bach. The Brandenburg Concertos.* Cambridge 1993

Ders.: *Johann Sebastian Bach. Leben und Werk.* Vorwort von Dietrich Fischer-Dieskau. Übers. von Konrad Küster. Stuttgart 1984. München/Kassel 1992 (Engl. Originalausgabe: London 1983)

Ders. (Hg.): *Oxford Composer Companion: Johann Sebastian Bach.* Oxford 1999

Brandts Buys, Hans: *Johann Sebastian Bach*. 3. Aufl. Haarlem 1960

Ders.: *De passies van Johann Sebastian Bach*. Leiden 1950

Ders.: *Het Wohltemperirte Clavier van Johann Sebastian Bach*. Arnheim 1942

Breig, Werner: *Zum Kompositionsprozeß in Bachs Cembalokonzerten*. In: *Johann Sebastian Bachs Spätwerk und dessen Umfeld. Perspektiven und Probleme*. Hg. von Christoph Wolff. Kassel 1988, S. 32–47

Bruhn, Siglind: *Johann Seabastian Bach's Well-Tempered Clavier. In-depth Analysis and Interpretation*. 4 Bde. Hongkong 1993

Bulletin der Internationalen Arbeitsgemeinschaft für theologische Bachforschung. Heidelberg 1988 ff.

Butt, John: *Bach. Mass in B Minor*. Cambridge 1991

Ders. (Hg.): *The Cambridge Companion to Bach*. Cambridge 1997

Carrell, Norman: *Bach the Borrower*. London 1967

Chafe, Eric: *J. S. Bach's St. Matthew Passion. Aspects of Planning, Structure and Chronology*. In: *Journal of the American Musicological Society* 35 (1982), S. 49–114

Cherbuliez, Antoine-E.: *Johann Sebastian Bach. Sein Leben und sein Werk*. Olten 1946

Claus, Rolf Dietrich: *Zur Echtheit von Toccata und Fuge d-moll BWV 565*. Köln 1995

Clement, Albert: *»O Jesu, du edle Gabe«. Studien zum Verhältnis von Text und Musik in den Choralpartiten und den Canonischen Veränderungen von Johann Sebastian Bach*. Utrecht 1989

Ders.: *Der dritte Teil der Clavierübungen von Johann Sebastian Bach. Musik. Text. Theologie*. Middelburg 1999

Cöthener Bach-Hefte. Köthen 1981 ff.

Cox, Howard H. (Hg.): *The Calov Bible of J. S. Bach*. Ann Arbor 1985

Dadelsen, Georg von: *Johann Sebastian Bach: Suiten, Sonaten, Capriccios, Variationen.* München 1975.

Ders.: *Über Bach und anderes. Aufsätze und Vorträge.* 1957–1982. Laaber 1983

David, Hans T.: *Johann Sebastian Bach's Musical Offering. History, Interpretation and Analysis.* New York 1945

David, Hans T., und Mendel, Arthur: *The Bach Reader. A Life of Johann Sebastian Bach in Letters and Documents.* London 1967. Neuausgabe u. d. T.: *The New Bach Reader.* London 1998

Dilthey, Wilhelm: *Von deutscher Dichtung und Musik. Aus den Studien zur Geschichte des deutschen Geistes.* 2. Aufl. Stuttgart 1957

Dowley, Tim: *Bach: His Life and Times.* London 1981

Dürr, Alfred: *Die Johannes-Passion von Johann Sebastian Bach. Entstehung, Überlieferung, Werkeinführung.* München/Kassel 1988 (Bärenreiter Werkeinführungen)

Ders.: *Johann Sebastian Bach – Das Weihnachtsoratorium.* München 1967

Ders.: *Johann Sebastian Bach – Das Wohltemperierte Klavier.* Kassel 1998

Ders.: *Die Kantaten von Johann Sebastian Bach.* 2 Bde. München/Kassel 1971. 7. Aufl. 1999 (Bärenreiter Werkeinführungen)

Ders.: *Zum Wandel des Bach-Bildes: Zu Friedrich Blumes Mainzer Vortrag.* In: *Musik und Kirche* 32 (1962), S. 145–152

Alfred Dürr zum 60. Geburtstag am 3. März 1978 gewidmet. Bach-Jahrbuch 64 (1978)

Eggebrecht, Hans Heinrich: *Bachs ›Kunst der Fuge‹. Erscheinung und Deutung.* München 1984

Eidam, Klaus: *Das wahre Leben des Johann Sebastian Bach.* München 1999

Eisert, Christian: *Die Clavier-Toccaten BWV 910–916 von Johann Sebastian Bach. Quellenkritische Untersuchungen zu einem Problem des Frühwerks.* Mainz 1994

Eller, Rudolf, und Schulze, Hans-Joachim (Hg.): *Eine Sammlung von Aufsätzen. Werner Neumann zum 65. Geburtstag.* Leipzig 1975 (Bach-Studien 5)

Eppstein, Hans: *Studien über Johann Sebastian Bach's Sonaten für ein Melodieinstrument und obligates Cembalo.* Uppsala 1966 (Acta Universitatis Uppsalensis)

Felix, Werner: *Johann Sebastian Bach.* Leipzig 1985

Finke-Hecklinger, Doris: *Tanzcharaktere in Johann Sebastian Bachs Vokalmusik.* Trossingen 1970 (Tübinger Bach-Studien 6)

Forkel, Johann Nikolaus: *Über Johann Sebastian Bachs Leben, Kunst und Kunstwerke.* Leipzig 1802. Neuausgabe, hg. von W. Vetter. Kassel 1982

Geck, Martin: *Johann Sebastian Bach, Johannespassion BWV 245.* München 1991

Ders.: *Johann Sebastian Bach mit Selbstzeugnissen und Bilddokumenten.* Reinbek 1993

Geiringer, Karl: *Johann Sebastian Bach. The Culmination of an Era.* London 1966 (dt. 1971)

Geiringer, Karl und Irene: *Die Musikerfamilie Bach. Leben und Wirken in drei Jahrhunderten.* München 1958. 2. Aufl. 1977

Gelder, B[astiaan] van: *Spoorzoeken in de bonte wereld van geloven en denken.* Amsterdam 1957

Gesner, Johann Matthias: *Institutiones oratoriae des Marcus Fabius Quintillianus.* In: *Bach-Dokumente*, a. a. O. Bd. II

Grew, Eva Mary und Sidney: *Bach.* London 1947

Guggenheim, Paul: *The Riddle of Bach's Last Fugue, Contrapunctus XIX. Theologically Considered with a Conjectural Completion.* San Francisco 1992

Häfner, Klaus: *Aspekte des Parodieverfahrens bei Johann Sebastian Bach. Beiträge zur Wiederentdeckung verschollener Vokalwerke.* Laaber 1987 (Neue Heidelberger Studien zur Musikwissenschaft 12)

Harnoncourt, Nikolaus: *Der musikalische Dialog. Gedanken zu Monteverdi, Bach und Mozart.* Salzburg/Wien 1984

Headington, Christopher: *Johann Sebastian Bach. An Essential Guide to His Life and Works.* London 1997

Heinemann, Michael, und Hinrichsen, Hans-Joachim (Hg): *Bach und die Nachwelt 1750–2000.* Bd. 1: 1750–1850. Laaber 1997. Bd. 2: 1850–1900. Laaber 1999 (Bd. 3 und 4 in Vorb.)

Hermelink, Siegfried: *Das Präludium in Bachs Klaviermusik.* In: *Jahrbuch des Staatlichen Instituts für Musikforschung Preußischer Kulturbesitz* (1976). Berlin 1977, S. 7–80

Hilgenfeldt, Carl Ludwig: *Johann Sebastian Bachs Leben, Wirken und Werke.* Leipzig 1850

Hoof, Guido van: *Johann Sebastian Bach. Cultuurhistorisch portret.* Kapellen 1995

Höweler, Casper: *XYZ der Muziek.* Zeist 1961

Kagel, Mauricio: *Worte über Musik. Gespräche, Aufsätze, Reden, Hörspiele.* München 1991

Kaussler, Ingrid und Helmut: *Die Goldberg-Variationen von Johann Sebastian Bach.* Stuttgart 1985

Keller, Hermann: *Das Wohltemperierte Klavier von Johann Sebastian Bach. Werk und Wiedergabe.* Kassel 1965. 4. Aufl. 1989

Ders.: *Die Orgelwerke Bachs: Ein Beitrag zu ihrer Geschichte, Form, Deutung und Wiedergabe.* Leipzig 1948

Koch-Kanz, Swantje: *Die Töchter Johann Sebastian Bachs.* In: *Basler Magazin* 48 (30.11.1985)

Kohlhase, Thomas, und Scherliess, Volker (Hg.): *Festschrift Georg von Dadelsen zum 60. Geburtstag.* Neuhausen-Stuttgart 1978

Kolneder, Walter: *Johann Sebastian Bach (1685–1750). Leben, Werk und Nachwirken in zeitgenössischen Dokumenten.* Wilhelmshaven 1991

Ders.: *Die Kunst der Fuge. Mythen des 20. Jahrhunderts.* 5. Bde. Wilhelmshaven 1977

Ders. (Hg.): *Lübbes Bach-Lexikon.* Bergisch Gladbach 1982

Küster, Konrad: *Der junge Bach.* Stuttgart 1996

Landshoff, Ludwig: *Revisionsbericht zur Urtextausgabe von Johann Sebastian Bachs 15 zweistimmigen Inventionen und die 15 dreistimmigen Sinfonien.* Leipzig 1933

Leaver, Robin A.: *Bach's Theological Library. Bachs Theologische Bibliothek. A Critical Bibliography. Eine kritische Bibliographie.* Neuhausen-Stuttgart 1983

Ders.: *J. S. Bach and Scripture. Glosses from the Calov Bible Commentary.* St. Louis 1985

Ders.: *The Mature Vocal Works and their Theological and Liturgical Context.* In: Butt, John (Hg.): *The Cambridge Companion to Bach,* a. a. O., S. 86–122

Little, Meredith Ellis, und Jenne, Natalie: *Dance and the Music of Johann Sebastian Bach.* Bloomington 1991

Marcel, Luc-André: *Johann Sebastian Bach mit Selbstzeugnissen und Bilddokumenten.* Reinbek 1969

Marissen, Michael: *Lutheranism, Anti-Judaism and Bach's St. John Passion. With an Annotated Literal Translation of the Libretto.* Oxford 1998

Ders.: *The Social and Religious Designs of Johann Sebastian Bach's Brandenburg Concertos.* Princeton 1995

Marshall, Robert L.: *The Music of Johann Sebastian Bach. The Sources, the Style, the Significance.* New York 1989

Ders.: *On Bach's Universality.* In: Ders.: *The Music of Johann Sebastian Bach,* a. a. O., S. 65–79

Ders.: *On the Origin of Bach's Magnificat. A Lutheran Composer's Challenge.* In: Franklin, Don O. (Hg.): *Bach Studies* (3–17), Cambridge 1989. Außerdem in: Ders.: *The Music of Johann Sebastian Bach*, a. a. O., S. 161–173

Melamed, Daniel R.: *Johann Sebastian Bach and the German Motet.* New York 1995

Melamed, Daniel R., und Marissen, Michael: *An Introduction to Bach Studies.* New York/Oxford 1998

Milstein, Nathan: *Lassen Sie ihn doch Geige lernen. Erinnerungen.* München 1993

Müller, Karl, und Wiegand, Fritz (Hg.): *Arnstädter Bachbuch. Johann Sebastian Bach und seine Verwandten.* 2. Aufl. Arnstadt 1957

Neumann, Werner: *Handbuch der Kantaten Johann Sebastian Bachs.* Leipzig 1947. 5. Aufl. Wiesbaden 1984

Ders. (Hg.): *Sämtliche von Johann Sebastian Bach vertonte Texte.* Leipzig 1974

Ders.: *Vorwort.* In: *Bach-Dokumente*, a. a. O., Bd. I

Niemöller, Heinz Hermann: *Johann Sebastian Bach. Goldberg-Variationen.* In: *Musik-Konzepte* 42 (1985)

Otterbach, Friedemann: *Johann Sebastian Bach. Leben und Werk.* Stuttgart 1982

Ouweneel, Willem J.: *Bach, Mattheus en het drama.* Kampen 1994

Parry, Hubert C.: *Johann Sebastian Bach.* London 1909

Paumgartner, Bernhard: *Johann Sebastian Bach. Leben und Werk.* Bd. 1: *Bis zur Berufung nach Leipzig.* Zürich 1950

Pelikan, Jaroslav: *Bach Among the Theologians.* Philadelphia 1986

Platen, Emil: *Die Matthäus-Passion von Johann Sebastian Bach. Entstehung, Werkbeschreibung, Rezeption.* Kassel/München 1991. 2. verb. und erg. Aufl. Kassel 1997

Rechtsteiner, Hans-Jörg: *Alles geordnet mit Maß, Zahl und Gewicht.*

Der Idealplan von Johann Sebastian Bachs ›Kunst der Fuge‹. Frankfurt a. M./New York 1995

Rehm, Wolfgang (Hg.): *Bachiana et alia musicologica. Festschrift Alfred Dürr zum 65. Geburtstag am 3. März 1983.* Kassel 1983

Riemann, Hugo: *Handbuch der Fugen-Komposition (Analyse von J. S. Bachs »Wohltemperiertem Klavier« Bd. I/II und »Kunst der Fuge« Bd. III).* Leipzig 1894

Rifkin, Joshua: *The Chronology of Bach's Saint Matthew Passion.* In: *Musical Quarterly* 61 (1975), S. 360–387

Rilling, Helmuth: *Johann Sebastian Bachs h-moll-Messe.* Neuhausen/Stuttgart 1979

Robertson, Alec: *The Church Cantatas of Johann Sebastian Bach.* London/New York 1972

Sandberger, Wolfgang: *Das Bach-Bild Philipp Spittas. Ein Beitrag zur Geschichte der Bach-Rezeption im 19. Jahrhundert.* Stuttgart 1997

Ders.: *Bach 2000. 24 Inventionen über Johann Sebastian Bach.* Stuttgart/Weimar 1999

Schenker, Heinrich: *Das Meisterwerk in der Musik.* München/Wien/Berlin 1925. Reprint: Hildesheim/New York 1974

Schleuning, Peter: *Johann Sebastian Bachs ›Kunst der Fuge‹. Ideologie. Entstehung. Analyse.* München/Kassel 1993

Schmieder, Wolfgang (Hg.): *Thematisch-systematisches Verzeichnis der musikalischen Werke von Johann Sebastian Bach (Bach-Werke-Verzeichnis BWV).* Leipzig 1950. 2. Aufl. Wiesbaden 1990

Schulenberg, David: *The Keyboard Music of Johann Sebastian Bach.* New York 1992

Schulze, Hans-Joachim: *Besprechung von Klaus Häfner, Aspekte des Parodieverfahrens bei Johann Sebastian Bach.* In: *Bach-Jahrbuch* 76 (1990), S. 92–94

Schulze, Hans-Joachim, und Wolff, Christoph: *Bach Compendium.*

Analytisch-bibliographisches Repertorium der Werke Johann Sebastian Bachs. Bd. I/1–4 (Vokalwerke). Leipzig 1986 ff.

Schweitzer, Albert: *Johann Sebastian Bach.* Leipzig 1908

Smend, Friedrich: *Was bleibt? Zu Friedrich Blumes Bach-Bild.* In: *Der Kirchenmusiker* 13 (1962), S. 178–188

Spitta, Philipp: *Johann Sebastian Bach.* 2. Bde. Leipzig 1873 und 1880

Stauffer, George: *Bach, The Mass in B Minor. The Great Catholic Mass.* New York 1997

Steglich, Rudolf: *Johann Sebastian Bach.* Potsdam 1935

Stiller, Günther: *Beicht- und Abendmahlsgang Johann Sebastian Bachs im Lichte der Familiengedenktage des Thomaskantors.* In: *Musik und Kirche* 43. Jg. (1973), S. 182–186

Ders.: *Johann Sebastian Bach und das Leipziger gottesdienstliche Leben seiner Zeit.* Kassel 1970

Stinson, Russel: *The Bach Manuscripts of Johann Peter Kellner and His Circle. A Case Study in Reception History.* Durham 1989

Ders.: *Bach. The Orgelbüchlein.* New York 1996

Svevo, Italo: *Zeno Cosini.* Roman. Übers. v. Piero Rismondo. Reinbek b. Hamburg 1987

Szeskus, Reinhard, und Asmus, Jürgen (Hg.): *Johann Sebastian Bachs Traditionsraum. Werner Neumann zum 80. Geburtstag gewidmet.* Leipzig 1986

Tatlow, Ruth: *Bach and the Riddle of the Number Alphabet.* Cambridge 1991

Ders.: *Johann Sebastian Bach and the Baroque Paragram. A Reappraisal of Friedrich Smend's Number Alphabet Theory.* In: *Music and Letters* 70, Nr. 2 (Mai 1989), S. 191–205

Terry, Charles Sanford: *Bach. A Biography.* London 1928

Tovey, Donald Francis: *A Companion to ›The Art of Fugue‹.* London 1931

Traub, Andreas: *Johann Sebastian Bach: »Goldberg«-Variationen BWV 988.* München 1983

Tübinger Bach-Studien. Trossingen 1957 ff.

Valenti, Fernando: *A Performer's Guide to the Keyboard Partitas of Johann Sebastian Bach.* New Haven 1989

Vestdijk, Simon: *Keurtroepen van Euterpe. Acht essays over componisten.* Den Haag 1957

Vestdijk, Simon: *Muziek in blik. Opstellen over muziek.* Amsterdam 1960

Vogt, Hans: *Johann Sebastian Bachs Kammermusik. Voraussetzungen, Analysen, Einzelwerke.* Stuttgart 1981

Washington, Peter: *Bach. Everyman's Library. EMI Classics Music Companions.* New York 1997

Westrup, Jack A.: *Bach Cantatas.* London 1966 (BBC Music Guides)

Whittaker, William Gillies: *The Cantatas of Johann Sebastian Bach. Sacred and Secular.* London 1959

Ders.: *Fugitive Notes on Certain Cantatas and Motets of J. S. Bach.* London 1923

Williams, Peter: *Johann Sebastian Bachs Orgelwerke.* Bd. 1 und 2. Mainz 1996 und 1998 (Bd. 3 in Vorb.)

Wolff, Christoph: *Bach. Essays on His Life and Music.* Cambridge 1991

Ders.: *The Last Fugue: Unfinished?* In: Ders.: *Bach. Essays on His Life and Music.* Cambridge 1991, S. 259–264

Ders. u. a.: *Die Bach-Familie.* Stuttgart/Weimar 1993

Ders. (Hg.): *Die Welt der Bach-Kantaten.* Übers. von Stephanie Wollny und Hélène Lerch. 3 Bde. Stuttgart/Weimar/Kassel 1996 ff.

Wolff, Leonhard: *Johann Sebastian Bachs Kirchenkantaten.* Leipzig 1913

Young, Murray: *The Cantatas of Johann Sebastian Bach. An Analytical Guide.* Jefferson 1989

Young, Percy M.: *Die Bachs: 1500–1850.* Übers. von Gerda Becher. Leipzig 1978

Zwang, Philippe und Gérard: *Guide pratique des Cantates de Bach.* Paris 1982

Personenregister

Agricola, Johann Friedrich 8,
21
Altnickol, Johann Christoph
44, 75
Ameling, Elly 124, 133 f., 144
Anacker, August Ferdinand
186
Ansermet, Ernest 132, 137
August, Kurfürst von
Sachsen 77
Augustinus 93
Bach, Anna Magdalena
(2. Ehefrau) 12, 43 ff., 47,
59, 73, 96
Bach, Barbara Catharina
23 ff., 28, 30 f., 36
Bach, Carl Philipp Emanuel
8, 12 f., 21, 40, 42 f., 57 f.,
67, 76, 152 f., 205, 217
Bach, Catharina Dorothea 43
Bach, Christian Gottlieb
44 ff.
Bach, Christiana Benedicta
44, 46
Bach, Christiana Dorothea
44, 46
Bach, Christiana Sophia
Henriette 44 f.

Bach, Elisabeth (Mutter) 9,
21, 41
Bach, Elisabeth Juliana Fride-
rica (Liesgen) 44, 75, 123
Bach, Ernestus Andreas 44 f.
Bach, Friedelena Margaretha
(Schwägerin) 46, 59, 96
Bach, Georg Christoph
(Onkel, älterer Bruder von
Johann Ambrosius) 41
Bach, Gottfried Heinrich
43 f.
Bach, Johann Ambrosius
(Vater) 9, 21, 41
Bach, Johann August
Abraham 45 f.
Bach, Johann Balthasar 41
Bach, Johann Christian 45
Bach, Johann Christoph
(Bruder) 9, 21, 24, 41
Bach, Johann Christoph
(Onkel, Zwillingsbruder
von Johann Ambrosius)
28, 41
Bach, Johann Christoph
(Sohn) 45
Bach, Johann Elias 59, 68,
70, 75

Bach, Johann Gottfried
Bernhard 43, 70, 74
Bach, Johann Heinrich 59
Bach, Johann Jacob 41
Bach, Johann Jonas 41
Bach, Johann Ludwig 128,
226
Bach, Johann Michael 24
Bach, Johanna Carolina 45
Bach, Johanna Judith 41
Bach, Leopold August 43
Bach, Maria Barbara
(1. Ehefrau) 10, 12, 24 f.,
28, 42 f., 59, 72
Bach, Marie Salome 41, 45
Bach, Regina Johanna 44, 46
Bach, Regina Susanna 45
Bach, Wilhelm Friedemann
43, 153, 216 ff.
Badura-Skoda, Paul 226
Barth, Karl 93
Bartók, Béla 60
Beatles 109
Becker, August 73
Beethoven, Ludwig van 7,
60, 64, 125, 184, 187, 195
Berenburgische Prinzessin
s. Friederica Henrietta
Berg, Alban 64, 177
Berlioz, Hector 60
Besch, Hans 94

Besseler, Heinrich 128, 172
Bijlsma, Anner 204, 226
Bitter, Carl Hermann 218
Blankenburg, Walter 222
Blume, Friedrich 7, 9, 19,
21 f., 46, 55, 63 f., 94, 101,
162 f., 220
Bons, Koos 110
Boyd, Malcolm 24, 34, 37,
219 f., 227
Brahms, Johannes 144, 153,
201 f.
Brandts Buys, Hans 27, 155 f.,
158, 183, 220, 222, 225
Breig, Werner 214
Brier, Henk 172
Bruckner, Anton 62, 188, 220
Bruhn, Siglind 225
Busoni, Ferruccio 202
Butt, John 220, 222
Carrell, Norman 230
Casals, Pablo 150
Chafe, Eric 154, 156
Cherbuliez, Antoine-E. 26,
70
Chopin, Frédéric 64, 174, 183
Christian, Herzog von Sach-
sen-Weißenfels 51
Claus, Rolf Dietrich 223
Clement, Albert 80, 104, 223,
229 f.

247

Cornelius, Peter 191, 193
Cox, Howard H. 95, 230
Cunze (Komponist) 186
Dadelsen, Georg von 11, 46, 123, 192, 220, 231
David, Hans T. 68, 217, 228
Debussy, Claude 183
Dilthey, Wilhelm 40, 54, 58
Dowley, Tim 25, 219
Dürr, Alfred 90, 94, 123, 137, 141, 144, 157, 176, 182 f., 220 ff., 225, 231
Duquesnoy, Theodor 28
Dvořák, Antonín 47, 60
Dvořák, Otakar 47
Eggebrecht, Hans Heinrich 228
Eidam, Klaus 32 ff., 37, 58, 98, 219
Eisert, Christian 224
Eppstein, Hans 205, 226
Erdmann, Georg 22, 43, 46, 70, 73, 217
Ernesti, Johann August 54 f.
Ernst August, Herzog von Sachsen-Weimar 58
Fauré, Gabriel 64
Felix, Werner 28
Finke-Hecklinger, Doris 224
Fischer-Dieskau, Dietrich 142 f.

Forkel, Johann Nikolaus 57, 67, 217, 227
Franck, César 161
Franklin, Don O. 222
Friederica Henrietta, Fürstin von Anhalt-Köthen, geb. Prinzessin von Anhalt-Bernburg 11, 71, 73
Friedrich der Große 141
Friedrich Christian, Kurprinz von Sachsen 99
Frischmuth, Leonhard 170
Furtwängler, Wilhelm 15
Geck, Martin 29, 54, 59, 111, 157, 219, 222
Geiringer, Karl 24, 219 f.
Geiringer, Irene 220
Gelder, B[astiaan] van 93
Gerber, Ernst Ludwig 177
Gerber, Heinrich Nicolaus 177, 186
Gesner, Johann Matthias 13
Geyersbach, Johann Heinrich 10, 23 ff., 57
Gönnenwein, Wolfgang 144
Görner (Organist) 56
Goethe, Johann Wolfgang von 15, 53
Goldberg, Johann Gottlieb 227
Gräbner (Organist) 56

Grew, Eva Mary 23
Grew, Sidney 23
Grischkat, Hans 139
Guggenheim, Paul 229
Häfner, Klaus 7, 99, 101 ff.,
    151, 154
Händel, Georg Friedrich 65,
    187
Harnoncourt, Nikolaus 124,
    156 f.
Hasse, Johann Adolf 65, 129
Hauptmann, Moritz 151
Haußmann, Elias Gottlieb
    14 f., 54
Haydn, Joseph 60, 64, 114,
    140, 220
Headington, Christopher 25,
    28
Heinemann, Michael 153,
    230
Heitmann (Organist) 73
Hermelink, Siegfried 178
Hess, Myra 109
Hesse (Komponist) 186
Hilgenfeldt, Carl Ludwig 56,
    218
Hinrichsen, Hans-Joachim
    153, 230
Hitchcock, Alfred 164
Höweler, Casper 214
Hoffmann 24, 33, 35 f.

Hoof, Guido van 29, 34, 37,
    220
Jenne, Natalie 224
Jochum, Eugen 158
Johann Ernst, Herzog von
    Sachsen-Weimar 9
Kagel, Mauricio 93
Kaussler, Helmut 172, 227
Kaussler, Ingrid 172, 227
Keiser, Reinhard 65
Keller, Hermann 178, 183,
    223, 225
Kellner, Johann Peter 170
Keyserlingk, Graf 227
Kierkegaard, Sören 93
Kirnberger, Johann Philipp
    53 f., 59
Kittel, Johann Christian 186
Klemm, Johann Friedrich
    70, 74
Klemm, Frau 70, 74
Koch-Kanz, Swantje 44
Kolneder, Walter 31, 37, 221,
    228
Koopman, Ton 102, 124,
    129, 140
Krause (Chorpräfekt) 55
Kremer, Gidon 210
Küster, Konrad 37, 41, 70,
    177 f., 219
Landshoff, Ludwig 189, 224

Leaver, Robin A. 94 ff., 155,
230

Leopold, Fürst von Anhalt-
Köthen 11 f., 71, 73, 99 f.,
102, 155

Lier, Bertus van 215

Lipatti, Dinu 167

Liszt, Franz 230

Little, Meredith 224

Ludwig XIV. 157

Lustig, Jacob Wilhelm 170

Luther, Martin 95

Mahler, Gustav 60

Manebach 33

Marais, Marin 156 f.

Marcel, Luc-André 28 f., 37,
219

Marissen, Michael 227

Marshall, Robert L. 46 f., 69,
135, 150 f., 197, 205, 214,
220, 222, 226 f.

Martius, Johann Georg (oder
Johann Heinrich) 75

Melamed, Daniel R. 223

Mendel, Arthur 68, 217

Mendelssohn Bartholdy, Felix
64, 154, 170, 230

Meyerbeer, Giacomo 64

Milstein, Nathan 88

Mizler, Lorenz Christoph 8,
21

Mosewius, Theodor 82

Mozart, Wolfgang Amadeus
7 ff., 14, 16, 60, 64, 67, 76,
112, 114, 125, 139 f., 148,
165, 168, 205, 220

Müller, Karl 24

Muffat, Georg 186

Neumann, Werner 68, 82,
220, 231

Niemöller, Heinz Hermann
228

Otterbach, Friedemann 31,
37, 219 f.

Ouweneel, Willem J. 93, 99,
101, 222

Palla, Pierre 109

Parry, Hubert C. 40, 81, 129,
140, 146, 183, 200

Pasveer, Jan 122

Paumgartner, Bernhard
27 f.

Pelikan, Jaroslav 230

Picander (d. i. Christian
Friedrich Henrici) 154 f.

Platen, Emil 8, 102, 152, 221

Presley, Elvis 109

Prokofjew, Sergej 60

Rachmaninow, Sergej 188

Rechtsteiner, Hans-Jörg 229

Reinken, Johann Adam 40

Rembt, Johann Ernst 170

Riemann, Hugo 225
Richter, Karl 131, 143
Rifkin, Joshua 101, 154, 156
Rilling, Helmuth 140, 222
Rinck, Johann Christian
  Heinrich 186
Robertson, Alec 26, 90, 117,
  123
Roch (Komponist) 186
Rolling Stones 109
Sachs (Komponist) 186
Saint-Saëns, Camille 64
Sandberger, Wolfgang 32,
  54, 218
Scarlatti, Domenico 114, 174
Schenker, Heinrich 150
Scherchen, Hermann 119
Schering, Arnold 102
Schleuning, Peter 153, 228
Schmidt, Franz 143, 162,
  181, 200
Schmieder, Wolfgang 163,
  211, 216
Schönberg, Arnold 177
Schostakowitsch, Dimitri 60
Schubert, Franz 7, 16, 80,
  112, 114, 125
Schüttwürfel 24, 33, 35
Schulenberg, David 224
Schulze, Hans-Joachim 104,
  221

Schumann, Clara 201
Schumann, Robert 151 f., 230
Schweitzer, Albert 27, 80 ff.,
  93, 103, 118, 122 f., 128,
  132, 137 f., 141 f., 144, 218
Smend, Friedrich 94
Spitta, Philipp 10, 22, 55 f.,
  122 f., 127, 141, 218, 230
Stauffer, George 222
Steglich, Rudolf 219
Stiller, Günther 81 f., 96
Stinson, Russell 170, 223
Strawinsky, Igor 183
Strecker, Adolf 41
Stützhaus 33
Suzuki, Masaaki 124, 140,
  146
Svevo, Italo 203
Tatlow, Ruth 229
Telemann, Georg Philipp 65
Terry, Charles Sanford 23,
  123, 218
Tovey, Donald Francis 228
Trassdorf 33
Traub, Andreas 228
Trutschel (Komponist) 186
Tschaikowsky, Pjotr 140
Valenti, Fernando 226
Vasalis, M. 179
Veldkamp, K. 186
Verdi, Giuseppe 7, 16, 114

Vestdijk, Simon 52, 60, 109,
111 ff., 117 f., 120 ff., 131,
135, 137, 141, 145, 177,
188, 191, 211
Vierling, Johann Gottfried
186
Vivaldi, Antonio 128, 144,
212
Vogt, Hans 205, 226
Wagner, Richard 7, 64, 139,
146, 164, 173 f.
Walton, William 118, 148
Washington, Peter 30 f.
Weber, Constanze 10
Weise, Christian 97
Weißgerber, Diakon 22
Werner, Fritz 116 ff., 122
Wesley, Samuel 162
Westrup, Jack A. 221
Whittaker, William Gillies
15, 50, 121, 123, 134, 139 f.,
144, 147
Wiegand, Fritz 24
Wilcke, Anna Magdalena
s. Bach, Anna Magdalena
Williams, Peter 163, 223
Wolff, Christoph 47, 124,
211, 220 f., 227, 229
Wolff, Leonhard 121
Wolle, Christoph 97
Wustmann, Rudolf 82

Young, Murray 61, 103 f.,
118, 123, 126 f., 129, 131,
134, 136, 141 f.
Young, Percy M. 220
Zelter, Carl Friedrich 15, 53,
81, 154
Zöllner (Komponist) 186
Zwaan, J. A. de 186
Zwang, Gérard 123
Zwang, Philippe 123

Werkregister

Die im Text erwähnten Kompositionen Johann Sebastian Bachs werden im folgenden jeweils unter den entsprechenden Werkgruppen aufgeführt, wobei die Kantaten zusätzlich nach den genannten BWV-Nummern aufgeschlüsselt sind. Auf die Nennung der übrigen BWV-Nummern wurde verzichtet.

Sechs Brandenburgische Konzerte 210 ff., 214, 226

Canonische Veränderungen über das Weihnachtslied »Vom Himmel hoch, da komm ich her« 79 f., 168 f.

Capriccio sopra la lontananza del [suo] fratello dilettissimo 41

Cembalokonzerte 120, 176, 210 ff., 226

Chaconne s. Sonaten und Partiten für Violine solo

Choral »Nun komm, der Heiden Heiland« 167

Choral »O Lamm Gottes, unschuldig« 156

Choral »Vor deinen Thron tret ich hiemit« 44

Choral »Wohl mir, daß ich Jesum habe« 156

Achtzehn Choräle 167

Sechs Choräle von verschiedener Art (Schübler-Choräle) 168

Choralbearbeitung »Christ lag in Todesbanden« 195

Choralbearbeitung »Dies sind die heilgen zehen Gebot« 168

Choralbearbeitung »Vater unser im Himmelreich« 168

Choralpartiten 79 f.

Choralvorspiel »An Wasserflüssen Babylon« 40, 167

Choralvorspiel »Christ, unser Herr, zum Jordan kam« 80, 167, 182

Choralvorspiel »Herr Jesu Christ, dich zu uns wend'« 186

Choralvorspiel »Schmücke dich, o liebe Seele« 147, 167

Chromatische Fantasie
und Fuge in d-moll 165,
185
Clavier-Übung I 194, 223
s. auch Sechs Partiten
Clavier-Übung II 195 f.
Clavier-Übung III 167
Concerto nach italiänischen
Gusto 196
Vier Duette für Orgel 161
Sechs Englische Suiten 125,
161, 190, 192 ff., 197, 224
Fantasia und Fuge in g-moll
163 ff.
Fantasie und Fuge in a-moll
185
Fantasie in c-moll 185
Sechs Französische Suiten
125, 161, 189 ff., 194, 197,
224
Fuge in G-Dur für Orgel 190
Goldberg-Variationen 149,
171 f., 227 f.
Fünfzehn Zweistimmige
Inventionen 161, 187 ff.
Fünfzehn Dreistimmige
Inventionen (Sinfonien)
161, 187 ff., 224
Johannes-Passion 46, 118,
138, 151 f., 157, 159, 190,
222, 227

Kantaten 8, 16, 46, 48, 79,
88, 103, 107, 109 ff., 126 ff.,
151, 159 f., 221
BWV 1 78, 85
BWV 3 15, 51, 114, 121 f.,
126
BWV 4 51, 126
BWV 6 110, 114, 118,
126 f., 190, 193
BWV 7 61, 119, 127
BWV 8 48 f., 88, 116, 127
BWV 9 51, 127
BWV 10 127
BWV 11 (Himmelfahrts-
oratorium) 127
BWV 12 127 f., 151
BWV 13 128
BWV 15 128, 226
BWV 18 128 f.
BWV 19 60, 129
BWV 20 129
BWV 21 85, 128 f.
BWV 22 129, 146
BWV 23 130
BWV 25 130
BWV 26 130
BWV 27 48, 130
BWV 28 130
BWV 29 130, 203
BWV 30 124, 130
BWV 31 48, 51

BWV 32 130f., 181, 230
BWV 33 62, 89, 131, 145
BWV 34 (Pfingstkantate)
15, 90f., 116f., 131, 145
BWV 34a (Hochzeits-
kantate) 91
BWV 35 119, 131
BWV 36 131
BWV 39 131
BWV 41 132, 136
BWV 42 15, 114, 119, 121,
132
BWV 43 114
BWV 45 132
BWV 46 132
BWV 47 132
BWV 48 133
BWV 49 85
BWV 50 133
BWV 51 133
BWV 52 120, 133
BWV 54 78, 133
BWV 55 133
BWV 56 78, 80, 133, 135
BWV 57 49, 124, 134
BWV 60 50f., 138
BWV 61 195
BWV 63 83
BWV 65 134
BWV 66 51f.
BWV 68 111, 113, 134

BWV 69 134
BWV 70 134
BWV 71 (Ratswechsel-
kantate) 61, 134f.
BWV 73 49
BWV 77 135
BWV 78 78, 89, 117f., 128,
135, 159
BWV 79 118, 135
BWV 80 (Reformations-
kantate) 62, 115, 135
BWV 81 51, 135
BWV 82 48f., 85, 117,
135f.
BWV 83 49
BWV 85 15, 83, 89, 91f.,
114, 118, 132, 136
BWV 87 15, 91f., 114,
122f., 136
BWV 88 136
BWV 91 121, 136
BWV 94 82, 136
BWV 95 48f., 88, 136
BWV 96 15, 86, 136f., 156,
190
BWV 97 15, 87, 114, 137
BWV 99 116
BWV 100 87, 116, 137
BWV 101 15, 114, 122, 137
BWV 102 137f.
BWV 103 114, 119, 138

BWV 104 8, 15 f., 86,
111 ff., 115 f., 138, 142,
156
BWV 105 15, 114, 131,
138, 156
BWV 106 (Actus Tragicus)
51, 112, 138, 177
BWV 108 138
BWV 109 15, 114, 138 f., 156
BWV 110 120, 139, 214
BWV 111 49, 89, 139
BWV 112 114, 139 f., 145,
165, 182
BWV 113 140
BWV 114 82
BWV 115 15, 140 f.
BWV 116 141
BWV 117 15, 87, 91 f., 112,
141, 145, 191
BWV 118 119, 141
BWV 120 141
BWV 120a 203
BWV 121 89, 114, 141 f.
BWV 123 142
BWV 124 51, 142
BWV 125 49, 142, 156,
159, 181
BWV 126 62, 84, 143
BWV 127 49, 51, 114, 118,
143
BWV 131 143

BWV 134 51, 85, 143
BWV 135 143
BWV 137 87, 111, 143
BWV 138 49, 88
BWV 140 85, 114, 118,
143, 168
BWV 146 120, 144, 211 f.
BWV 147 16 f., 109, 142,
144, 156, 185
BWV 149 15, 91 f., 114,
122, 144
BWV 150 128, 144
BWV 151 15, 91 f., 114,
122, 144, 158
BWV 153 145
BWV 154 145
BWV 155 145
BWV 156 48, 78, 120,
145, 212
BWV 157 48
BWV 158 49
BWV 159 49
BWV 161 48, 145
BWV 162 145
BWV 163 145 f.
BWV 165 78
BWV 167 124, 146
BWV 169 212
BWV 170 115, 145 f.
BWV 174 120, 146
BWV 177 146

BWV 179 84, 147
BWV 180 15, 61, 97,
 116, 147, 156
BWV 184 99
BWV 186 49, 124, 147
BWV 189 115, 147
BWV 192 147
BWV 194 147, 190
BWV 196 61, 147
BWV 198 49, 88 f., 100,
 102, 112, 147 f., 156
BWV 199 148
BWV 200 119, 148
BWV 201 148
BWV 202 148
BWV 206 77, 80, 89, 119,
 148
BWV 208 111, 148
BWV 210 148
BWV 211 (Kaffee-Kantate)
 44, 123, 148 f.
BWV 212 (Bauern-Kan-
 tate) 149
BWV 213 99, 149
BWV 214 149
BWV 215 149
»Klagt, Kinder, klagt es
 aller Welt« 100
Konzert für Flöte, Violine
 und Cembalo in a-moll
 185, 213

Kunst der Fuge 149 f., 184,
 196, 202 f., 228 f.
Lukas-Passion 153
Magnificat 46, 69, 190, 222
Markus-Passion 100, 102,
 133, 153
Matthäus-Passion 8, 46, 51 f.,
 78, 81, 88, 93, 98 ff., 107,
 118, 122, 135, 137, 142,
 145, 150 ff., 170 f., 175,
 181, 190, 193, 221 f.
Kleine Messen 81, 103
Messe in F-Dur 137
Messe in g-moll 137
h-moll-Messe 8, 81, 88,
 103 f., 127 f., 132, 141,
 149 ff., 154, 156, 190,
 222
Motetten 46, 156, 222
Musikalisches Opfer 199,
 207, 228
Orchestersuiten 120, 195,
 210, 213 f.
Orgel-Büchlein 11, 167
Osteroratorium 51
Ouverture nach französi-
 scher Art 196
Partita für Flöte solo in
 a-moll 199
Partita für Violine solo in
 E-Dur 130

Sechs Partiten (Clavier-Übung I) 125, 161, 190, 194 ff., 224

Passacaglia in c-moll 163 f.

Pastorale in F-Dur 190

Kleine Präludien und Fugen für Orgel 161, 186, 196

Präludien und Fugen für Orgel 118, 134, 163 ff., 181 ff., 190, 200, 213, 232

Präludien und Fughetten für Cembalo 182, 185

Präludium für Laute in Es-Dur 180, 193

Sonaten für Querflöte und Cembalo 62, 199, 205 f.

Sonate für zwei Querflöten und Cembalo 199, 206

Sonaten für Viola da gamba und Cembalo 199, 206

Sonaten für Violine und Cembalo 61, 199, 204 ff.

Sonaten und Partiten für Violine solo 61, 150, 163, 199 ff.

Suite für Laute in E-Dur 204

Suiten für Violoncello solo 150, 186, 190, 197, 199, 204, 226

Toccaten für Orgel 163 ff., 190, 223

Toccaten für Cembalo 62, 224

Trauermusik beim Tod des Fürsten Leopold von Köthen 98 ff., 155 f.

Triosonaten 166, 190, 213

Violinkonzerte 8, 107, 163, 209 f., 212 ff.

Weihnachtsoratorium 81, 103, 149, 158, 183, 222

Wohltemperiertes Klavier 11, 107, 124 f., 157, 161, 170 ff., 190, 195, 224 f.
Teil I: 131, 149, 171 ff.
Teil II: 171, 178 ff., 189, 193, 230

Johann Sebastian Bach
Eine Auswahl
Zusammengestellt von Maarten 't Hart
Begleit-CD zu seinem Buch *Bach und ich*

1   Kantate »Herz und Mund und Tat und Leben« BWV 147   3:12
Choral »Wohl mir, daß ich Jesum habe«
The Amsterdam Baroque Orchestra & Choir
Leitung: Ton Koopman
© 1998 Erato Disques S.A., Paris (3984-23141-2)

2   Kantate »Gott ist mein König« BWV 71   3:51
Chor »Du wollest dem Feinde nicht geben«
The Amsterdam Baroque Orchestra & Choir
Leitung: Ton Koopman
© 1995 Erato Disques S.A., Paris (4509-98536-2)

3   Kantate »Gottes Zeit ist die allerbeste Zeit«   2:36
(Actus tragicus) BWV 106
Sonatina
The Amsterdam Baroque Orchestra & Choir
Leitung: Ton Koopman
© 1995 Erato Disques S.A., Paris (4509-98536-2)

4   Sonate für Flöte und Cembalo h-moll BWV 1030   7:06
Andante
Leopold Stastny, Querflöte
Herbert Tachezi, Cembalo
℗ 1976 Teldec (3984-25716-2)

5 Kantate »Schleicht, spielende Wellen und murmelt   3:51
gelinde« BWV 206
Schlußchor »Die himmlische Vorsicht der ewigen Güte«
The Amsterdam Baroque Orchestra & Choir
Leitung: Ton Koopman
© 1997 Erato Disques S. A., Paris (0630-17578-2)

6 Kantate »Ich glaube, lieber Herr, hilf meinem Unglauben«   6:14
BWV 109
Chor »Ich glaube, lieber Herr«
The Amsterdam Baroque Orchestra & Choir
Leitung: Ton Koopman
© 1998 Erato Disques S. A., Paris (3984-25488-2)

7 Matthäus-Passion BWV 244   3:17
Arie »Sehet, Jesus hat die Hand«
Kai Wessel, Altus
The Amsterdam Baroque Orchestra & Choir
Leitung: Ton Koopman
© 1993 Erato Disques S. A., Paris (2292-45814-2)

8 Toccata F-Dur BWV 540   8:21
Ton Koopman, Orgel
© Teldec (4509-98443-2)

Das Wohltemperierte Klavier II
Präludium und Fuge fis-moll BWV 883
9 Präludium   2:47
10 Fuge   4:35
Ton Koopman, Cembalo
© 1990 Erato Disques S. A., Paris (0630-16175-2)

⑪ Das Wohltemperierte Klavier II   3:27
Präludium E-Dur BWV 878
Ton Koopman, Cembalo
© 1990 Erato Disques S. A., Paris (0630-16175-2)

⑫ Partita Nr. 1 B-Dur BWV 825   1:45
(Clavier-Übung I)
Präludium
Scott Ross, Cembalo
© 1989 Erato Disques S. A., Paris (3984-28167-2)

⑬ Triosonate für 2 Flöten und Basso Continuo G-Dur   3:35
BWV 1039
Adagio
Leopold Stastny und Frans Brüggen, Querflöten
Herbert Tachezi, Cembalo
℗ 1969 Teldec (3984-25716-2)

⑭ Konzert für 2 Violinen d-moll BWV 1043   6:17
Largo
Monika Huggett & Alison Bury, Violinen
The Amsterdam Baroque Orchestra
Leitung: Ton Koopman
© 1996 Erato Disques S. A., Paris (0630-16165-2)

Wir danken den Rechteinhabern und Ausführenden, insbesondere Ton Koopman und dem Amsterdam Baroque Orchestra & Choir sowie Erato Disques S. A., Paris, und Teldec Classics International, Hamburg.

Maarten 't Hart

Das Wüten der ganzen Welt

Roman. Aus dem
Niederländischen von
Marianne Holberg. 411 Seiten.
SP 2592

Alexander, Sohn des Lumpen-
händlers im Hoofd und zwölf
Jahre alt, lebt in der spießigen
Enge der holländischen Pro-
vinz, in einer Welt voller Mißtrauen und strenger Rituale.
Da wird der Junge Zeuge eines
Mordes: Es ist ein naßkalter
Dezembertag im Jahr 1956,
Alexander spielt in der Scheune
auf einem alten Klavier. In seiner unmittelbaren Nähe fällt
ein Schuß, der Ortspolizist
bricht leblos zusammen, Alexander aber hat den Schützen
nicht erkennen können. Damit
beginnt ein Trauma, das sein
ganzes Leben bestimmen wird:
Seine Jugend wird überschattet
von der Angst, als Zeuge er-
schossen zu werden. In jahr-
zehntelanger Suche nach Moti-
ven und Beweisen kommt er
schließlich einem Drama von
Schuld und Verrat auf die Spur,
das bis in die Zeit der deutschen Besetzung der Niederlande zurück reicht. Für sich
selbst findet Alexander nur einen Halt, nur ein Glück, dem
er trauen kann: die tröstliche
Kraft der Musik.

»Ein gewaltiger, grandios kom-
ponierter Kriminalroman mit
viel Lokalkolorit, dessen überraschende Wendung am Ende
einem fast den Atem raubt.«
Süddeutsche Zeitung

»Es ist eine Geschichte über
Musik und Schönheit, Enge
und Verbohrtheit, über das Er-
wachsenwerden und die Nach-
kriegszeit, verzweifelte Lebens-
lügen und feigen Verrat – und
wenn man ganz am Schluß den
Prolog noch einmal liest, dann
wächst der Roman zu einem
wunderbaren Kunstwerk zu-
sammen. Daß dieses Kunst-
werk sogar komisch ist, ist ein
besonderer Verdienst des Au-
tors, der in den Niederlanden
zu den Großen zählt.«
Elke Heidenreich

SERIE
PIPER

SERIE PIPER

Maarten 't Hart

Die Netzflickerin

Roman. Aus dem Niederländischen von Marianne Holberg. 448 Seiten.
SP 2800

Dies ist die Lebensgeschichte des Apothekers Simon Minderhout aus dem südholländischen Maassluis und seiner kurzen, leidenschaftlichen Liebe zu der Netzflickerin Hillegonda während der deutschen Besatzungszeit. Sie ist zugleich die atemberaubende Geschichte eines alten Mannes, der Jahrzehnte danach dem Teufelskreis von Denunziation und Verrat kaum entkommen kann.

Wie ein spannendes Stationendrama liest sich die Lebensgeschichte des Apothekers Simon Minderhout, der Hauptfigur in Maarten 't Harts neuem Roman. Nach einer unbeschwerten Kindheit, beschützt von seinem Hund Prins, studiert Simon in Leiden Pharmazie und Philosophie. Als er die Apotheke seines Onkels in Maassluis, einem Hafenstädtchen in Südholland, übernimmt, ist schon Krieg, und die Niederlande sind von den Deutschen besetzt. Der zugereiste »Mijnheer Minderhout«, der abendliche Spaziergänger und leidenschaftliche Konzertbesucher, bleibt seinen neugierigen, kleinlichen Nachbarn trotz Bombenangriffen und Besatzungszeit ein Fremder, der mißtrauisch beobachtet wird. Da gerät Simon in Kontakt mit dem Widerstand im Untergrund: Eines Abends steht wieder einmal Hillegonda in seiner Apotheke, die Netzflickerin, die ihn ab und zu um Medikamente für Untergetauchte gebeten hat. Diesmal bittet sie um Unterkunft für sich selber. Simon ahnt nicht, daß die kurze Leidenschaft dieser einen Nacht ihn Jahrzehnte später einholen wird.

»Maarten 't Hart erweist sich erneut als großartiger Erzähler, dem es gelingt, Schicksale so authentisch zu schildern, daß der Leser einfach Anteil nehmen muß.«
Hamburger Abendblatt

Agota Kristof

Das große Heft

*Roman. Aus dem Französischen
von Eva Moldenhauer.*
163 Seiten. SP 779

Agota Kristof protokolliert in ihrem ersten Roman eine Kindheit, die nichts Idyllisches hat. Die Zwillingsbrüder werden zur Großmutter aufs Land geschickt, sie betteln, hungern, schlachten, stehlen, töten, sie stellen sich taub, blind, bewegungslos – sie haben gelernt, was sie zum Überleben brauchen.

»Agota Kristofs Romane beschreiben das Leiden, den Krieg, den Tod, beschreiben Verbrechen und sexuelle Perversionen, doch sie handeln ganz ausschließlich von der Liebe. Im reinsten, ja zartesten Sinn handeln sie von der Liebe.«
Süddeutsche Zeitung

»Agota Kristof erzählt zwingend. Sie läßt nicht zu, daß man ihr nur die halbe Aufmerksamkeit schenkt. Sie kennt kein Ausruhen. Kaum kann man das aushalten, die knappe Schärfe ihrer Beschreibungen, diese Kälte. Ist das nicht Lakonie oder Bitterkeit? Weshalb quält Agota Kristof uns doppelt, indem sie Kinder für ihre Geschichte mißbraucht?«
Frankfurter Rundschau

Der Beweis

*Roman. Aus dem Französischen
von Erika Tophoven-Schöningh.*
186 Seiten. SP 1497

»Der Beweis« knüpft unmittelbar an »Das große Heft« an. In ihrer unvergleichlich kargen Sprache erzählt Agota Kristof vom Prozeß einer seelischen Zerstörung.

Die dritte Lüge

*Roman. Aus dem Französischen
von Erika Tophoven.*
165 Seiten. SP 2287

»So kalt ums Herz, so heiß ums Herz ist es mir beim Bücherlesen schon lang nicht mehr geworden.«
Süddeutsche Zeitung

Gestern

*Roman. Aus dem Französischen
von Carina Enzenberg und
Hartmut Zahn. 144 Seiten.*
SP 2625

Nach ihrer beeindruckenden Trilogie geht Agota Kristof nun ihr großes Thema – die Suche nach Identität in einer gefühlskalten Welt – von einer neuen Seite an: mit der Geschichte einer unmöglichen Liebe.

»Dieser meisterhafte Roman ist ein symbolstarkes, ungemein poetisches Buch.«
Tagesanzeiger

SERIE
PIPER

SERIE PIPER

Glenn Gould

Vom Konzertsaal zum Tonstudio

*Schriften zur Musik 2.
Herausgegeben und eingeleitet
von Tim Page. Aus dem Englischen
von Hans-Joachim Metzger.
322 Seiten. Serie Piper*

Der zweite Band der Schriften Glenn Goulds versammelt Texte zur Aufführungspraxis und Medientheorie: Von den Konzertpodien hatte sich Glenn Gould 1964 verabschiedet, um sich verstärkt den technischen Medien widmen zu können, denn in der Geborgenheit der Tonstudios zog er als erster und einziger Pianist die ästhetischen Konsequenzen aus den modernen Aufnahmetechniken und ging völlig neue interpretatorische Wege. Das Entwickeln komplizierter Schnittfolgen für seine Plattenaufnahmen oder die Produktion von Fernsehfeatures waren dem exzentrischen Künstler wichtiger als öffentliche Konzerte, nicht zuletzt deshalb formulierte er den »Gould-Plan zur Abschaffung von Applaus und Kundgaben aller Art«.

05/1272/01/L

Hans Heinrich Eggebrecht

Musik im Abendland

*Prozesse und Stationen vom
Mittelalter bis zur Gegenwart.
848 Seiten mit 16 Seiten
Abbildungen. Serie Piper*

»Musik im Abendland« – das ist die seit langem erwartete Musikgeschichte in einem Band des international renommierten Musikwissenschaftlers Hans Heinrich Eggebrecht. Sein großes Werk beschreibt und erzählt die Geschichte der Musik von der Entstehung der Mehrstimmigkeit im 9. Jahrhundert bis in unsere Zeit. Der Leser soll hier Musikgeschichte erleben, im Sinn existentieller Berührung. In vorbildlicher Weise ist es dem Autor gelungen, die Ansprüche, die sein Thema stellt, und die Verständlichkeit des Schreibens durch seine Art des Erzählens zu vermitteln.

»So beschert uns das Werk nicht nur einen Kosmos höchst qualifizierter Informationen, sondern auch reichlich intellektuelle An- und Aufregungen.«
Süddeutsche Zeitung

05/1275/01/R

Michael Stegemann

Glenn Gould

Leben und Werk.
528 Seiten. Serie Piper

»Das größte Verdienst Stegemanns liegt aber darin, Goulds Rolle als Gründerfigur und Prophet musikalischer Medienästhetik zu zeigen.«
Süddeutsche Zeitung

»Stegemann, als erklärter ›Gouldianer‹ seit Mitte der siebziger Jahre im Bann des Pianisten, ist außerordentlich akribisch vorgegangen: von der Beschreibung Torontos, Goulds Umfeld, das er nie verlassen hat, seiner Kindheit und Karriere bis hin zum frühen, jähen Ende nach einem Schlaganfall werden die Stationen dieser so exzentrischen wie hermetischen Existenz entwickelt, minutiös nicht nur die biographischen Details, sondern auch die Konzertprogramme und Sendungen, Aufnahmesitzungen. Hörspiel- und Videoproduktionen aufgelistet. Der Materialreichtum ist bestechend, neue Quellen wurden erschlossen, ungeahnte Details enthüllt.«
Frankfurter Allgemeine Zeitung

Glenn Gould

Von Bach bis Boulez

Schriften zur Musik 1.
Herausgegeben und eingeleitet von Tim Page. Aus dem Englischen von Hans-Joachim Metzger.
360 Seiten. Serie Piper

Kaum ein Musiker des 20. Jahrhunderts hat die Gemüter zeit seines Lebens und weit darüber hinaus so erregt wie Glenn Gould, der sich vor allem als Bach-Interpret Weltruf erspielte. Als dieser geniale Pianist 1982 im Alter von fünfzig Jahren starb, hinterließ er nicht nur die Erinnerung an einen der berühmt-berüchtigten Exzentriker des Klavierspiels, sondern auch ein umfassendes schriftliches Werk. Der Musiker war ein Beobachter mit Philosophenblick, ein Journalist mit Sinn für wirksame und witzige Anekdoten, aber seine provokanten Betrachtungen über Komponisten wie Mozart, den er verteufelte, oder Richard Strauss, den er verehrte, waren in der Musikwelt ebenso umstritten wie seine Abrechnungen mit den »Hits« der Klavierliteratur.

SERIE PIPER

Russell Martin

Beethovens Locke

Eine wahre Geschichte. Aus dem Amerikanischen von Inge Leipold. 300 Seiten mit 12 Abbildungen. Serie Piper

1827 in Wien beginnt die Geschichte um Beethovens Locke und endet in den neunziger Jahren des 20. Jahrhunderts in Kalifornien. Mit der Akribie eines Krimiautors verfolgt Martin die mysteriöse Irrfahrt dieser Haarlocke über Köln und Dänemark und schließlich nach Amerika. Stammt sie wirklich von Beethoven? Können wissenschaftliche Analysen der Haare Fragen um Beethovens Krankheiten beantworten? Eine aufregende Story – verwoben mit Aspekten aus Beethovens Leben und mit der Geschichte der letzten beiden Jahrhunderte.

»Diese Locke, die eine so unwahrscheinliche Reise hinter sich gebracht hat, ist tatsächlich und wunderbarerweise wirklich Beethovens Locke.«
Der Spiegel

05/1281/01/L

Diana Menuhin

Durch Dur und Moll

Mein Leben mit Yehudi Menuhin. Mit einen Vorwort von Yehudi Menuhin. Aus dem Englischen von Helmut Viebrock. 339 Seiten mit 26 Abbildungen. Serie Piper

Diana Menuhin, mit Yehudi Menuhin von 1947 bis zu seinem Tod verheiratet, erzählt mit dem gelassenen Humor, der es ihr die ganzen Jahre über ermöglicht hat, nicht nur das ruhelose Leben an der Seite des von Konzertsaal zu Konzertsaal hetzenden Geigers und Dirigenten zu ertragen, sondern ihrem Mann auch noch Rückhalt in allen Krisensituationen zu sein. Ohne ihr unbeirrbar heiteres Naturell wäre sie wohl nie dieser ununterbrochenen Hektik gewachsen gewesen. Ohne Bitterkeit und ohne Selbstlob breitet sie das Panorama einer Künstlerehe aus – erfüllt von dem Glück, das sie in dieser einzigartigen Beziehung zu finden wußte.

»Mit Witz und Geist schildert sie Bernard Berenson, Benjamin Britten, Jawaharlal Nehru und andere Berühmtheiten, die zu Bewunderern, ja Freunden wurden. Für Musikliebhaber ein unwiderstehliches Buch.«
Publishers Weekly

05/1296/01/R

Joachim Kaiser

Große Pianisten in unserer Zeit

Von Klaus Bennert erweiterte Neuausgabe. 363 Seiten mit zahlreichen Notenbeispielen. Serie Piper

Joachim Kaiser hat mit diesem Standardwerk über die großen Meister des Klavierspiels unserer Zeit – scherzhaft auch »Klavier-Michelin« genannt – einen großen Leserkreis unter den Musikfreunden des In- und Auslandes gefunden. Neben Rubinstein, Backhaus, Horowitz, Kempff, Arrau, Solomon, Richter, Gilels, Benedetti Michelangeli und Gould werden Vertreter der nächsten Pianistengeneration vorgestellt wie Gulda, Brendel, Barenboim, Argerich, Pollini, Perahia, Schiff, Zimerman und andere. Diese Ausgabe wurde von Klaus Bennert um das Kapitel »Verlust und neue Fülle« erweitert.

»Noch niemals habe ich erlebt, daß musikalische Interpretation mit derartiger Genauigkeit und Liebe zum Detail analysiert und beschrieben wurde.«
Arthur Rubinstein

05/1271/01/L

Alfred Brendel

Ein Finger zuviel

134 Gedichte. 250 Seiten. Serie Piper

Seine Einspielungen der Beethoven- und Schubert-Sonaten haben ihm weltweiten Ruhm eingebracht. Doch der berühmte Pianist Alfred Brendel spielt ebenso virtuos auf der Klaviatur des Humors und des metaphysischen Unsinns in diesen 134 Gedichten, die voll skurriler Einfälle sind. So fragt er etwa nach einem allerletzten Akt, in dem Tristan und Isolde eine Vernunftehe eingehen, oder er läßt Konstanze, in ein Huhn verwandelt, sich hinter dem Serail gackernd aus dem Staub machen. Voller verschmitzter Anarchie, hintergründiger Intelligenz und sprachlicher Brillanz erzählt er von Musikern und Alltagsmenschen, von Tieren und anderen Steckenpferden. Die gesammelten Gedichte aus »Fingerzeig«, »Störendes Lachen während des Jaworts« und »Kleine Teufel« von Alfred Brendel in einem Band.

05/1279/01/R

SERIE PIPER

Maarten 't Hart im Arche Verlag

Die Netzflickerin
Roman. 444 Seiten. Gebunden

Die schwarzen Vögel
Roman. 320 Seiten. Gebunden

Bach und ich
Übersetzt von Maria Csollány
264 Seiten. Gebunden. Mit CD

Gott fährt Fahrrad
oder Die wunderliche Welt meines Vaters
320 Seiten. Gebunden

Das Pferd, das den Bussard jagte
Erzählungen. 320 Seiten. Gebunden

Die Sonnenuhr oder Das geheime Leben
meiner Freundin Roos
Roman. 336 Seiten. Gebunden

Concerto russe und andere Erzählungen
192 Seiten. Gebunden. Mit CD
Gelesen von Christian Brückner
Mit Musik von Édouard Lalo

Wenn nicht anders angegeben, wurden die Bücher von
Marianne Holberg aus dem Niederländischen übersetzt.